JESUS

2000 JAHRE GLAUBENS- UND KULTURGESCHICHTE

Oben: Jesus mit Kreuznimbus, Segensgestus und dem Buch des Lebens. Die Goldmünze (Museum St. Gallen) stammt aus der Zeit des byzantinischen Kaisers Justinian II. (gest. 711), der als erster Monarch Münzbildnisse Jesu prägen ließ.

Vorsatz: Der Name »Jesus« in hebräischen Buchstaben. Die Inschrift stammt aus der Epoche der Zeitenwende.

Jesus als Christus Pantokrator. Ein Kreuznimbus umfängt das Haupt, die Linke hält ein mit Edelsteinen besetztes Evangelienbuch, während die Rechte zum Segensgruß erhoben ist. Die Gewandung aus Tunika und Mantel zeigt das kaiserliche Purpur. Dem wohl im 6. Jahrhundert in Konstantinopel tätigen, in der antiken Technik der Wachsmalerei (Enkaustik) geübten Künstler ist es gelungen, das lebensgroße Brustbild als beseeltes Menschenbild und zugleich als majestätisches Gottesbild zu gestalten. Die 1962 von einer Übermalung gereinigte Ikone gehört zu den wertvollsten Schätzen des Katharinenklosters auf dem Sinai.

IDA FRIEDERIKE GÖRRES
WILHELM ZIEHR
DAVID FLUSSER
CARLO MARIA KARDINAL MARTINI
BRUNO FORTE
SERGUEI AVERINTSEV
HANS KÜNG
ADEL THEODOR KHOURY
BISCHÖFIN MARIA JEPSEN
GUSTAVO GUTIÉRREZ
CHRISTOPH KARDINAL SCHÖNBORN

JESUS

2000 JAHRE GLAUBENS- UND KULTURGESCHICHTE

HERDER
FREIBURG • BASEL • WIEN

Die Deutsche Bibliothek – CIP-
Einheitsaufnahme

Jesus: 2000 Jahre Glaubens- und Kulturgeschichte – Freiburg; Basel; Wien:
Herder, 1999
ISBN 3-451-26981-3

Verlegerische Leitung:
Jürgen Braunschweiger, Motovun Book, Luzern

Gestaltung und Produktion:
Motovun Book Luzern
Lektorat, Themen-Inserts und Bilderläuterungen:
Christoph Wetzel, Göppingen
Übersetzungen: aus dem Italienischen Peter Wild (C. M. Martini, B. Forte), aus dem Spanischen Mariano Delgado (G. Gutiérrez)
Johannes-Prolog (S. 7) nach der Einheitsübersetzung (mit ökumenischem Psalter und Neuem Testament) der Katholischen Bibelanstalt GmbH, Stuttgart, © 1980

Satz: F. X. Stückle, Ettenheim
Fotolithos: Job Color, Gorle / Bergamo
Druck und Verarbeitung: Editoriale Lloyd, Trieste

Printed in Italy

ISBN 3-451-26981-3

Thronfigur des gekrönten Herrn Jesus Christus mit Buch und Segensgestus. Die italienische Goldschmiedearbeit aus vergoldetem Kupfer und Edelsteinen wurde im 13. Jahrhundert geschaffen. Sie befindet sich an ihrem ursprünglichen Bestimmungsort: auf dem Altar über dem Petrusgrab im Petersdom.

INHALT

Den Autorenbeiträgen sind 20 thematisch in sich abgeschlossene Doppelseiten von Christoph Wetzel zugeordnet. Das Inhaltsverzeichnis weist sie durch Kursivdruck aus.

Links: Initiale I. In den Buchstabenkörper sind drei Bildmedaillons eingefügt: die Taufe Jesu, die Versuchung, die Berufung der ersten Jünger. Paris, Bibliothèque Nationale, Ms. lat. 16746, fol. 28v.

PROLOG

»Im Anfang war das Wort, und das Wort war bei Gott,
und das Wort war Gott.
Im Anfang war es bei Gott.
Alles ist durch das Wort geworden,
und ohne das Wort wurde nichts, was geworden ist.
In ihm war das Leben,
und das Leben war das Licht der Menschen.
Und das Licht leuchtete in der Finsternis,
und die Finsternis hat es nicht erfaßt.

Und das Wort ist Fleisch geworden und hat unter uns gewohnt,
und wir haben seine Herrlichkeit gesehen,
die Herrlichkeit des einzigen Sohnes vom Vater,
voll Gnade und Wahrheit.
Johannes legte Zeugnis für ihn ab und rief:
Dieser war es, über den ich gesagt habe:
Er, der nach mir kommt, ist mir voraus, weil er vor mir war.
Aus seiner Fülle haben wir alle empfangen, Gnade über Gnade.
Denn das Gesetz wurde durch Mose gegeben,
die Gnade und die Wahrheit kamen durch Jesus Christus.
Niemand hat Gott je gesehen.
Der Einzige, der Gott ist und am Herzen des Vaters ruht,
er hat Kunde gebracht.«

JOHANNES 1, 1–5 UND 14–18

Matthias Grünewald, »Die Auferstehung Jesu Christi«. Die Darstellung der Lichterscheinung, die dem finsteren Grab entschwebt – zugleich Bild der Verklärung, Auferstehung und Himmelfahrt Jesu –, findet sich auf einem Seitenflügel des »Isenheimer Altars«, 1512–15. Colmar, Unterlindenmuseum.

ZU UNSEREM CHRISTUSBILD

FRAGEN DES GLAUBENS

Was bleibt uns noch von dem Christusbild, mit dem wir aufgewachsen sind? Zerfließt es uns nicht zwischen den Fingern im Schwall der neuen Ideen, die man den Kindern in der Schule, den Theologen an der Universität, selbst da und dort dem Volk von der Kanzel aus beibringt? War, was wir glauben und lieben, wirklich nur ein Rest Kindheit, den wir entschlossen abstreifen müssen, um unsrer Zeit endlich gleichaltrig zu werden? Was sollen wir uns eigentlich noch unter »Jesus Christus« vorstellen, wenn selbst auf die Evangelisten kein Verlaß mehr ist? – So steht es in Deinem letzten Brief.

Simone Martini, »Der zwölfjährige Jesus im Tempel« (Lk 2, 41–52), um 1330. Selbstbewußt richtet der Knabe, durch die Geste Josefs unterstützt, den Blick auf seine besorgte Mutter. Liverpool, Walker Art Gallery.

Daß wir geschichtliche Wesen sind, ist gerade heute populärste Behauptung – wenn uns bewiesen werden soll, daß Früheres für uns nicht mehr gilt. Doch bedeutet es genauso, daß wir Früheres bewahren und assimilieren müssen, weil wir nur im Nacheinander erkennen und handeln können. Wie ist es denn zwischen uns selbst, als Personen? Es gibt zwar den Blitz der Intuition, den bekannten coup de foudre, der einem den anderen »im Augenblick« enthüllt. Aber doch recht selten und selbst dann muß das eine Aufleuchten sich allmählich klären und bestätigen. Wie lang ist der Weg vom ersten Verlieben, vom ersten Gespräch durch eine lange Ehe oder Freundschaft hindurch! Wieviel bleibt uns noch rätselhaft am anderen? – Ja, gebiert nicht die wachsende Erkenntnis immer neue Rätsel hinzu?

Entwickeln: das heißt doch, daß schon etwas eingewickelt ist, aber noch unwahrnehmbar. Du hast gewiß oft zugeschaut, wenn eine Mohnblüte die Knospe sprengte und das winzig-formlos Gekrumpelte sich in die herrlich breiten glatten Blätter buchstäblich entfaltete. Die Urkirche war in vieler Hinsicht eine Knospe, unendliche Hervorbringungen bergend. Doch erst der ausgewachsene Baum zeigt, »was wirklich dabei herausgekommen ist«, was also »eigentlich drin steckte.«

Dieser Baum, allmählich durch viele Verwandlungen daraus erwachsen – das ist jenes Christusbild, das uns die Kirche »zu glauben vorstellt«. Dies wird dort nicht verstanden, wo man uns hinter die ganze Entwicklung zurückschrauben und nochmals auf den trockenen Apfelkern festlegen möchte, den einige Theologen als den »Glauben der Apostel« herauspräparieren zu können meinen. Das erscheint mir nicht sinnvoller, als wenn man uns vorschlüge, die ganze Beleuchtungs- und Heiztechnik abzuschaffen, um uns mit dem an Feuer zu begnügen, was wir aus Reibhölzern und Schlagsteinen herausholen können.

Auch der Glaube der Apostel war erst ein Anfang. Alles steckte drin, doch unerschlossen. Selbst die frühesten »Momentaufnahmen« im Gedächtnis der Jünger, die wir in den Evangelien finden, waren doch erst wie der belichtete Film – der auf einem unerläßlichen Weg durch die Dunkelkammer, die chemischen Lösungen gewissermaßen »bebrütet« werden muß, bis der nächste Träger den vollen Ab-

Unten: Rogier van der Weyden, »Die Eucharistie«, Mitteltafel des Triptychons »Die Sieben Sakramente«, um 1453–55. Das Kruzifix (mit Maria und Johannes) korrespondiert mit der Erhebung der Hostie durch den Priester am Altar im Hintergrund. Antwerpen, Kgl. Museen der Schönen Künste.

zug zeigen kann. In der Bewußtseinstiefe der Kirche sind jene Früh-Erinnerungen allmählich aufgegangen und »fixiert« worden. Wir leben vom Ergebnis – *wenn* wir »das Ganze mit großem Gemüte, mit Liebe umfassen«. Wenn nicht – dann zerfallen, entfallen die Teile ohne das lebendige Band uns ganz von selber.

Ich finde es atemberaubend, ihn auch nur in den gröbsten Umrissen zu betrachten. Erinnere Dich: wenn wir wandern, wechseln für uns die Anblicke eines ruhenden Berges. Die ganze Kirchengeschichte bezeugt solche Wanderschaft der Christenheit – von Spirale zu Spirale. Die Liturgie umwandelt im Panorama des Kirchenjahres ihr Christusbild, immer neue Feste (glücklich und weniger glücklich erfundene und gemachte!) setzen die Akzente. Die Frömmigkeit verweilt im Aufstieg durch die Jahrhunderte immer wieder auf einem andern Punkt – technisch nennt man das »eine Andacht«: zum Auferstandenen, zum Schmerzensmann, zum Herzen Jesu. In der christlichen Kunst läßt sich diese Abfolge der Motive deutlich verfolgen.

Die Märtyrer – von Stephanus aufwärts! – »sehen« den erhöhten Herrn, wie die Ikonen es immer noch am liebsten tun; vom Ostersieger wird Er »entfaltet« zum Allherrscher, zum Himmelskaiser, zum Gekrönten; alles Variationen eines Aspektes: »der auf dem Throne sitzt«. Ich muß sagen, die tugendhafte Entrüstung über den »Triumphalismus«, die heute zum guten Ton unter Katholiken gehört, erscheint mir von daher oft ziemlich komisch. Diese in Grund und Boden verdammte Erscheinung hat für mich, trotz aller historischen Entartungen, ihre Hauptwurzel doch im intensiven Erleben eben dieser echten und legitimen Aussage: Göttliche Majestät, »Herrscher über die Könige der Erde«. Als Seine Stellvertreter und Gesandten haben sich nun einmal viele Päpste und Bischöfe gefühlt, als des *gegenwärtigen* Christus mehr als des historischen Jesus von Nazaret – und damit hatten sie ja recht, auch wenn sie leider oft recht unpassende Konsequenzen zum eigenen Vorteil daraus zogen. Und ehe der Neid die alles durchdringende soziologische Weltmacht von heute war, haben die Gläubigen das auch ohne Mißgunst und Ressentiment erfaßt und anerkannt und geehrt und haben sich daran gefreut und waren stolz darauf!

»Zweitausend Jahre haben an diesem Bild geschaffen, dem riesigen Mosaik. Es ist aber zugleich ein lebendes und gewachsenes Bild.«

IDA FRIEDERIKE GÖRRES, »ZU UNSEREM CHRISTUSBILD«

Dies nebenbei. Doch die Sterne wandern – nicht nur wir! – und ein anderes Gestirn zog herauf: das Haupt voll Blut und Wunden, der Gekreuzigte, der Herrgott im Elend und auf dem Schoß der Pietà. Dieser Ablauf ergibt für mich ein Röntgenbild der geheimen, der inneren Kirchengeschichte, die ja jeweils einen neuen Zug im Christus-Antlitz entdeckt und spiegelt und zu verkörpern sucht. Denk an Bernhard und Franziskus und Katharina von Siena! Ignatius »sieht« dann wieder die Göttliche Majestät – wie die Spanier überhaupt –, aber mit neuem Akzent: der Feldherr, die Zwei Banner. Noch die barocken gekrönten Gottkinder, wie das Prager Jesulein, sind eine merkwürdige Abwandlung desselben Motivs: der Petit Roi de la Gloire in der Gestalt der Ohnmacht. Ganze Orden entstehen aus solchen wechselnden Impulsen – jede der großen Gründungen spiegelt eine ganz besondere Christusgestalt: Benediktiner, Franziskaner, Jesuiten – noch »spezieller« die späteren, kleineren Stiftungen, Passionisten, Eucharistiner, Genossenschaften vom Göttlichen Herzen, vom Kostbaren Blut. Nicht zuletzt die ganze Marienverehrung! Denn genau besehen, ist sie doch nichts anderes als eine Frucht und Folge des Christusverständnisses – noch bis in ihre sonderbarsten Auswüchse hinein, die meist seltsam komplementär dessen Entartungen spiegeln.

Wir erleben es heute ganz deutlich, wie Charles de Foucauld, Teilhard de Chardin bisher unbekannte oder »stumme« Aspekte Seiner Wirklichkeit mächtig ins Bewußtsein der Kirche rufen: was für entgegengesetzte Pole und doch beide überzeugend und wie fruchtbar!

Foucauld sah und verkündete den verborgenen, den unscheinbaren Jesus von Nazaret, den Christus »auf dem letzten Platz«, gewissermaßen »Jesus den Laien«, ehe er Sein Amt als Prophet und Opfer antritt; Teilhard den kosmischen Christus, wie ihn bereits einige Paulusbriefe geheimnisvoll andeuten: den Welt-Sinn schlechthin, den Urgrund aller Schöpfung, ihren Weg und ihren Punkt Omega, Christus bekleidet mit dem Universum, es verwandelnd in eine einzige Hostie. Wir sehen schon ein ganzes Gewimmel von Jüngern, von Foucaulds Lehre geprägt, wie ein Ferment die Kirche durchwirkend; Teilhards Gedanken scheinen erst ein Spielball der Intellektuellen zu sein, vielleicht erleben wir da auch noch überraschende Gemeinschaftsbildungen.

Kindisch erscheint es mir, die Facetten dieses Reichtums polemisch gegeneinander auszuspielen. Die Gestalt des Jesuskinds wird nicht deshalb kitschig, weil es den Schmerzensmann gibt, wenn sie – als Figur – auch leichter verdorben werden kann; so wenig wie der Gekreuzigte und der Auferstandene einander widerlegen oder aufheben. Augenblicklich ist die Verachtung der Weihnachtskrippen modern, die unseren Lukasbericht generationenlang in treuherzigen Zeitkostümen wiedergaben. Alle Auswüchse zugegeben: aber nicht ihr *Inhalt* selbst »unwahre Romantik«, wie ihre Gegner behaupten; solche ist wohl eher die naive Vorstellung, Windeln und Stallmist wären idyllische und poetische Sachen – die Kritiker haben wohl keines von beiden jemals anfassen müssen.

Nein, jede Teilansicht kann richtig sein, solange sie in der ihr zukommenden Proportion im Ganzen bleibt, und jede wird herausgezerrt, vereinzelt falsch. Die mittelalterliche Isolierung des »Strengen Richters aller Sünder« hat notwendig Maria als Fürsprecherin übertreiben müssen, als einzige Gestalt der Barmherzigkeit gegenüber einem ewig zürnenden, strafenden Gott. Wie heute die Herauslösung von Jesu Kampfreden gegen die Pharisäer ihn auf einen »zornigen jungen Mann« reduzieren will. In unserer Pensionatserziehung haben wir die blassen und schwächlichen Fehlprodukte der großen Passions- und Brautmystik noch ziemlich massiv mitbekommen: den weinerlichen, trostbettelnden »Seelenbräutigam«, den »Gefangenen im Tabernakel«, dem man sozusagen Gesellschaft leisten muß.

Wie eine vorgehaltene Hand die ganze Landschaft verdecken kann, so solch herausgerissener Aspekt die ganze Gestalt des Herrn. Doch auch innerhalb der verzerrten Perspektive bleiben sowohl die Hand wie auch die Landschaft vorhandene Tatsachen.

Doch wir reden erst vom *Bild*. In Wirklichkeit geht es doch um Ihn selber, die Person, der uns »zu glauben vorgestellt« wird in allen Seinen Bildern.

Und dies, siehst Du, unterscheidet unser Christusverhältnis wesentlich, *absolut* von dem all jener, die sich bloß mit Ihm »befassen« als einem Gegenstand vieler Wissenschaften und Hilfswissenschaf-

ten. Sie reden *über* Ihn, wir reden *mit* Ihm. Das ist ein gewaltiger Unterschied. Sie meinen, die Forschung müsse erst herauskriegen, wer er überhaupt gewesen sei und was er eigentlich gemeint habe.

Uns ist Er doch Jemand, der mitten unter uns wohnt und mit dem man täglich umgeht. Ich meine nicht einmal zuerst oder gar ausschließlich Seine eucharistische Gegenwart, in Messe und Mahl und im geheimnisvollen »Zelt« Seines Verweilens, das wir ja immer noch »Tabernakel« nennen, wie die alten Juden den Ort, den Gottes Herrlichkeit in der Wüste manchmal erfüllte; den Tabernakel, um den die Liebe und Freude unserer Vorfahren die herrlichsten Häuser gebaut hat, wirklich als Gottes-Häuser und nicht bloß Versammlungslokale für die Gemeinden. Nein, ich meine Ihn als das ungeheuer aktive Lebensprinzip unsrer Kirche, handelnd, sich kräftig einmischend in unser Schicksal. »Vorstellen« – seit Jahrzehnten kann ich mir kein »inneres Bild« mehr von Ihm machen, die meisten sichtbaren sind mir unerträglich, so schreiend drängt sich ihre Ungemäßheit meinem Bewußtsein auf. Aber ich weiß doch, ich sehe, wie Er rundum Menschen ruft, beruft, die Hand auf sie legt und sie einfach für sich mit Beschlag belegt – genau, ganz genau wie es im Evangelium heißt: »Er rief zu sich, die Er wollte.«

Noch begegnet uns der Herr der Kirche in Seiner Kirche – noch! Wir wissen ja nicht, wie lange wir noch die Freiheit der Verkündigung erleben. Noch dürfen wir Ihn erkunden wie eine Landschaft, essen als eine Speise, in Ihn einwurzeln wie eine Pflanze in den Erdgrund. Trotzdem – ich wiederhole es ja bis zum Überdruß: trotzdem alles, was die Kirche uns von Ihm »vorstellt«, Ihn zugleich enthüllt und verhüllt, Ihn »verrät« in des Wortes Doppelsinn. Alles. Aber es ist noch da, überreiches Angebot, nie auszuschöpfen in unserm ganzen Leben. Nehmen wir doch fröhlich an, dankbar, soviel unsre Augen, unsre Herzen fassen und ertragen können. Einmal wird Er, der Nahe und Ferne, der Vertraute und Unbegreifliche, Unvorstellbare, uns hinter der Schwelle begegnen – »wie Er wirklich ist.«

El Greco, »Die Auferstehung Jesu Christi«, um 1584–94. Die Grabwächter werden zu Zeugen der siegreichen Auferstehung. Madrid, Prado.

JESUS – SEIN UND VISION

EINE KULTURGESCHICHTLICHE EINFÜHRUNG

In welcher Gestalt sich Jesus auch immer seinen Jüngern zugesellte, von seinem Äußeren her erhob ihn nichts über die Menschen seiner Umwelt. Seine physische Erscheinung und wohl auch sein Antlitz entsprachen dem Bild der Menschen aus Galiläa oder Jerusalem oder Qumran. So erstaunt es nicht, zumal die Evangelien von Geschehnissen berichten und die Worte ihres Meisters überliefern wollten, daß keine realistische Beschreibung seiner Person Niederschlag in ihren Aufzeichnungen fand. Je stärker die theologische Bedeutung dieser Quellen hervortritt, desto stärker verwischt sich sein konkretes Äußeres. Sein von Gott gesetztes Ziel bestand in Passion und Auferstehung Jesu und nicht in Äußerlichkeiten.

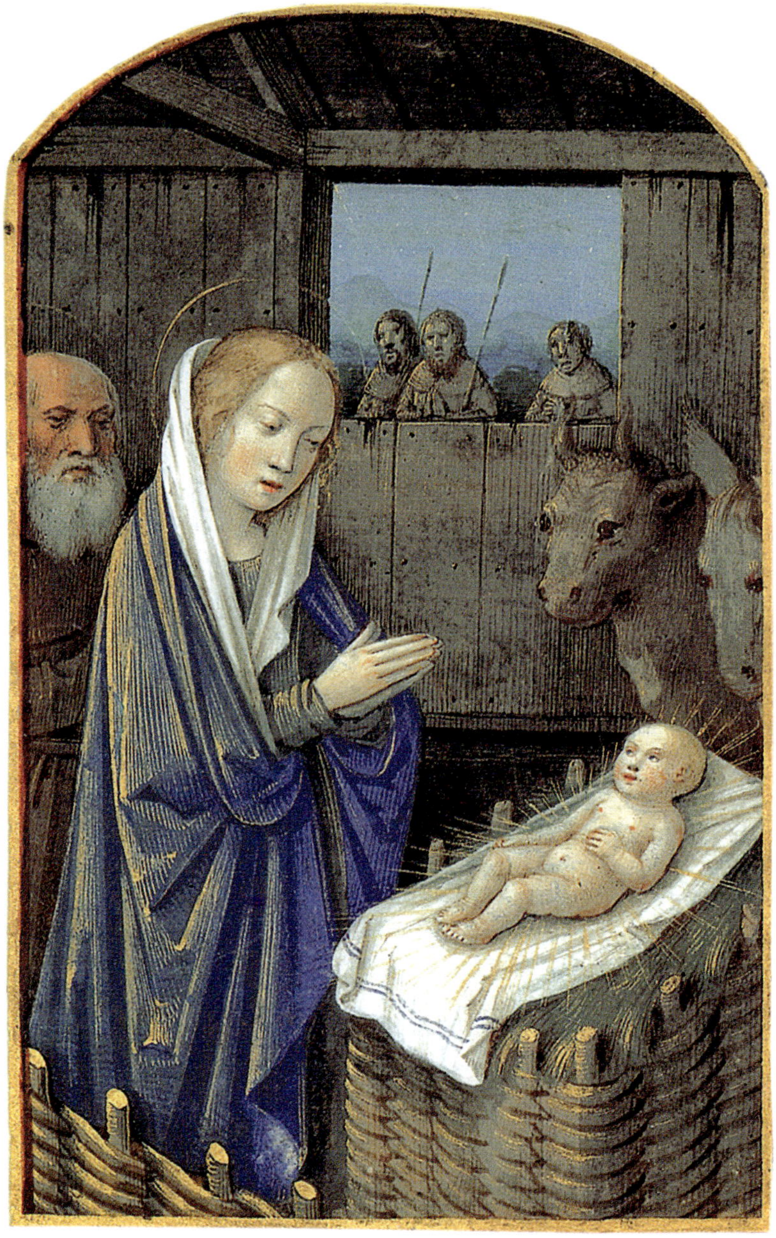

Oben und rechte Seite: Zwei Miniaturen in Stundenbüchern der Biblioteca Apostolica Vaticana. Jean Bourdichon malte um 1480/85 in Tours das Weihnachtsbild (Vat. lat. 3781, fol. 37v), der sog. Falstolf-Meister um 1430/40 in Rouen die Kreuzabnahme (Vat. lat. 14935, fol. 151r).

Das Bedürfnis nach einem gemalten Abbild Jesu bestand noch weniger, weil Jesus weder eine neue Religion noch eine Kirche als Institution gründen, sondern innerhalb der jüdischen Welt und des Gesetzes das kommende Reich vorbereiten wollte, das allein durch Gottes Tat herbeizuführen war. Jesus selbst wie auch seine Jünger waren vom baldigen Kommen dieses Gottesreiches überzeugt.

Den Auferstandenen erkannten die beiden Jünger, zu denen er sich auf ihrem Weg nach Emmaus gesellte, an der Art, wie er das Brot brach, und nicht aufgrund seiner physischen Präsenz, nicht durch seine Rede, erst nach geraumer Zeit also, »als er mit ihnen bei Tisch war« (Lk 24, 30). Die Jünger erfuhren mehr geistig-visionär die Gegenwart ihres Herrn, zumal er sich ihnen in »anderer Gestalt« näherte, als daß sie ihn *in persona* erkannten. Der Auferstandene wies bei der Begegnung mit den elf Jüngern nicht etwa auf sein Antlitz, sondern sprach: »Sehet meine Hände und meine Füße, ich bin's selber. Fühlet mich an und sehet, denn ein Geist hat nicht Fleisch und Bein, wie ihr sehet, daß ich habe.« Der Jünger Thomas, der weder in Emmaus noch Jerusalem dem Auferstandenen begegnet war, glaubte den Jüngern nicht. Der »ungläubige« Thomas wurde erst acht Tage später von der Wiederkunft Jesu überzeugt. Jesus forderte ihn auf, ihm den Finger zu reichen, die Hände zu betrachten und die Hand in die Wunde an der Seite zu legen (Joh 20, 27)! Erst darauf erkannte Thomas seinen Herrn.

Das von einer historischen Quellenkritik als am ältesten und am zuverlässigsten zu wertende Zeugnis von seiner Auferstehung befindet sich bei Paulus (1 Kor 15, 8). Die Botschaft, daß »er auferstanden ist am dritten Tag«, war für Paulus, wie für jeden Christen, das alles Entscheidende. Paulus, der Jesus zu Lebzeiten nicht begegnet war, schaute ihn in seiner Vision vor Damaskus (1 Kor 9, 1, aber Apg 9, 3–19).

Seine Vision aber stellte er auf die gleiche Stufe der Glaubwürdigkeit wie die Geschehnisse von Em-

I·N·R·
eus in adiutorium
meum intende: do
mine ad adiuuan

Rechte Seite: Thronbild Jesu mit den vier Evangelistensymbolen (Maiestas Domini) in der norwegischen Stabkirche von Torpo, um 1200.

maus und Jerusalem, da Jünger und Menschen den Auferstandenen sahen. Der Beweis für die wahrhaftige Auferstehung in den Evangelien wird mit den Wunden der Kreuzigung geführt und nicht unter Hinweis auf das wiedererkannte Antlitz des Herren. Eine solche Berufung auf sein vertrautes Aussehen hätte schwerlich eine vergleichbare Überzeugungskraft erlangt. Außerdem muß bedacht werden, daß die jüdisch-aramäische Gemeinde in nachhaltender

Thronender Jesus im schönen »apollinischen« Stil, um 350, Höhe 72 cm. Rom, Museo Nazionale Romano.

Befolgung der jüdischen Gesetzte kein Bild/Abbild des Jesus Christus geben wollte, sondern im Glauben an die Worte eines Messias schreiben und nicht ihn selbst beschreiben wollte. »Ob wir auch Christus früher nach fleischlicher Weise gekannt haben, so erkennen wir ihn doch jetzt so nicht mehr. Darum ist jemand in Christus, so ist er eine neue Kreatur, das Alte ist vergangen, siehe, es ist alles neu geworden« (2 Kor 5, 16f.). Für Paulus war das irdische Leben Jesu ausgerichtet auf die Opferbereitschaft des Gottessohnes, der vorübergehend Menschengestalt angenommen hatte. Zum historischen Jesus, zu seinen Erdentagen vor der Kreuzigung, bedurfte er des Zugangs nicht. Nur eine der zahlreichen christlichen Glaubensgruppen, die im 2. Jahrhundert in Ägypten wirkenden christlich-gnostischen Karpokratiner, verehrten Christus in Bildern. Ob sie von physiognomischen Spekulationen oder von antiken Heroenbildern ausgingen, erscheint ungewiß.

DIE CHRISTEN IM RÖMISCHEN REICH

Bevor das Christentum im Römischen Reich anerkannte Gemeinschaft und Staatsreligion geworden war, verbreitete es sich als Volksreligion, ohne daß eine Institution, ein Patriarchat über Gleichartigkeit des Kultes, der Liturgie oder über Einheit und Schlüssigkeit des Bekenntnisses wachte. Sein Verbreitungsgebiet von Palästina über den römisch-hellenistischen Osten bis Nordafrika, die Apenninenhalbinsel, Spanien und Gallien war gewaltig. Schiffe zwischen Rom und Konstantinopel verkehrten nur im Sommer. Die großen Provinzen, Städte, Gemeinden waren zwar mit einer Zentralgewalt verbunden, führten aber ein starkes Eigenleben. Eine einheitliche Geschichte der Kirche gibt es im 1. und 2. Jahrhundert nicht.

Von Europa aus gesehen kam das Christentum aus dem Osten: Palästina, Syrien, Ägypten, Kleinasien. Der Osten war auch die Heimat der Apostel und Evangelisten wie auch der Kirchenväter der ersten Jahrhunderte theologischer Vertiefung. Tatian, Ephraim, Afrahat, Johannes Chrysostomus stammten aus Syrien, Athanasius, Origenes und Clemens von Alexandrien aus Ägypten, Gregor von Nazianz, Gregor von Nyssa, Basilius der Große aus Kleinasien, Eusebius aus Palästina. Der lateinische Westen

Rechts: Die Gefangennahme Jesu. Miniatur im iroschottischen »Book of Kells«, 9. Jahrhundert. Dublin, Trinity College Library, Ms. A 1.6, fol. 114r.

begann theologisch erst allmählich – mit Tertullian, Cyprian von Karthago, Lactantius – Gewicht zu erhalten. Eine stärkere prägende Eigenständigkeit erhielt er erst mit Augustinus, der sie alle überstrahlen sollte. Noch Cyprian von Karthago († 258) schrieb an Papst Stephanus, daß der Osten im Besitz der Wahrheit und des rechten Brauches sei.

Rom hatte vorerst an der Entstehung der christlichen Lehre wenig Anteil, obwohl bald, durch die Anziehungskraft der alten Hauptstadt bedingt, hier Reflexe aller Meinungen, Lehren, Überlieferungen, Häresien aufeinander trafen. Um Christentum und Kirche der Zeit zu verstehen, müssen wir auch bedenken, daß dem Reiche nur wenige Jahrzehnte ohne Krieg, Bürgerkrieg, Überfälle fremder Völker, drohende Glaubensspaltungen durch nicht zu integrierende Lehrmeinungen beschieden waren. Eine in Haupt und Gliedern geordnete Religionsgemeinschaft, die auf ein anerkanntes Oberhaupt, auf einen Bischof der Bischöfe oder auf den Kaiser hörte, gab es immer nur mehr theoretisch als de facto. Jeder oft mühsam erreichte Kompromiß wurde bald durch neue Fragen, »das griechische Gift«, die Umschreibung für die philosophische Vertiefung der Theologie durch die Griechen, erschüttert. Bereits vor der Erhebung des Christentums zur Staatsreligion hatten die uneinigen Christen einen Streit um den Bischofssitz von Antiochia (272) von Kaiser Aurelian

Unten: Irische vergoldete Bronzetafel mit einer Kreuzigungsszene, um 800. Dublin, Nationalmuseum.

entscheiden lassen. Eine machtvolle Autorität in der Kirche gab es also noch nicht. Die Anfänge der christlichen Reichskirche als fest gefügte Einheit waren trotz kaiserlicher Befehle des Theodosius an die Bürger, sich zum Christentum zu bekehren (380), und des Verbotes der alten Kulte in Tempeln und selbst Privathäusern (392) überaus schwer. Mehr als 340 Jahre nach Jesu Tod bildeten die christlichen Senatoren im Senat, der Stadtverwaltung Roms, noch eine Minderheit (378), und erst im Jahre 382 wurde die Siegesgöttin Victoria, eine der Nationalgottheiten des Reiches, auf kaiserlichen Befehl aus dem Senat entfernt. Im wichtigsten weltlichen Zentrum des christlichen Roms gemahnte noch nichts an Christus.

Vom Kaiser, »dem äußeren Bischof«, wurde die Kirche gestützt und abhängig. Entfaltete sie Macht, so beruhte diese auf den Machtmitteln des Reiches. Ein nordafrikanischer Kirchenvater konnte mit Recht formulieren: »Nicht das Reich ist ein Teil der Kirche, die Kirche ist ein Teil des Reiches.«

Das Reich, der Kaiser, gab der Kirche und dem Bilde Christi neue Dimensionen, während die Kirche sich noch lange nicht für ein Idealbild entschieden hatte. Das höchste Anliegen dieser Reichskirche mußte sein, eine geschlossene, allgemein verbindliche Christologie zu schaffen. Das erste große Bischofskonzil wurde vom Kaiser nach Nizäa (325) gerufen und von kaiserlichen Legaten geleitet. Über die dogmatischen Glaubensformeln wurde abgestimmt. Durch kaiserliche Bestätigung erhielten sie Gesetzeskraft. Bis zum Konzil von Chalkedon (451) wurden die Dogmen zur Person Jesu immer mehr verfeinert. Nun sollte festgeschrieben werden, daß in der Person Jesu die göttliche und die menschliche Natur unvermischt und unzertrennlich vereinigt seien. Doch der »schlichte christliche Gemeindeglaube« (Friedrich Heiler) wurde durch die theologisch immer präziseren Aussagen zur Person oder zur Natur des Heilands und Erlösers kaum tangiert.

Der Volksglaube hatte sich schon längst vor vermeintlichem Abschluß des Gelehrtenstreites ein Bild des Heilands in seiner menschlichen Gestalt gemacht. Kein geistig-transzendentales Wesen konnte Mittelpunkt der Verehrung des Volkes werden, sondern der Mensch Jesus, der kraft seiner Göttlichkeit die Völker erlöst habe. Idealgestalten aus der profanen Umwelt ließen sich durchaus glaubwürdig zu Darstellungen Jesu umformen. Sanfte Gesichtszüge entsprachen dabei der Gefühlswelt des Volkes, nicht das Antlitz eines strengen griechischen Philosophen – etwa eines Kynikers – mit langen Haaren und wucherndem Bart.

Bereits während der Christenverfolgungen wurden Kirchen errichtet, in Rom die Katakomben ausgebaut, Märtyrer verehrt, Legenden geboren, aus der nichtchristlichen Geisteswelt Kultformen übernommen, Prozessionen und Mysterien fremder Volksreligionen adaptiert. Die Mutter Jesu, alten orientalischen Muttergottheiten angenähert, hielt Einzug in die Glaubensvorstellungen. Das Christentum nahm aus der es umgebenden Welt, was seinem Glaubensweg gemäß erschien. Es war »gelebtes Leben«. Hans Küngs Definition der Religion beschreibt auch die Zeit: »Religion ist die *in einer Tradition und Gemeinschaft sich lebendig vollziehende* (in Lehre, Ethos und meist auch Ritus) *sozial-individuell realisierte Beziehung zu etwas, was den Menschen und seine Welt übersteigt oder umgreift*: zu einer wie immer zu verstehenden allerletzten wahren Wirklichkeit [...]. Im Unterschied zur Philosophie geht es in der Religion um *Heilsbotschaft* und *Heilsweg* zugleich.«

Das Urchristentum war bilderfeindlich wie das Judentum, aus dem es hervorgegangen war. Auch Christus war Jude und »mußte Jude gewesen sein, schon wegen der Heilsgeschichte« (David Flusser) und der Glaubwürdigkeit. Was in den ersten Jahrhunderten der christlichen Volksreligion nichtjüdisch wirkt und durch die Thora nicht begründbar ist, drang aus der hellenistisch-römischen Welt sowie aus Kult und Pantheon der orientalischen Religionen des Polytheismus in den neuen Glauben ein. Seinem Ursprung gemäß war das Urchristentum wie das Judentum männlich dominiert. Wenn das auch nicht antifeministisch sein muß, so stehen doch die Berichte der Evangelien dafür, daß Jesus Frauen gegenüber keine patriarchalische Distanz errichtete,

Unten: Fränkischer Grabstein des 7. Jahrhunderts mit Jesus als Sieger. Bonn, Rheinisches Landesmuseum.

»KÖNIG DER KÖNIGE«

Das 11. Kapitel seines Briefes an die christliche Gemeinde in Rom leitet der Apostel Paulus mit der Forderung ein: »Jeder leiste den Trägern der staatlichen Gewalt den schuldigen Gehorsam. Denn es gibt keine staatliche Gewalt, die nicht von Gott stammt; jede ist von Gott eingesetzt.« Die Sätze stammen wohl aus dem Jahr 58, dem vierten Jahr der Regierung des Kaisers Nero. Sechs Jahre später leitete dieser die erste Christenverfolgung ein, der vermutlich in Rom auch Paulus und Petrus zum Opfer gefallen sind.

Oben: Christus krönt Heinrich II. und dessen Gemahlin Kunigunde. Obere Hälfte einer Bildseite im »Perikopenbuch Heinrichs II.«, um 1007–12. München, Bayerische Staatsbibliothek, Clm. 4452, fol. 2r.

Den entschiedenen Widerspruch gegen eine grundsätzliche Anerkennung jeglicher Obrigkeit enthält das letzte Buch der Bibel, die Offenbarung des Johannes, die wohl gegen Ende der Regierungszeit des Christenverfolgers Domitian (81–96) entstanden ist. So enthält das 13. Kapitel in der Schilderung der beiden Tiere deutliche Hinweise auf die verabscheuenswürdige Vergötterung der Kaiser, die Domitian als erster römischer Herrscher bereits zu Lebzeiten forderte, und das »Babylon« der Offenbarung meint Rom.

Vor diesem Hintergrund läßt sich die Kaiseridee des frühen Mittelalters als Versuch begreifen, jene Forderung des Paulus mit der Wirklichkeit in Einklang zu bringen. Seinen bildhaften Ausdruck fand dieser Versuch vor allem in Darstellungen der Ottonen, die von 962 (Krönung Ottos I., des Großen) bis 1024 (Tod Heinrichs II.)

Unten: Christus krönt Heinrich II. Bildseite im »Sakramentar Heinrichs II.«, um 1017. München, Bayerische Staatsbibliothek, Clm 4456, fol. 11r.

die Kaiserkrone des (später so benannten) »Heiligen Römischen Reiches deutscher Nation« trugen. Die ottonische Gestaltung des Herrscherbildes ist zugleich ein wesentlicher Beitrag zum Bild Jesu Christi, gekennzeichnet durch die unmittelbare Verbindung des göttlichen und des irdischmenschlichen Monarchen.

Das zweite Blatt im »Perikopenbuch Heinrichs II.« zeigt eine zweigeteilte Miniatur. Die untere Hälfte versammelt Allegorien der Reichsteile und einzelner Städte. Diese Figuren huldigen der Krönungsszene in der oberen Hälfte: Geleitet und empfohlen von den Apostelfürsten Petrus und Paulus, verehren Heinrich II. und seine Gemahlin Kunigunde Christus, der Kronen auf ihre Häupter setzt.

Die entsprechende Krönungsszene im »Sakramentar Heinrichs II.« ist allein dem König gewidmet. Christus hat hierdurch eine Hand frei, die er zum Segensgruß erhebt. Er thront inmitten einer Mandorla auf einem Regenbogen (vgl. Offb 4, 2). Zwei Engel reichen Heinrich II. Lanze und Schwert, während die Schutzpatrone Bayerns (das Heinrich zuvor als Herzog regiert hatte), die Heiligen Ulrich und Emmeram, seine erhobenen Arme stützen (vgl. Ex 17, 12).

Diese Bildsprache faßt die Inschrift am Bogen über der Christusfigur des »Basler Antependiums« in Worte: »rex regum et dominus dominatium« (König der Könige und Herrscher der Herrschenden). Es ist dies zugleich der Kern der Theokratie (Gottesherrschaft), welche der irdisch-menschliche Herrscher ausübt und die im Byzantinischen Reich weit über die westlich ottonische Auffassung der Theokratie ihre Gültigkeit behielt: Der Kaiser regiert im Auftrag Christi, des »Herrschers über die Könige der Erde« (Offb 1,5).

Im Westen war es der Papst in Rom, der als *vicarius* (Stellvertreter) Christi den Kaiser krönte und hieraus den Vorrang der geistlichen Gewalt ableitete. Bereits Papst Gelasius hatte in einem Brief (494) an den oströmischen Kaiser Anastasios diese Position vertreten. Als Modell der vielbeschworenen Eintracht zwischen Sacerdotium und Imperium dienten im Hochmittelalter die »zwei Schwerter« (Lk 22, 38) sowie Sonne und Mond, wobei die Frage, welche der konkurrierenden Gewalten der Sonne und welche dem Mond vergleichbar sei, unterschiedlich beantwortet wurde.

Ganz oben und oben: »Basler Antependium« mit Heinrich II. und Kunigunde in Proskynese zu Füßen Christi (Detail), um 1019. Paris, Musée Cluny.

Links: Christus krönt die byzantinischen Kaiser Johannes II. und Alexios I. aus der Dynastie der Komnenen. Miniatur im »Tetraevangeliar der Komnenen«, um 1122. Biblioteca Apostolica Vaticana, Urb. gr. 2, fol. 19v.

»Lobe den Herrn, meine Seele!
Herr, mein Gott, wie groß bist du!
Du bist mit Hoheit und
Pracht bekleidet. Du hüllst dich
in Licht wie in ein Kleid,
du spannst den Himmel aus
wie ein Zelt. Du verankerst
die Balken deiner Wohnung
im Wasser. Du nimmst dir
die Wolken zum Wagen,
du fährst einher auf den Flügeln
des Sturms.«

PSALM 104, 1–3

Rechts: Jesus als das »Licht der Welt« (Joh 8, 12), deren Sinnbild er als Weltkugel mit den Erdteilen Europa, Afrika und Asien in der linken Hand hält, während er die rechte Hand in einem Gestus der lehrenden Rede erhebt. Toskanische Miniatur des 14. Jahrhunderts. London, British Museum.

geschweige denn sie zu meiden trachtete. Der Auferstandene erschien zuerst Maria aus Magdala und gab ihr den Auftrag, den Jüngern davon Kunde zu geben (Mk 16, 9 f.; Joh 20, 11–18). Der »unpatriarchalische Jesus und Christus« (Bischöfin Maria Jepsen) respektierte menschliche Würde. Augustinus sah das nicht viel anders: »Im Hinblick auf die beiden Stellen (Eph 4, 13; Röm 8, 29), worin die Rede ist vom ›vollkommenen Mann‹, vom ›Vollmaß des Alters Christi‹, zu dem wir alle erwachsen sollen, und von der Gleichgestaltung mit dem ›Bilde des Sohnes Gottes‹, glaubt man mitunter, das Weib werde nicht mit seinem weiblichen Geschlecht auferstehen, vielmehr alles im männlichen, da Gott nur den Mann aus Erde gemacht hat, das Weib aber aus dem Manne. Doch nach meiner Ansicht haben eher jene recht, die an der Auferstehung beider Geschlechter festhalten.«

Hans Küng weist auf einen unaufgebbaren Kern der Weltreligionen: »Wahre Menschlichkeit ist Voraussetzung wahrer Religion. Wahre Religion ist Vollendung wahrer Menschlichkeit.« Dieses Bild von der Botschaft Christi wird heute stärker betont als theologisch-dogmatische Schlüssigkeit seines göttlichen Auftrags. Als in Rom die Victoria aus dem Senat entfernt werden sollte, schrieb der Stadtpräfekt Quintus Aurelius Symmachus, Toleranz gegenüber anderen Religionen anmahnend, an den eifernden Ambrosius: »Ein so großes Geheimnis kann unmöglich nur auf einem Wege erreicht werden.« Augustinus zeigte damals, anders als Ambrosius, eine viel offenere Auffassung der Religio-

Unten: Auf der zweigeteilten Bildseite im Evangeliar Ottos III., um 998–1001, schildert ein Reichenauer Malermönch zwei Wundertaten Jesu, die Stillung des Sturmes und die Heilung des Besessenen von Gerasa (die Dämonen flüchten in Schweine). München, Bayerische Staatsbibliothek, Clm 4453, fol. 103r.

nen. Für ihn war auch die vorchristliche Offenbarung Gottes Teil göttlichen Wollens: »Das, was man jetzt als christliche Religion bezeichnet, bestand bereits bei den Alten und fehlte nie seit Anfang des Menschengeschlechtes, bis Christus im Fleische erschien, von wo an die wahre Religion, die schon vorhanden war, anfing, die christliche genannt zu werden« (Retr. I 13, 3). Für den Christen ist Christus als Mensch Mittler zwischen Gott und uns, worauf Serguei Averintsev nach 1 Tim 2, 5 hinweist. Er bildet die Mitte »aller verschiedenartigen christlichen Sonderwelten«, und die »jeweilige Erfahrung dieser Mitte wird freilich durch diese oder jene konfessionell-doktrinäre Tradition auf eine Weise bedingt, wie sie naturgemäß durch ethnisch-kulturelle und auch persönlich-psychologische Voraussetzungen ihre Nuancen erhält«.

GOTT IST SCHÖN UND LIEBT DIE SCHÖNHEIT

Die »Überlieferung« (Hadith) schreibt dem Propheten Muhammad einen Ausspruch zu, der auch christlichem Gedankengut und seiner Mystik nicht fremd ist. Bereits die Thomasakten, syrisch geschrieben, die um die Wende zum 3. Jahrhundert entstanden, schildern Christus als schönen Jüngling ganz in der antiken Tradition. Die Thomasakten wurden früh ins Griechische, Äthiopische, Armenische, Lateinische übersetzt. Doch es gibt noch ältere Quellen, auf die man sich bei der Darstellung Christi zu berufen pflegte. »Du bist der Schönste unter den Menschenkindern«, heißt es im Psalm 45, 3, der, obwohl mehrere Generationen vor Christi entstanden, auf Jesus umgedeutet und bezogen wurde. Auch Jesaja 53, 2 (»Er hatte keine Gestalt und Hoheit. Wir sahen ihn, aber da war keine Gestalt, die uns gefallen hätte«) wurde als Hinweis auf die Gestalt Jesu Christi interpretiert. Wer das Bild, das Antlitz, die äußere Erscheinung des irdischen Jesus sucht, muß zwangsläufig von einer historischen individuellen Persönlichkeit ausgehen. Von einer Gottessohnschaft braucht der Historiker dabei nicht unbedingt überzeugt zu sein. Für eine Darstellung Jesu als sterblicher Mensch oder als unsterblicher Erlöser Jesus Christus ist die Vorstellung von seinem Wesen aber entscheidend. Doch bildliche Darstellungen von Jesus aus der Zeit seines Erdenwandels gibt es nicht. Von einer Authentizität des Turiner Grabtuches sind bislang überwiegend Gläubige und kaum Wissenschaftler überzeugt. Durch die Beantwortung einiger Fragen können wir uns aber der zentralen Grundeinsicht anschließen, daß das Bild Jesu Generationen nach seiner geschichtlich gesicherten Kreuzigung geschaffen wurde.

Je früher der Glaube bei der Diskussion kulturhistorischer Fragen einsetzt, umso unwahrscheinlicher werden die Erklärungen. Objektivierung fragt nicht nach subjektiver Wahrhaftigkeit, aus der heraus die Gläubigen alle ihr eigenes Bild Christi formten. Wann entstand der Wunsch, sich ein Bild von Jesus zu machen ? Eine Antwort findet man, nachdem eine Überlegung als eine entscheidende Voraussetzung für das Interesse am Abbild Jesu angestellt wurde: Jesus mußte bereits als Erlöser, als Christus, als der von den Evangelien Verkündete von den Gläubigen verstanden worden sein. Die Ansätze einer Christologie mußten sich herausgebildet

Thronbild Jesu Christi mit den Monogrammen IHS (Jesus) und XP (Christus) im karolingischen, nach dem Schreiber benannten Godescalc-Evangelistar (Perikopenbuch). Aachen, 781–783. Paris, Bibliothèque Nationale, Nouv. acq. lat. 1203, fol. 3r.

haben. Schon die Kirchenväter bewegte dann aber die Frage nach dem irdischen Aussehen Jesu. Papst Leo der Große (440–461) schrieb an Bischof Flavian von Konstantinopel, eindeutig von Jes 53, 2 ausgehend: »Der Herr des Alls hat unter Verhüllung seiner unermeßlichen Majestät Knechtsgestalt angenommen. Der leidensunfähige Gott hat es nicht verschmäht, ein leidensfähiger Mensch zu sein und als Unsterblicher sich den Gesetzen des Todes zu unterwerfen.« Tertullian (um 150–225) formulierte zur Gestalt Christi in seiner Schrift »Vom menschlichen Leibe Christi«: »Die Leute staunten nur wegen seiner Worte und Taten, nur wegen seiner Lehre und Tugend den Menschen Christus an. Es wäre sicher auch aufgezeichnet worden, wenn etwas Ungewöhnliches an seiner Leibesbeschaffenheit für ein Wunder gehalten worden wäre. Doch es war keineswegs diese wunderbare Beschaffenheit seines Leibes, die sein sonstiges Auftreten so auffallend machte, da sie sagten: ›Woher hat dieser die Lehre und diese Wunderzeichen?‹ (Mt 13, 54). Auch die, welche seine Gestalt verachteten, sprachen so. Sein Körper besaß also nicht einmal menschliche Wohlgestalt, geschweige denn himmlischen Glanz.«

In seiner Predigt tröstet Augustinus uns darüber, daß Zeitgenossen und folgende Generationen das Antlitz des Herren im Gegensatz zu den Jüngern nicht schauten: »Das sahen die Jünger noch nicht: die Kirche durch alle Völker hin, angefangen von Jerusalem; das sahen sie noch nicht. Das Haupt sahen sie, und über den Leib (d. h. die Kirche) glaubten sie dem Haupte. Durch das, was sie sahen, glaubten sie, was sie nicht sahen. [...] Ähnlich ihnen sind auch wir: Wir sehen etwas, was sie nicht sahen; und wir sehen etwas nicht, was sie sahen. Was sehen wir, das sie nicht sahen? Die Kirche durch alle Völker hin. Was sehen wir nicht, das sie sahen? Christus im Fleische. Wie sie ihn sahen und über den Leib ihm glaubten, so sehen wir den Leib, über das Haupt aber wollen wir glauben. Unsere Gesichte helfen sich gegenseitig. Es hilft ihnen der geschaute Christus, daß sie die künftige Kirche glauben; es hilft uns die geschaute Kirche, daß wir Christus auferstanden glauben.«

Die Worte des Augustinus erhalten noch größere Bedeutung, wenn man bedenkt, daß es zu seiner Zeit bereits Darstellungen neutestamentlicher Zyklen, Wiedergaben von den Aposteln und Christi gab. Augustinus selbst hat solche Bilder, Christus und die Apostel »an mehreren Orten im Bilde vereint«, gesehen. Fälschungen in Schrift und Bild waren im 4. Jahrhundert schon zahlreich. Angebliche Briefe von Christus an Petrus und Paulus waren im Umlauf. Eindeutig formulierte der große Kirchen-

»Christus will ich erkennen
und die Macht
seiner Auferstehung
und die Gemeinschaft
mit seinem Leiden;
sein Tod soll mich prägen.
So hoffe ich, auch zu der
Auferstehung von den Toten
zu gelangen.«

PAULUS,
BRIEF AN DIE PHILIPPER 3, 10–11

Links: Auferstehungsbild des Meisters von Wittingau, um 1380/90. Der Sieg über den Tod vollzieht sich zwar in einer real geschilderten Szenerie, erscheint aber selbst irreal: Jesus Christus erhebt sich über einem Sarkophag, der verschlossen und verspiegelt ist. Das rot leuchtende Gewand korrespondiert mit dem Himmelsausschnitt, vor dem der goldene Nimbus erstrahlt. Diese und zwei weitere Tafeln sind von einem großen Altarwerk erhalten, das der namentlich nicht bekannte Meister für das Kloster im südböhmischen Wittingau (Třeboň) geschaffen hat. Prag, Nationalgalerie.

vater: »Rechtens irren so alle diejenigen, die Christus und die Apostel nicht in den heiligen Büchern, sondern an den bemalten Wänden suchen. Daß aber Fälscher von Malern getäuscht worden sind, ist nicht weiter verwunderlich.«

In keiner Hochreligion hat sich das Bild einer Gottheit im Laufe von Jahrhunderten so gewandelt wie das Antlitz des Heilands. Während das griechische Byzanz und der christliche Osten einem Typus des unveränderlichen Erlösers huldigte, brachte die lateinische Christenheit eine breite Fülle göttlicher Idealität hervor. Doch die augenfälligsten Unterschiede weist die Antike auf; je näher wir dem historischen Jesus von Nazaret kommen, um so unterschiedlicher fallen die Darstellungen Christi aus. An ein Urbild läßt sich nicht denken.

In Sant'Apollinare Nuovo zu Ravenna ist uns eine der frühesten wie vollständigsten Szenenfolgen in Mosaiktechnik aus dem Neuen Testament erhalten geblieben (entstanden um 520–530). Doch nicht allein wegen seiner Ausdrucksstärke und Lebensnähe spricht noch heute der Zyklus in vertrauter Form zu uns, vielmehr erkennen wir Christus unmittelbar. Dabei ist Jesus in zwei unterschiedlichen Darstellungsweisen abgebildet: Einmal begegnet er uns in jugendlicher Gestalt, zum anderen im vertrauten Bild der Passionsszenen. Einmal wird er sitzend mit erhobener Hand am Brunnen dargestellt, die andere

»Wenn der Menschensohn
in seiner Herrlichkeit kommt
und alle Engel mit ihm,
dann wird er sich auf
den Thron seiner Herrlichkeit
setzen.
Und alle Völker werden vor
ihm zusammengerufen
werden,
und er wird sie voneinander
scheiden, wie der Hirt die
Schafe von den Böcken
scheidet.«

MATTHÄUS 25, 31–32

Das Thema des Jüngsten Gerichts bot den Künstlern Gelegenheit zu den machtvollsten und prächtigsten Darstellungen Jesu Christi. Das 1467–71 entstandene Triptychon von Hans Memling schildert in symmetrischer Anordnung den Aufstieg der (von Petrus geleiteten, von Engeln bekleideten) Seligen zum Paradies und den Höllensturz der Verdammten. Das jeweilige Urteil gibt die Waage des Erzengels Michael zu erkennen. Über diesem thront auf einem Regenbogen der Weltenrichter; seine Füße stützen sich auf eine Kugel als Sinnbild der Welt (vgl. Jes 66, 1: »Der Himmel ist mein Thron und die Erde der Schemel meine Füße«). Über Christi zum Segensgruß erhobener rechter Hand symbolisiert eine Lilie die göttliche Gnade, über der gesenkten linken Hand ein Schwert die Verurteilung zur Verdammnis. Zu beiden Seiten Christi reihen sich die Apostel sowie als Fürbitter Maria und Johannes der Täufer. Über den Aposteln weisen Engel die Leidenswerkzeuge vor, unter ihnen rufen Posaunenengel die Verstorbenen zum Gericht. (Das Triptychon war für die Badia in Fiesole bestimmt, wurde aber auf dem Seeweg die Beute von Piraten, die es nach Danzig brachten.) Danzig, Muzeum Narodowe.

Szene schildert die Gefangennahme Jesu zwischen Jüngern und Legionären. Nicht allein die Lebens- und Leidensgeschichte klingen in den Bildthemen an. Hier begegnen sich westlich antike Tradition der Darstellungsweise des jünglinghaften Gottessohnes und östliche Gestaltungsprinzipien in einem orientalisch wirkenden bärtigen Typ des Erlösers. Die unterschiedlichen Darstellungsweisen sind für den lateinischen Westen keine Seltenheit. Um bei Szenen mit anderen Menschen keinen Zweifel an der Person Christi aufkommen zu lassen, wird sein Haupt mit einem Nimbus umgeben. Aus der Darstellung von Kaisern, Heroen und Göttern war die Antike daran gewöhnt. Als (göttlicher) Kreuznimbus unterscheidet dieser Heiligenschein Jesus von den Heiligen. Auf individuelle Gesichtszüge kam es weniger an.

Etwa zur gleichen Zeit entstanden wunderbare Mosaike in Rom: der bärtige Christus über den Wolken in Santi Cosmas und Damian (um 526 bis 530) und der jugendliche Christus auf der Weltenkugel thronend in San Vitale zu Ravenna (6. Jahrhundert). Beide Christustypen können wir weit zurückverfolgen. In Santa Pudenziana zu Rom erblikken wir den Erlöser im Apsismosaik auf edelsteinverziertem Thron (entstanden etwa 390–400). Bärtig, mit langem, über die Schulter reichendem Haupthaar, wirkt er wie ein östlicher Herrscher auf dem Throne Konstantins. Dagegen zeigen die frühchristlichen Sarkophage Ravennas Jesus in jugendlicher Schönheit wie antike Götter.

Die östlich-byzantinisch wirkenden Christusdarstellungen in Santa Pudenziana und San Vitale schei-

Linke Seite: Den Genter Altar von Hubert und Jan van Eyck, vollendet 1432, bekrönt das Gottesbild Jesu Christi (mit Tiara) zwischen den Fürbittern Maria und Johannes dem Täufer. Gent, St. Bavo.

Unten: Brustbild Jesus Christi mit dem Kreuznimbus der göttlichen Person. Das Rundbild (Tondo) gehört zu den Mosaiken der Kirche Sant' Apollinare in Classe bei Ravenna, geweiht 549.

nen bei näherer Betrachtung »zunehmend theologische Bedeutung« zu reflektieren wie auch der Christus am Triumphbogen von Santa Maria Maggiore, dessen Erscheinung als »direkter Hinweis auf die Beschlüsse des Konzils von Ephesus (431) zu verstehen« wäre (Otto von Simson). Papst Leo der Große hat dies in einer Predigt auch hervorgehoben: »Was also an unserem Erlöser sichtbar war, ist übergegangen in die Sakramente. Damit unser Glaube verdienstlicher und fester würde, ist an die Stelle der ›sinnlichen Wahrnehmung‹ die ›Lehre‹ getreten, deren gewichtigen Worten die von himmlischen Strahlen erleuchteten Herzen der Gläubigen folgen sollen.« Die ordnende Kraft einer Kirche wird hier spürbar. »Auf das geschichtlich bestimmte, horizontale Schema, das für die alten Glaubensbekenntnisse charakteristisch war, folgt nun ein metaphysisch bestimmtes, vertikales Schema. Es schließt den Erzählstil zwar noch ein, nimmt ihm aber sein Gewicht, indem es die Aufmerksamkeit mehr auf die Begriffe, auf die Seinsaussagen lenkt« (Bruno Forte).

Eschatologische Visionen gehen also mit Sicherheit auf das Einwirken theologisch-dogmatischer Vorstellungen zurück, die dann noch stärker karolingische, ottonische und romanische Buchmalerei, Freskenzyklen und die romanische Bauplastik bestimmen sollten. Byzantinische Buchmalereien lieferten dem Westen das Vorbild des herrschenden Christus, ohne den jugendlichen Typ Jesu ganz verdrängen zu können. Im 5./6. Jahrhundert war die ganze Vielfalt der Szenen mit Jesusdarstellungen des Neuen Testaments, Passion, Kreuzigung und Auferstehung, Christus auf der Weltenkugel sowie die Maiestas Domini bereits ausgebildet. Bei der Entwicklung zu ikonographisch festgelegten Zyklen und Erscheinungsbildern Jesu sind Ost und West gleichermaßen beteiligt.

Das Bild Jesu lebt im Glauben an Christus, an den Erlöser. Ein naturalistisches Abbild seines Antlitzes gibt es also nicht. Die Frage nach dem Leben des historischen Jesus stand erst im 19. Jahrhundert, anderthalb Jahrtausende nach seiner Kreuzigung, im Mittelpunkt der theologischen, v. a. der protestantischen Forschung. Nach jahrzehntelangen Untersuchungen bezweifelte Albert Schweitzer 1906 in seiner »Geschichte der Leben-Jesu-Forschung«, ob man Jesus überhaupt als geschichtlich klar umrissene Person fassen könne. Ernst Troeltsch erarbeitete ein Jesusbild als des historisch letzten Gottesboten, der aber gänzlich religiös zu begreifen sei. So konnte bald geäußert werden: »Der Glaube an die Auferstehung Christi und der Glaube, daß im verkündeten Wort Christus selbst, ja Gott selbst spricht (2 Kor 5, 20), ist identisch« (Rudolf Bultmann). Auf diese Weise ist der »historische Jesus kein Thema der neutestamentlichen Theologie« (Eduard Schweizer). Der historische Jesus blieb aber Thema für »eine Annäherung an die alten Quellen über Jesus«, denn es gibt bedeutungsvolle Aussagen über sein Leben, die keine Kritik aufheben kann. Das ist der Ansatz von Carlo Maria Kardinal Martini, der zum Schluß kommt: »Entweder muß man darauf verzichten, die Daten so, wie sie vorliegen, zu deuten und die Forschung aufgeben, oder man muß zugestehen, daß aus ihnen, und zwar in genügend großer Zahl, Fakten, Worte und Taten Jesu zuverlässig eruiert werden können. Sie genügen, um die Gestalt Jesu in einer Art und Weise zu skizzieren, daß sie uns in der Tiefe unseres Bewußtseins herausfordern.«

Schon vor Entstehung einer philosophisch-dogmatischen Christologie hatten sich im Volke Formen des Gottesdienstes und des Verständnisses Jesu entwickelt, die in vielen Bereichen einer Synthese von vorchristlichen Kulten und christlicher Heilserwartung gleichkamen. Bilder antiker Götter, Tempel, Altäre kannte ein jeder im Römischen Reich. Der Volksglaube adaptierte antikes Brauchtum: Motive wie der Lammträger und Ranken aus Weinlaub ließen sich als Sinnbilder Christi deuten. Römische

Links: Die antike Fabel vom Pelikan, der mit seinem Blut die Jungen ernährt, diente in der christlichen Kunst als Symbol für den Opfertod Jesu. Detail vom Schrein der hl. Elisabeth, vollendet 1249. Marburg/Lahn, Elisabethkirche.

Rechts: Der Bildteil des Ablaßbriefes, um 1490, zeigt Jesus, aus dessen Seitenwunde Blut in den Abendmahlskelch fließt, und umgibt ihn mit Sinnbildern der Passion: rechts unten die Handwaschung des Pilatus, links der Judaskuß mit dem Strick, an dem sich Judas erhängt. Zu den Leidenswerkzeugen gehört die Geißelsäule, hier mit der »Ehernen Schlange« (Num 21, 9) *als typologischem Vorbild der Kreuzigung.*

Sepulkralmotive vertrugen sich mit christlichen Inschriften. Seit den ersten Jahrzehnten des 3. Jahrhunderts gab es auch Darstellungen neutestamentlicher Szenen mit Christus. In der Callixtus-Katakombe in Rom lassen sich solche Schilderungen erkennen (um 210) wie auch im mesopotamischen Dura-Europos (Taufraum einer Hauskirche 232/33). Im 4. Jahrhundert hatte sich also längst das Bedürfnis des Volkes nach bildlicher Darstellung Jesu, wie auch seiner Mutter, der Theotokos, und zahlreicher Wunder- und Heilsdarstellungen durchgesetzt. Zwei Legenden, die das spätere Bild Christi im griechischen Osten wie im lateinischen Westen beeinflußten, entstanden in dieser Zeit: die Veronika-Legende (die Erzählung um das Schweißtuch) und die Abgar-Legende (die Legende von einem naturalistischen Abbild Jesu).

Wie unsicher die Bischöfe dieser Zeit im Hinblick auf eine Darstellung des Gottessohnes noch waren, beweisen die Schriften der Kirchenväter des 3./4. Jahrhunderts. So zerriß der Metropolit Epiphanius von Salamis (um 315–403), der aus Judäa stammte, einen Altarvorhang, auf dem sich ein Christusbild befand. Die Tatsache, daß in Konzilsakten drei seiner Schriften bilderfeindlichen Inhalts teilweise erhalten sind, weist auf grundlegende Veränderungen und Auseinandersetzungen der Zeit hin. Epiphanius schrieb an Kaiser Theodosius, sprach sich gegen die Herstellung von Heiligenbildern aus und verfaßte ein Testament, an seine Gemeinde gerichtet, in dem er diese dazu aufforderte, weder Heiligen- noch Christusbilder zuzulassen.

Verbindliche wie sensible, die mittlerweile erfolgte Entwicklung weitgehend anerkennende Regelungen mußten vom Kaiser wie von der Kirche erarbeitet werden. Im einzelnen vermochte das kaum Schwierigkeiten bereiten. So verbot im Jahre 427 ein kaiserliches Dekret die bildliche Wiedergabe von Kreuzen auf Fußböden auch sakraler Räume; Widerspruch wurde dagegen nicht laut. Der Darstellung des Heiligen, des Gottessohnes, vor allem der Wiedergabe dogmatisch gefestigter Glaubenswahrheiten sind faktische Grenzen durch die Möglichkeiten der bildenden Kunst gesetzt. Was und wie Jesus Christus den Gläubigen gezeigt werden konnte, die Dreieinigkeit, Gottvater, der Heilige Geist oder die Gottesgebärerin, das bedurfte kaiserlicher Aufmerksamkeit. Die großen Kirchen Roms und Konstantinopels, vor allem aber Musterbücher wurden Schule machende Beispiele und Vorlagen.

DER BILDERSTREIT

Stiftungen und Schenkungen hatten die Kirche seit dem 4./5. Jahrhundert reich gemacht. Hieronymus (um 347–419) und andere Kirchenväter betrachteten diese Entwicklung mit Skepsis. 700 Jahre später schrieb Bernhard von Clairvaux geradezu verbittert über die Eitelkeiten der Kirche: »Es strahlt die Kirche an ihren Wänden, aber an ihren Armen leidet sie Not.« 800 Jahre darauf fordert der »Vater der Befreiungstheologie«, der peruanische Theologe Gustavo Gutiérrez, wie seinerzeit auch die Kirchenväter, dazu auf, Christus in den Armen zu dienen,

»Man muß unterscheiden zwischen einer Anbetung der Bilder
und der Belehrung, die wir durch die Bilder
über den Gegenstand unserer Anbetung erfahren.«

Papst Gregor der Grosse, Briefe

die »Nachfolge Jesu zu konkretisieren.« Auch dieser Aspekt gehört zum Bilde Christi.

Ein Teil der griechischen Christen und ihrer Bischöfe war nicht nur gegen den Prunk, sondern auch gegen die ständig steigende Zahl an bildlichen Wiedergaben der Heiligen und vor allem Christi. Überall sonst hatten sich die Bilder nämlich durchgesetzt. Es bleibt deshalb ein Rätsel, was Kaiser Leon III. (717–741) plötzlich dazu bewogen haben mochte, im Jahre 726 ein Verbot der Anbetung der Bilder zu erlassen und vier Jahre darauf sogar ein Verbot der Bilder selbst zu verkünden mit dem Befehl zu ihrer Zerstörung. Entrüstet schrieb Papst Gregor II. (715–731) an den Kaiser: »Geh umher, wo Schule gehalten wird, und sprich ›Ich bin der Zerstörer und Verfolger der Bilder!‹ Alsbald werden sie Dir ihre Schreibtafeln auf den Kopf schlagen, und was Du von den Weisen nicht lerntest, darüber werden Dich die unvernünftigen Kinder belehren.« Eine bilderfeindliche Strömung war allerdings in der Kirche immer spürbar. Tertullian setzte Bild und heidnisches Idol gleich: »Jedwedes Bild, auch das kleine, muß Idol genannt werden.« Auf der Synode von Elvira (Beginn des 4. Jahrhunderts) wurde im Kanon 36 bestimmt: »Bilder sollen in der Kirche nicht sein, damit nicht auf die Wände gemalt wird, was verehrt und angebetet wird.«

Honoré Daumier, »Ecce Homo« (»Seht, das ist der Mensch«, Joh 19, 5), um 1850–52. Essen, Museum Folkwang.

Die kaiserlichen Befehle entfachten im Osten einen wahren Bildersturm. Der lateinische Westen hielt sich vorerst zurück, obwohl viele Bischöfe verunsichert wurden. Nun setzte Rom ein eindeutiges Zeichen: Am Vorabend von Mariä Himmelfahrt, am 14. August des Jahres 752, zog Papst Stephan II. barfuß von der Kapelle Sancta Sanctorum (beim Lateran) in einer feierlichen Prozession zur Kirche Santa Maria Maggiore, der ersten Marienkirche Roms (auf dem Esquilin). Wegen drohender Gefahr eines langobardischen Angriffs folgte die römische Bevölkerung dem Bittgesang des Oberhirten. Der Papst, so berichtet der *Liber Pontificalis*, trug auf seinen Schultern ein gewaltiges Bild Christi. Dieses Abbild des Herrn sei, so hieß es, nicht von Menschenhand gemalt worden, sondern auf wunderbare Weise durch Einwirkung des Herrn Jesus selbst entstanden. Es trug auch eine Bezeichnung, »Emmanuel« – mit uns ist Gott! Um Hilfe des Erlösers wurde gebetet. Einen mächtigeren Helfer als Christus konnte man nicht haben. Der Kaiser schien machtlos und hatte gerade seinen wichtigsten Reichsteil auf der Apenninenhalbinsel, Ravenna, an die gefürchteten Langobarden verloren. Deshalb erschien es auch nicht als gefährlich, dem kaiserlichen Befehl der Zerstörung der Bilder nicht zu folgen. Mehrere solcher *Acheiropoieta*, die nicht von Menschenhand gemalt worden seien, haben sich aus späterer Zeit erhalten. Eine ausgeprägte Individualität wiesen solche Darstellungen nicht auf, kam es doch nicht auf eine naturalistische Entsprechung an, vielmehr auf Gesichtszüge, die das Herrscherliche, Erhabene, Heilige, Ernste, Machtvolle, ja Drohende, Respekt und Verehrung Fordernde betonten. Der

Oben: Byzantinische Goldmünze (Solidus) aus der Regierungszeit des Kaisers Justinian II. (685–695) mit einem Brustbild Jesu Christi.

Oben: Goldmünze aus der Regierungszeit des byzantinischen Kaisers Michael IV. Paphlagonikos (1034–41) mit einem Brustbild des bärtigen Jesus Christus mit Evangelienbuch.

Papst berief sich mit dem nicht von Menschenhand gemalten Bilde auf den König der Könige. Nicht nur darin spiegelte sich antike Tradition, auch in der Behauptung, daß das Bild nicht von Menschenhand stamme. Bereits die alten Griechen hatten an Bildwerke, welche die Götter vom Himmel fallen ließen und nicht von Menschen gefertigt worden waren, geglaubt. Das sogenannte Palladion von Troja, ein Bildwerk der Athene, war das berühmteste von ihnen. Solchen Bildern wurde Gottes- und Wunderkraft zugeschrieben. An diese Tradition knüpft die Legende von Beronika an, aus der sich das Bildmotiv des Schweißtuchs der Veronika entwickelt hat. Ebenfalls mit einem Heilungswunder verbindet die Legende vom Abgarbild eines der *Acheiropoieta:* mit der Genesung des Königs Abgar von Edessa.

Die großen Kirchenväter des Ostens hatten sich bereits im 4. Jahrhundert für die Verehrung der Bilder ausgesprochen. Gregor von Nazianz († um 390), Bischof und Sohn eines Bischofs, bezeichnete die Maler als die besten Lehrer. Bilder als Bilder der Wahrheit förderten die Erkenntnis. »Drei Reden für die heiligen Bilder«, davon zwei Reden gegen die Edikte des Kaisers Leon gerichtet, schrieb Johannes Damascenus (um 675 bis 749). Alles, was für die Verehrung der Bilder spricht und die spätere orthodoxe Tradition stärken sollte, wurde bereits von ihm vorgetragen.

Das Hauptargument für die Bilder glich dem, was auch die Päpste zu ihrer Verteidigung vorbrachten: »Was denen, die lesen gelernt haben, das Buch ist, das ist den Ungebildeten das Bild.« Theodor von Studion (759 bis 826) ging sogar in der Begründung der Bilderverehrung so weit, daß er wiederholt erklärte, es gehöre zum Wesen der Materie, abbildbar zu sein, die Abbildbarkeit sei sogar die erste Eigentümlichkeit des Menschen. Christus würde in seiner menschlichen Natur etwas fehlen, wenn er nicht gemalt werden könne. »Wer das Bild Christi ablehne, lehne demnach Christus selbst ab.« Theodor war dabei weit entfernt davon, Bild und Abgebildeten gleichzusetzen. Jeder Vorwurf der Idolatrie wurde von ihm in bleibend gültiger Form zurückgewiesen: »Niemand wird dermaßen irre sein, den Schatten und die Wahrheit, die Natur und die Setzung, den Archetyp und das von ihm Abgeleitete, die Ursache und das aus ihr Hervorgegangene für der Substanz nach eins zu halten.« Der Bilderstreit wurde durch Kaiserin Irene mit der Anerkennung der Bilderverehrung beendet (787, 2. Konzil von Nizäa): »Die Ehre des Bildes geht auf die Ehre des Urbildes zurück.« Doch die Auseinandersetzung über die Abbilder und Darstellungsweisen Christi blieb der Kirche und den Künstlern erhalten. Drei Jahre nur nach dem Spruch der Kaiserin ließ der zukünftige Kaiser des Westens, Karl der Große, unter persönlicher Beteiligung die *Libri Carolini* von fränkischen Theologen erarbeiten. Auch sie lehnten die Bilder eigentlich ab. Doch eine vergleichbare Zerstörungswut wie unter Kaiser Konstantin V. (741–775) erreichte erst wieder der Bildersturm der Calvinisten

Links: Arnulf Rainer, »Christus«, 1995–98. Übermalung mit Aquarellkreide und Graphit auf Papier. Das auf diese Weise angeeignete historische Werk gehört zur Ausstattung der 1998 erschienenen Arnulf-Rainer-Bibel.

»Weil einige uns tadeln, da wir dem Bilde des Herrn und unserer Herrin, dann aber auch der übrigen Heiligen und Diener Christi Ehrfurcht und Ehre erweisen, so sollen sie hören, daß am Anfang Gott den Menschen nach seinem Bild geschaffen hat. Weshalb bezeigen wir einander Ehre? Doch nur, weil wir nach dem Bilde Gottes geschaffen sind. Denn ›die Ehre des Bildes geht‹, wie der Gotteslehrer und Gottesgelehrte Basilius (in seiner Schrift ›Über den Heiligen Gest‹) sagt, ›auf das Urbild über‹.«

JOHANNES DAMASCENUS,
»VOM BILDE«

in der Reformationszeit. Mäßigend hatten die karolingischen *Libri Carolini* die Sentenz hervorgehoben: »Unseliger Geist, der immer gleich leidenschaftlich danach trachtet, die Bilder entweder zu vernichten oder anzubeten. [...] Bald zerstört man gegen das Gebot der Ordnung, was durchaus nicht zerstört werden darf, bald erhöht man, was über das Maß nicht erhöht werden darf.«

Während die Kirchen des Mittelalters und die Mönchsorden durch theologisches Denken und die Mystik das Bild Jesu beeinflußten, zeichneten sich bereits in der Gotik überwiegend künstlerische Intentionen in seinen Darstellungen ab. Mit Michelangelos antikisierend heroischer Christusstatue in Santa Maria sopra Minerva (Rom) setzt sich eine freiere Interpretation der Gestalt Jesu durch.

Bei den katholischen Christen ist heute das »grundsätzliche Ja zum Bild in der Kirche unumstritten« schreibt Christoph Kardinal Schönborn. Seine Einstellung zum Bild gemahnt an die Begründungen der Kirchenväter: »Alles, was Sein und Dasein hat, existiert, weil es von Gott geschaffen, und somit von Gott erdacht und ›gebildet‹ ist. Der Schöpfer hat alle seine Geschöpfe nach seinem Willen und Plan gebildet, so daß alle Geschöpfe Ausdruck, Spur und Bild göttlicher Planung sind. In dem Maße, wie unser Herz rein wird, wird es fähig, die Dinge als solche Bilder wahrzunehmen.«

DER JUDE JESUS

INWIEFERN WAR JESUS EIN JUDE?

Rechte Seite: Die »Kreuzigung in Gelb« (1942) von Marc Chagall zeigt Jesus mit Nimbus und Gebetsriemen am Haupt und linken Arm. An den Tefillin sind Kästchen befestigt, die Texte aus der Thora enthalten. Diese schwebt als geöffnete grüne Buchrolle über einer apokalyptischen Landschaft der Zerstörung und des Untergangs; im Vordergrund versucht eine Frau, sich mit ihrem Kind zu retten. Den Mittelpunkt bildet das winzige Lichtsymbol der Kerze in der Hand eines Engels, der das kultische Schofarhorn bläst. Nizza, Musée Message Biblique Marc Chagall.

Es gab keinen Rabbi Jesus! Jesus wurde zwar von der Außenwelt mit Rabbi angesprochen, aber der Jüngerkreis und solche, welche ihn um Hilfe baten, sprachen ihn, seinem Wunsch gemäß, mit »Herr« an. »Adoni Jeschua« nannten ihn die Nahestehenden. Jesus verstand diese Anrede aber nicht als verdienstvolle Sache, sondern meinte, daß dies nicht genüge: »Nicht jeder, der zu mir sagt: Herr, Herr!, wird in das Himmelreich kommen, sondern nur, wer den Willen meines Vaters im Himmel erfüllt« (Mt 7, 21; vgl. Lk 6, 46; 13, 20–27). Das ist, soweit ich verstehe, eine klare Ablehnung eines leeren Personenkultes Jesu! Entscheidend ist, das Wort Gottes zu erfüllen. »Meine Mutter und meine Brüder sind die, die das Wort Gottes hören und danach handeln« (Lk 8, 21; vgl. Lk 11, 27 f.). Das bedeutet, daß Jesus verlangt, man solle den Worten seines himmlischen Vaters folgen, der ja Gott Israels ist. Die Bedingung ist also, nach der Ethik Jesu, die ja im Grunde jüdisch ist, zu leben. Daß Jesus ein geborener Jude war, hat auch Luther gesagt. Daß er ein Diener der Beschneidung war, schreibt Paulus (Röm 15, 6). Er gibt also dem »historischen« Jesus eine ähnliche Aufgabe, wie sie Petrus nach dem Kreuzestod Jesu zugefallen ist: »Gott, der Petrus die Kraft zum Apostel-

Oben und rechts: Zu den Funden von Qumran gehören Tongefäße als Behälter der Buchrollen. Die 1956 in Höhle II entdeckte und 1961 geöffnet Rolle enthält einen der umfangreichsten Texte: 41 Psalmen sowie apokryphe Hymnen und eine Notiz über die Psalmen Davids, die mit 4.050 beziffert werden. David dichtete sie »mit der prophetischen Gabe, die er vom Allmächtigen empfing«. Das untere Ende des Pergaments ist, wie die Abbildung erkennen läßt, zerstört. Die heute ca. 18,5 cm hohe Rolle aus der Zeit um 30–50 n. Chr. gehört zu den Schätzen im »Schrein des Buches« in Jerusalem.

dienst unter den Beschnittenen gegeben hat, gab sie mir zum Dienst unter den Heiden« (Gal 2, 7). Über Jesus wird berichtet, daß er sich nur zu den »verlorenen Schafen des Hauses Israel« gesandt wußte (Mt 15, 24).

Es ist nicht leicht, bei Jesus zwischen irgendeinem jüdischen und einem nichtjüdischen Aspekt zu unterscheiden. Was ist an Jesus nicht jüdisch? Ich weiß es einfach nicht! Daß er sich mit seinem Volk und mit dem jüdischen Glauben identifiziert hat, scheint mir richtig zu sein. Ich weiß nur, daß viel jüdisches Blut unvergossen geblieben wäre (nicht nur unter der braunen Welle), wenn die Christen die Jüdischkeit Jesu gesehen hätten. Dies kann schwerlich bestritten werden. Aber Jesus mußte Jude gewesen sein, schon wegen der Heilsgeschichte. Das Christentum mußte sich auf das Judentum stützen, nicht nur, um glaubwürdig zu sein und zu erscheinen! Ob sich das Christentum darin treu geblieben ist – nicht nur

Oben links: Wolfgang Pacher, »Die Beschneidung Jesu« (Lk 2, 21); Tafel des Wolfgangsaltars, 1471–81. Die erste Beschneidung, von der die Bibel berichtet, nahm Abraham vor (»Die Beschneidung als Bundeszeichen«, Gen 17). St. Wolfgang (Salzkammergut).

Oben rechts: Miniatur in einem Stundenbuch aus England, um 1320–50, mit der Darbringung Jesu im Tempel und dem Lobgesang des Simeon (Lk 2, 22–40). Das Körbchen mit Tauben am linken Bildrand verweist als Opfergabe auf die Vorschrift der rituellen Reinigung der Wöchnerin (Lev 12). Biblioteca Apostolica Vaticana, Pal. lat. 537, fol. 96r.

seiner jüdischen Komponente, sondern auch seinem dialogischen Charakter gegenüber dem Judentum – das ist eine reizvolle Frage. Wer hat sich schneller von seinen Ursprüngen und Ur-Idealen entfernt: das Christentum oder der Kommunismus? Zu Ehren des Christentums sei gesagt, daß es bei ihm länger gedauert hat, bis die monströsen Züge offenbar wurden, als beim Kommunismus.

Derzeit versucht man in den Kirchen und auch bei den Juden, diese unangenehmen Dinge in den Hintergrund zu drängen oder gar als ungeschehen zu erklären. Vielleicht ist es darum besser geworden: Das Christentum vertuscht seine Krise dadurch, daß es sich möglichst menschenfreundlich zeigt. In bezug auf die Juden ist es sicher auch die Folge der ungeheuerlichen Metzelei an Juden. Da meint man, es sei gut, sich philosemitisch vom Judenhaß abzusetzen. Ich kann leider nicht jauchzen, wenn man mir als Juden die Last auflegt, die Kirchen dafür zu belobigen, daß sie den Juden nicht nur, wie in der Tierfabel, nicht den Kopf abbeißen, sondern versuchen, uns gegenüber liebenswürdig zu sein. Daß es dazu gehört, auch das Judesein Jesu zu bejahen, ist klar!

Jesus war, wie man heute annimmt, ein gesetzestreuer Jude, und als solcher konnte er das gesetzliche Leben nicht von den Nichtjuden verlangen. So etwas gibt es auch heute im Judentum kaum. Daß er bei Nichtjuden leichte Bedenken hatte, sie von ihren Krankheiten zu heilen (vgl. Lk 7, 1–10; Mk 7, 24–30), ist nicht die Folge seiner Engstirnigkeit gewesen, sondern, wie er ausdrücklich gesagt hat, weil er den göttlichen Auftrag erhalten hat, zu den verlorenen Schafen des Hauses Israel geschickt zu sein. Wenn ich mich nicht irre, bejahte er das Bestehen Israels und seines Glaubens. Jesus hat nicht nur die römische Zerstörung des heiligen

»Jesus habe ich von Jugend auf als meinen großen Bruder empfunden.«

Martin Buber

Tempels in Jerusalem vorausgesehen, sondern er hat diese Katastrophe durch sein Auftreten und seine Frohbotschaft verhindern wollen, und er hat über die künftige Zerstörung Jerusalems Tränen vergossen: »Als er näherkam und die Stadt sah, weinte er über sie und sagte: Wenn doch auch du an diesem Tag erkannt hättest, was dir Frieden bringt! Jetzt aber bleibt es vor deinen Augen verborgen. Es wird eine Zeit für dich kommen, in der deine Feinde rings um dich einen Wall aufwerfen, dich einschließen und von allen Seiten bedrängen« (Lk 19, 41–43). Soweit ich verstehe, war er sicher, daß einmal die Fremdherrschaft über Jerusalem aufhören wird, und das wird die Rettung für seine Volksgenossen und Volksgenossinnen bedeuten. Wie hätte es anders bei dem gewesen sein können, welcher offenherzig die Welt geliebt und den Glauben des jüdischen Volkes nie verleugnet hat? Es wird nicht leicht sein, den ganzen Schmutz am Bild zu entdecken und von ihm zu entfernen, um zu dem wahren und unverfälschten Jesus zu gelangen. Einem einzelnen Menschen wird es kaum gelingen können. Diese wertvolle Arbeit braucht unbedingt Mitarbeiter. Wir müssen versuchen, das Bild Jesu von der Besudelung zu reinigen; dasselbe tut man ja auch mit alten Bildern. Damit so etwas zum Erfolg führt, muß man auch etwas von der Malkunst verstehen. Wenn man Jesus kennenlernen will, muß man für die Arbeit mit Fachwissen ausgerüstet sein. Das ist nicht leicht, aber in unserem Fall können die neueren Entdeckungen helfen. So auch die Schriften vom Toten Meer, aus Qumran.

Es ist vielleicht schön, daß ich hier als Jude das Judentum in der Frage nach dem historischen Jesus zu repräsentieren habe. Eigentlich bin ich ein Forscher, aber auch Paulus konnte nicht umhin, in dem berühmten Römerbrief, Kapitel 9–11, für sein Volk Israel ein gutes Wort vorzubringen: »Sie *sind* Israeliten; damit haben sie die Sohnschaft, die Herrlichkeit und die Bundesordnungen, ihnen ist das Gesetz gegeben, der Gottesdienst und die Verheißungen, sie *haben* die Väter, und dem Fleische nach entstammt ihnen der Christus …« (Röm 9, 4 f.). Ich will mich nicht mit Paulus, diesem geistigen Giganten, vergleichen, aber sein Vorbild zeigt mir, daß, wo es keine Männer gibt, ich ein Mann sein muß!

Wie vielen bekannt ist, singt Paulus im 13. Kapitel des ersten Briefes an die Korinther ein Loblied auf die Liebe. Im letzten Vers des Kapitels sagt Paulus abschließend: »Für jetzt bleiben Glaube, Hoffnung, Liebe, diese drei; doch am größten unter ihnen ist die Liebe« (1 Kor 13, 13). Sowohl im Judentum als auch im Christentum hat der Begriff ›Hoffnung‹ im Laufe der Zeit an Bedeutung verloren. Der Glaube ist sozusagen Jesu liebstes Kind! Der Begriff und sein Inhalt kommt nach Jesus nicht aus dem Essenismus – in den Schriftrollen vom Toten Meer hat der Glaube wenig Bedeutung –, sondern aus dem Rabbinismus. Für Jesus ist der Glaube (wie auch andere jüdische Begriffe) eine Kraft, welche fähig ist, die Welt zu bewegen. Ich meine, daß nach den ersten drei Evangelien Jesus nicht verlangt hat, daß man an ihn glauben soll. Wenn ich nicht irre, ist der Glaube an Jesus erst durch das Kreuz und nach ihm entstanden. Oft meinen viele, daß man damit genug getan habe, wenn man *an* Jesus

Die Emmausszene (Lk 24, 13–36) im sog. Psalter Ludwigs des Heiligen. Jesus und die beiden Jünger werden durch die spitzen Hüte als Juden gekennzeichnet. Dieser »Judenhut« wurde vom 4. Laterankonzil (1215) den Juden zur Auflage gemacht. Aus dieser Zeit stammt auch der sog. Psalter Ludwigs des Heiligen, der diese Miniatur enthält und in England geschaffen wurde. Leiden, Universitätsbibliothek.

»Jesus fühlte rein und dachte
Nur den Einen Gott im Stillen;
Wer ihn selbst
zum Gotte machte,
Kränkte seinen heil'gen Willen.«

Johann Wolfgang von Goethe, »West-östlicher Divan«

TYPOLOGIE: DIE VORBILDER JESU IM ALTEN TESTAMENT

Den biblischen Ausgangspunkt für die als »Typologie« bezeichnete Gesamtschau der Bibel enthält das Neue Testament. Jesus, von dem Schriftgelehrte ein »Zeichen« fordern, verweist auf das »Zeichen des Jona« und erläutert: »Denn wie Jona drei Tage und drei Nächte im Bauch des Fisches war, so wird auch der Menschensohn drei Tage und drei Nächte im Innern der Erde sein« (Mt 12, 14). »Wie – so« ist die Grundform der vergleichenden Betrachtung, die »Typen« aus dem Alten Testament zum neutestamentlichen »Antitypus« (zumeist Jesus) in Beziehung setzt. In Personen und Ereignissen des Alten Testaments sind Personen und Ereignisse des Neuen Testaments »präfiguriert« (vorgebildet).

Das theologische Lehrgebäude, das auf dieser Basis im Mittelalter errichtet wurde, läßt sich in seiner prägenden Wirkung kaum überschätzen. Anschaulich wird es in den typologischen Bilderzählungen in Büchern, die für Prediger und für die persönliche Andacht bestimmt waren: die »Biblia pauperum« (»Armenbibel«) und das »Speculum humanae salvationis« (»Heilsspiegel«). Die Bezeichnung der ersteren Buchgattung ist übrigens irreführend: Der hohe Anteil an Bildern ließ in späterer Zeit den Eindruck entstehen, die »Armenbibeln« seien als Bilderbücher für Analphabeten konzipiert worden bzw. für die »Armen im Geist«. In Wirklichkeit fordern die Bildergruppen ein hohes Maß an theologischer Reflexionsfähigkeit, verbunden mit der Schulung in der »Bildlektüre«.

Wie vielschichtig die Bildergruppen und ihre Ausgestaltung in der Regel sind, verdeutlicht das Beispiel aus einer zweisprachigen »Biblia pauperum« (lateinisch und frühneuhochdeutsch) aus dem 15. Jahrhundert: Der Szene des Letzten Abendmahls im mittleren Bildmedaillon sind links und rechts Präfigurationen zur Seite gestellt, die den Themen Wein und Brot gewidmet sind. Links heißt Melchisedek mit einem (Abendmahls-)Kelch Abraham willkommen (Gen 14, 18), rechts werden die von Mose durch die Wüste geführten Israeliten mit dem Himmelsbrot Manna gespeist (Ex 16, 14–36). Als Vermittler zwischen den beiden »Typen« und dem »Antitypus« dienen vier Propheten, die als Halbfiguren in vier Bildmedaillons das zentrale Rundbild umgeben. Doch damit nicht genug: Indem Melchisedek, »der König von Salem« und »Priester des Höch-

Doppelseite in einem Missale mit Brevier, das um 1505–16 in Neapel für den spanischen König Ferdinand den Katholischen entstanden ist. Biblioteca Apostolica Vaticana, Chig. C VII 205, fol. 270v–271r. Die linke Seite zeigt auf Purpur getränktem Pergament, wie der Prophet Jona vom Fisch ausgespien wird (Jona 2, 11).

Typologische Bildergruppe in einer lateinisch-deutschen »Armenbibel« des 15. Jahrhunderts, Thema Eucharistie: das Letzte Abendmahl und zwei Präfigurationen. Biblioteca Apostolica Vaticana, Pal. lat. 871, fol. 11r.

Der rechte Teil der Doppelseite im Missale mit Brevier Ferdinands des Katholischen zeigt als Hauptbild die Auferstehung als »Antitypus« zum »Typus« der Errettung Jonas aus dem Walfisch. Die Nebenszenen sind ebenfalls dem Ostergeschehen gewidmet; rechts unten Jesus und die beiden Emmausjünger (Lk 24, 13–35).

sten Gottes«, eine durch drei Kronreifen gekennzeichnete Tiara trägt, wird er zur Präfiguration der Päpste, die weltliche und kirchliche Macht beanspruchen und sich als Lehnsherren der Machthaber verstehen, denn Abraham gab Melchisedek »den Zehnten von allem« (Gen 14, 20).

Unser Bildbeispiel aus einem »Heilsspiegel« verdeutlicht einerseits die Vielfalt alttestamentlicher »Typen«. Hier tritt an die Stelle der Errettung Jonas als Präfiguration der Auferstehung Jesu der Ausbruch Simsons aus Gaza (Ri 16, 1–3). Andererseits wird deutlich, daß die typologische Betrachtungsweise jeweils nur einen bestimmten Vergleichspunkt ins Auge faßt: Die frühen Theologen hatten durchaus ihre Schwierigkeiten, den in mehrere Liebschaften verstrickten Simson in der Weise als »Glaubenshelden« zu verstehen, wie dies im Hebräerbrief (11, 32) geschieht. Das gewaltsame Öffnen des Tors von Gaza durch Simson war jedoch prägnant genug, um diese Selbstbefreiung mit der Auferstehung Jesu in Beziehung zu setzen.

Die typologische Betrachtungsweise versteht die jüdische Religion lediglich als Vorstufe der christlichen. Diese Sicht besitzt daher in der neuzeitlichen Theologie bei weitem nicht mehr die Bedeutung, die ihr im Mittelalter zukam.

Unten: Evangelisten auf den Schultern von Propheten veranschaulichen das Verhältnis zwischen Altem und Neuem Testament. Gewändefiguren am Königsportal des Bamberger Doms, um 1230.

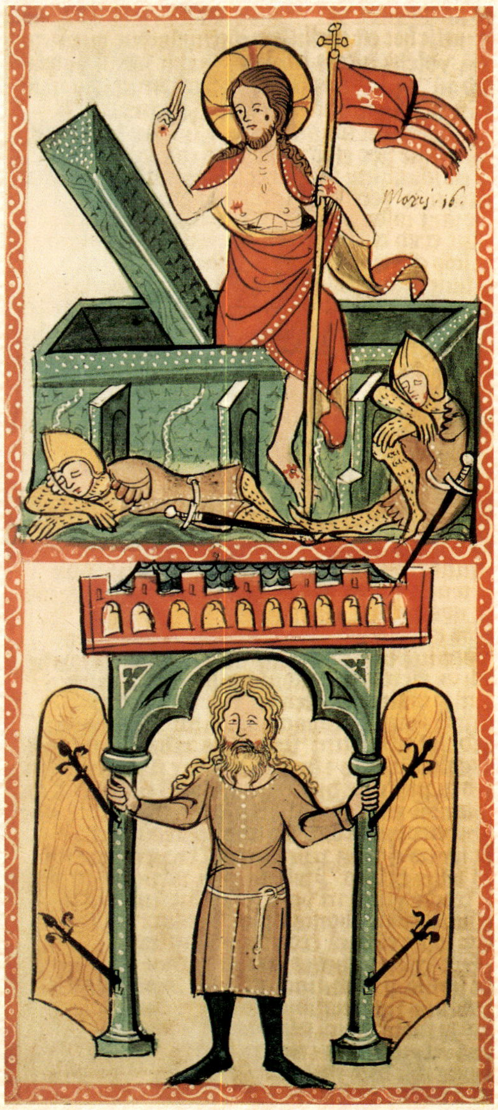

Links: Die Auferstehung Jesu und deren »Typus«, der Ausbruch des Simson aus Gaza (Ri 16, 1–3). »Heilsspiegel« aus Westfalen, um 1360. Darmstadt, Hessische Landes- und Hochschulbibliothek, Ms. 2505, fol. 60v.

»Die Persönlichkeit des Jesus wurde fähig,
in die eigene Seele aufzunehmen Christus, den Logos,
so daß dieser in ihr Fleisch wurde.«

RUDOLF STEINER

Flavius Josephus (Jerusalem 37/ 38 – um 110 Rom), Holzstich des 18. Jahrhunderts. Der Pharisäer und Priester war im Jahr 66 führend am jüdischen Aufstand beteiligt, war vorübergehend in römischer Gefangenschaft und wurde im Jahr 70 Zeuge der Eroberung Jerusalems durch den späteren Kaiser Titus. Seine in Rom griechisch verfaßten Geschichtswerke »Der Jüdische Krieg«, »Jüdische Archäologie« und »Über

das hohe Alter des jüdischen Volkes« wurden in christlichen Kreisen tradiert und – soweit sie die frühen Christen betrafen – wohl auch redigiert.

Der Kultleuchter Menora; Fragment eines byzantinischen Fußbodenmosaiks des 6. Jahrhunderts aus Nirim im Negev.

glaubt, und man glaubt nicht *dem* Jesus. Diese Leute sollten erkennen, daß es in den Evangelien einen kategorischen Imperativ gibt, der aus jüdisch-ethischem Material gebildet ist. Solche, die ihn »Herr, Herr!« nennen und nicht seine »jüdischen« Worte erfüllen, die stößt er ab (Mt 7, 23; vgl. Lk 13, 27, hier findet sich ein Zitat aus Psalm 6, 9).

Daß nach Paulus die Liebe mehr ist als der Glaube, wird besonders viele gläubige Christen überraschen. Viele von ihnen möchten durch den Glauben an Jesus sich selbst in einem Punkte heilen. Ich will nicht entscheiden, ob es ihnen gelingen kann. Dem Juden ist gewöhnlich der Glaube angeboren, darum muß er ihn nicht sich und den andern bezeugen. Aber auch Paulus stellt die Liebe über den Glauben. Darum hat er recht. Daß die Liebe zum Mitmenschen und zu Gott jüdisch ist, das beginnen die Menschen bereits zu begreifen. Wenn man das Judentum wirklich »lernt«, findet man, daß sogar die Feindesliebe damals manchem Juden nicht ganz fremd war. Die Ethik Jesu ist jüdisch, ein köstliches Geschenk Gottes vorab an die Völker – durch Jesus!

DIE JÜDISCHE CHRISTOLOGIE DES »HISTORISCHEN« JESUS

Meiner Meinung nach wurden die jüdischen Voraussetzungen für den Glauben an Christus noch nicht genügend und vor allem nicht schöpferisch genug herbeigezogen. So blieb vieles vom Wesen dieses Glaubens ungedeutet. Daran ist teilweise der voreilige jüdisch-christliche Konsens schuld, der jüdische Glaube an den Messias sei nur irdisch und politisch. Diese Auffassung ist ziemlich ungenau und gilt nur für bestimmte Strömungen im Judentum. In einem Punkt ist sie aber richtig: Im jüdischen messianischen Glauben ist der politische Aspekt fast immer von zentraler Bedeutung, während er im Christentum zurückgedrängt ist. Er ist aber auch dort nicht ganz ausgeschaltet und gewinnt ein neues, sehr merkwürdiges Leben in den christlichen chiliastischen Sekten. Wir dürfen in christlich-jüdischen Zusammenhängen aber nicht verschweigen, daß es auch im Judentum übernatürliche Elemente des Glaubens an den Messias gibt. Diese Elemente finden sich schon in solchen Worten der alttestamentlichen Propheten, die entweder messianisch waren oder als auf den Messias bezogen gedeutet wurden. S. Pines hat die ursprüngliche Form des Berichtes des Flavius Josephus über Jesus gefunden (»An Arabic Version of the Testimonium Flavianum«, Israel Academy, Jerusalem 1971). Josephus beendete seinen Bericht über Jesus mit den folgenden Worten: »Sie (die Jünger Jesu) haben berichtet, daß er ihnen drei Tage nach seiner Kreuzigung erschienen ist und daß er lebendig war. Deshalb wurde er für den Messias gehalten, über den die Propheten Wunderbares erzählt haben.« Das ist sowohl für die Einschätzung der prophetischen Berichte von Bedeutung, als auch ein Zeugnis für den übermenschlichen Charakter der Gestalt des Messias in den Augen mancher antiker Juden. Es läßt sich auch beweisen, daß zum Beispiel die hohen Vorstellungen und die bildhaften Typologien des Christus im Hebräerbrief eine christ-

liche Adaption jüdischer halb-mythischer Gedanken über den Messias sind. Seine hohepriesterliche Komponente ist uns jetzt aus den Schriftrollen vom Toten Meer bekannt, wo die wichtigste messianische Gestalt der hohepriesterliche Messias ist. Wir wissen auch aus einem Fragment aus Qumran, daß man dort den Melchisedek erwartete, der – wie der Menschensohn – der erhabene endzeitliche Richter sein werde. Man bezeichnete ihn sogar mit dem Wort *elohim*, Gott. Allerdings kommt die Vorstellung, daß Christus gleichzeitig der Hohepriester und das sühnende Opfer ist, weder in den Schriftrollen noch im übrigen Judentum vor. Diese christliche Überzeugung ist eine Frucht der Erfahrung des Kreuzes. Wenn dagegen im Hebräerbrief steht, Christus sei größer als Mose, Abraham und die Dienstengel, so ist dies keine christliche Neuerung. Es läßt sich nachweisen, daß diese bildliche Vorstellung auch im rabbinischen Judentum vorkommt. Man sollte also die üblichen Auffassungen über die jüdische messianische Idee wenigstens teilweise revidieren. Sie war oft weniger hausbacken, als man sich das vorstellt.

Andererseits ändert sich durch diese Erkenntnis wohl auch manches in der christlichen Theologie. Wenn nämlich manche hohe Prädikate Christi vorchristlich und nicht-christlich-jüdisch sind, dann hängen sie nicht direkt mit dem »nachösterlichen« Glauben zusammen. Sie wurden schon mit Jesus in Zusammenhang gebracht und haben das Christusbild bereichert und teilweise sogar geschaffen. Die Christologie gewann auch da-

William Holman Hunt, »Die Auffindung des Jesuskindes im Tempel«, 1854–60. Hunt, der 1848 in London die »Bruderschaft der Präraffaeliten« mitbegründete, begann sein Gemälde während einer Reise nach Ägypten und Palästina 1854. Zugrunde liegt die Erzählung vom zwölfjährigen Jesus im Tempel (Lk 2, 41–52). Hunt war zutiefst davon überzeugt, daß eine zeitgemäße Gestaltung biblischer Themen ein Höchstmaß an Realistik verlange. Insofern ist sein neutestamentliches Historienbild zugleich eine Szene aus dem Orient, mit der Gruppe der Schriftgelehrten links, die der Knabe durch seine Fragen, sein Verständnis und seine Antworten in Erstaunen versetzt hat. Widerwillig löst er sich aus diesem Kreis, um mit den Eltern nach Nazaret zurückzukehren. Birmingham, Museum.

DER GUTE HIRTE

Wie kaum ein anderes Motiv der christlichen Kunst verdeutlicht die Gestalt des Hirten den inneren Zusammenhang zwischen den Bildvorstellungen des Alten und des Neuen Testaments. Mehr als zwanzig Mal verwenden die prophetischen Bücher und die Psalmen das Bild vom Hirten und seiner Herde, das in der Person des jungen David konkrete Gestalt gewonnen hat; zehn Mal begegnen wir dem Hirten in den Evangelien und in den Briefen des Neuen Testaments.

Die wohl bekannteste lyrische Gestaltung des Hirtenmotivs bieten die ersten Verse von Psalm 23:
»Der Herr ist mein Hirte,
nichts wird mir fehlen.

Rechts: Der jugendliche Lammträger aus der ersten Hälfte des 4. Jahrhunderts symbolisiert den Guten Hirten Jesus Christus, erinnert aber auch an den Hirtenknaben David. Die Statue steht zugleich in der Tradition heidnisch-antiker Tierträger, die eine Opfergabe zum Tempel bringen. Rom, Lateranmuseum.

Links: Deckengemälde in der Katakombe San Callisto in Rom mit dem Hirtenmotiv des Lammträgers.

Er läßt mich lagern auf grünen Auen
und führt mich zum Ruheplatz am Wasser.
Er stillt mein Verlangen;
er leitet mich auf rechten Pfaden,
treu seinem Namen.
Muß ich auch wandern in finsterer
Schlucht, ich fürchte kein Unheil;
denn du bist bei mir; dein Stock
und dein Stab geben mir Zuversicht.«

Christliche Maler, die diesen Psalm mit einem Bild versehen haben, etwa im karolingischen »Stuttgarter Psalter« aus dem 9. Jahrhundert, identifizierten den Hirten durch einen Kreuznimbus als Jesus Christus. Neben der allgemeinen Tendenz, die alttestamentlichen Psalmen zu »verchristlichen«, konnten sich die Maler bzw. ihre Auftraggeber auf jene Jesusworte berufen, in denen sich der Erlöser selbst mit einem Hirten vergleicht, etwa im Johannes-Evangelium:

»Ich bin der gute Hirt. Der gute Hirt gibt sein Leben hin für die Schafe. Der bezahlte Knecht aber, der nicht Hirt ist und dem die Schafe nicht gehören, läßt die Schafe im Stich und flieht, wenn er den Wolf kommen sieht; und der Wolf reißt sie und jagt sie auseinander. Er flieht, weil er nur ein bezahlter Knecht ist und ihm an den Schafen nichts liegt. Ich bin der gute Hirt; ich kenne die Meinen, und die Meinen kennen mich, wie mich der Vater kennt und ich den Vater kenne, und ich gebe mein Leben hin für die Schafe« (Joh 10, 11–15).

Oben: Lünettenmosaik im sog. Mausoleum der Galla Placidia in Ravenna, nach 425. Nimbus und Kreuzstab kennzeichnen die Figur des Hirten inmitten seiner Herde als Christus-Gestalt.

Die Unterscheidung zwischen dem »guten Hirten« und dem »bezahlten Knecht« behielt und behält ihre konkrete Bedeutung für den Dienst des Pastors (lateinisch *pastor* in der Bedeutung »Hirt«), ausgehend vom Auftrag des Auferstandenen an Petrus: »Weide meine Schafe« (Joh 21, 17).

Das Bild des guten Hirten greift jedoch nicht nur alttestamentliche Vorstellungen auf, sondern ebenso Motive aus der griechischen und römischen Hirtendichtung, der Bukolik oder Pastoralliteratur. Hinzu trat eine Bildtradition aus dem kultischen Bereich: die Weihestatue in Gestalt eines Tierträgers. Er mutet auf den ersten Blick als Inbegriff des fürsorglichen Hirten an, der etwa ein »verlorenes Schaf« (Lk 15, 4–7) zur Herde zurückbringt. In Wirklichkeit ist das Tier auf den Schultern des Tierträgers ein Opfertier, das zum Tempel als Opferstätte gebracht wird.

Insofern schwingt im christlichen Symbol des Hirten und Tierträgers, dem wir auf frühchristlichen Katakombenbildern, Mosaiken und Sarkophagen begegnen, auch das Motiv des Opfertodes mit, das vom Christussymbol des Lammes verkörpert wird.

Oben: Jesus als Guter Hirt in einer Handschrift des »Heilsspiegels«, um 1360. Darmstadt, Hessische Landes- und Hochschulbibliothek, Ms. 2505, fol. 63r.

Links: Elfenbeinkästchen, um 360/70. Zum Reliefschmuck der Vorderseite gehört rechts die Konfrontation zwischen dem guten Hirten und dem angesichts des Wolfes fliehenden »bezahlten Knecht« (Joh 10, 12). Das Hauptbild zeigt den lehrenden Jesus, daneben links die Heilung der an Blutfluß leidenden Frau. Der untere Bildstreifen ist der Susanna-Geschichte im Buch Daniel gewidmet (mit Daniel in der Löwengrube ganz rechts), der obere dem Propheten Jona, der vom Fisch verschlungen und später wieder ausgespien wird – »Vorbild« der Grablegung und Auferstehung des Erlösers. Brescia, Museo dell' Età Cristiana.

Unten: Bildseite mit den vier Evangelisten in einem lateinischen Evangeliar aus Jerusalem, vor 1191 (?). Den ältesten (im blauen Mantel) können wir als Johannes betrachten, die drei jüngeren als die Synoptiker Matthäus, Markus und Lukas. Biblioteca Apostolica Vaticana, Vat. lat. 5974, fol. 3v.

Rechte Seite: Die Taufe Jesu im Jordan. Während die drei Synoptiker die Taufszene unmittelbar schildern, ist sie im vierten Evangelium im Zeugnis des Täufers für Jesus enthalten. Miniatur im Landgrafenpsalter, Thüringen oder Niedersachsen, 1211–13. Stuttgart, Württembergische Landesbibliothek, HB II 24, fol. 31v.

durch ein Profil, daß man christlicherseits die hypostatischen Prädikate der Immanenz Gottes auf den Messias Christus übertragen hat. Es gibt sogar Anzeichen dafür, daß man schon in bestimmten Kreisen des Judentums die hypostatische Theologie wenigstens teilweise auf den präexistenten Messias übertragen hat. Auch die Vorstellung des präexistenten Messias ist ja jüdisch-vor-christlich. Dasselbe gilt auch von der christlichen Lehre von den drei Ämtern Christi, dem priesterlichen, dem königlichen und dem prophetischen Amt.

Nicht nur die Historiker, sondern auch die Theologen sollten sich mehr mit der Frage befassen, wie weit der historische Jesus ein Hoheitsgefühl hatte und wie weit es eine Brücke zwischen dem Selbstverständnis des historischen Jesus und dem »nachösterlichen« Christusglauben gibt. Wenn es nämlich so wäre, wie gewisse Kathederchristen behaupten – und wie mir scheint: mit einer masochistischen, selbstzerstörerischen Wut –, daß Jesus über sich nichts Besonderes oder nur sehr Geringes gedacht hat und daß seine Hoheitsansprüche kirchlich-nachösterlich sind, dann verliert meiner Ansicht nach der christliche Glaube jeden Anspruch auf seine Glaubwürdigkeit. Aber die modernen Theologen und Neutestamentler sind an der Dichotomie zwischen dem historischen Jesus und dem kerygmatischen »nachösterlichen« Christus nicht schuld.

Diese Dichotomie existiert merkwürdigerweise fast seit dem Beginn des Christentums. Sie wurde dauernd dadurch verschärft, daß man zuviel in die neutestamentlichen Briefe und zuwenig in die synoptischen Evangelien hineinschaute. Von der Botschaft Jesu und – eher indirekt – von seinem hohen Selbstbewußtsein erfahren wir hauptsächlich aus den synoptischen Evangelien. Lessing (»Die Religion Christi«) sagt zwar übertreibend, aber doch ziemlich richtig über die Evangelien: »Die Religion Christi ist mit den klarsten und deutlichsten Worten darin enthalten; die christliche hingegen so ungewiß und vieldeutig, daß es schwerlich eine einzige Stelle gibt, mit welcher zwei Menschen, so lange als die Welt steht, den nämlichen Gedanken verbunden haben.«

Diese im Grunde richtige Beobachtung steht im scharfen Gegensatz zu der üblichen Meinung heutiger Neutestamentler, wonach schon der Stoff der Evangelien und noch mehr die Evangelien selbst im Schmelztiegel des nachösterlichen Erlebnisses entstanden sind und darum nicht so sehr »die Religion Christi«, sondern in einer überwältigenden Weise die christliche Religion verkünden. Wenn man nicht in die Evangelien etwas hineinliest, indem man sie sozusagen allegorisiert und typologisiert, dann erkennt man meiner Meinung nach leicht, daß die synoptischen Evangelien in ihrem Grundstoff sehr wenig »Nachösterliches« beinhalten. Die sprachliche und stilistische Analyse bestätigt Lessings Beobachtung, daß die christologischen Aussagen in den synoptischen Evangelien »ungewiß und vieldeutig« sind. Das rührt daher, daß der Grundstoff vielfach redaktionell bearbeitet worden ist, und zwar in seinem griechischen Stadium. Die Bearbeiter und die Evangelisten waren griechisch schreibende und griechisch denkende urkirchliche Christen. Sie waren entweder Heidenchristen oder christlich-hellenistische Juden, die auf der

Seite der heidenchristlichen Kirche standen. Sie verstanden und interpretierten den ins Griechische übersetzten Stoff, der von den Jüngern Jesu stammte, von ihrem eigenen Standpunkt aus und brachten dementsprechend oft tendenziöse Verbesserungen an. Als gläubigen Christen lag es ihnen aber fern, zu tiefe Eingriffe in den überlieferten Stoff vorzunehmen. Deshalb entsteht der Eindruck, daß die Christologie der synoptischen Evangelien »ungewiß und vieldeutig« ist.

Wenn man also die ersten drei Evangelien philologisch, literarkritisch und hauptsächlich auf Grund des jüdischen und hebräischen Wissens untersucht, kann man über Jesus, seine Lehre und sein hohes Selbstbewußtsein sehr viel erfahren. Ohne viele Kenntnisse vom damaligen Judentum geht es nicht! Das Selbstbewußtsein Jesu wird uns aber so nie umfassend deutlich werden. Schon aus den Evangelien wird nämlich klar, daß Jesus sein eigenes Selbstbewußtsein nur teilweise preisgeben wollte. Ferner besteht die Möglichkeit, daß die Jünger, die den ursprünglichen Stoff über Jesus überlieferten, seine Winke nicht voll verstanden. In einigen Fällen ist es auch möglich, daß sie sich aus »pastoralen« Gründen über das Ungeheuerliche in der Person ihres Meisters ihren jüdischen Brüdern gegenüber ausschwiegen. Sicher ist, daß die kirchlichen griechischen Bearbeiter der Evangelien manchmal gerade solche Stellen überarbeiteten, gemäß denen Jesus von seinem hohen Amt gesprochen hatte. Sie wollten diese Stellen »verkirchlichen«. Meiner Beobachtung nach richteten sie dabei keinen allzu großen Schaden an.

Bei einem gründlichen Vergleich der drei synoptischen Evangelien kommt manches Ursprüngliche wieder zum Vorschein. Viele Irrwege in der Erforschung Jesu, seinem Selbstbewußtsein und seiner Botschaft rühren daher, daß man unphilologisch und ohne das wichtige jüdische Wissen in dieser Frage gearbeitet hat. Viele Irrwege ergaben sich auch daraus, daß man gemeint hat und vielfach meint, es sei geradezu gottgefällig, die Kluft zwischen dem historischen Jesus und dem Christus des Glaubens noch zu vertiefen. Wenn es uns mit Hilfe des jüdischen Stoffes gelingen sollte, ein auch noch so unvollständiges Bild des Selbstbewußtseins Jesu zu zeichnen, dann machen wir meinem Eindruck nach den historischen Ansatz für den christlichen Glauben ausfindig. Dadurch wird wenigstens teilweise die uralte Dichotomie zwischen dem historischen Jesus und dem Christus des Glaubens überbrückt werden.

Wenn wir außerdem bedenken, wie sehr die nachösterliche Christologie durch jüdische Motive bereichert wurde, dann eröffnet sich die Möglichkeit, eine »jüdische« Christologie von Jesus zu Paulus zu schreiben. Damit haben wir dem christlichen Glauben an Christus nicht die Originalität abgesprochen. Obwohl der Stoff jüdisch ist, unterscheidet sich die Christologie im allgemeinen grundsätzlich vom vorchristlichen und nachchristlichen jüdischen Glauben.

Manche moderne Theologen versuchen heute im steigenden Maße, die Botschaft Jesu gegen das Judentum hart abzugrenzen. Jesus lehrte angeblich etwas ganz anderes, etwas Originelles, das für die übrigen Juden inakzeptabel war. Man hebt den starken jüdischen Widerstand gegen

»Und Johannes bezeugte:
Ich sah, daß der Geist
vom Himmel herabkam
wie eine Taube und
auf ihm blieb.
Auch ich kannte ihn nicht;
aber er, der mich
gesandt hat, mit Wasser
zu taufen, er hat mir gesagt:

Auf wen du den Geist
herabkommen siehst und
auf wem er bleibt, der
ist es, der mit
Heiligem Geist tauft.«

Johannes 1, 32 f.

»Denn da er selbst in Versuchung geführt wurde
und gelitten hat, kann er denen helfen,
die in Versuchung geführt werden.«

Brief an die Hebräer 2, 18

Jesu Predigt einseitig hervor. Die Behandlung einer solchen Auffassung gehört nicht in die neutestamentliche Wissenschaft hinein, sondern wäre ein Thema der modernen Ideologien-Erforschung. Die jüdischen Parallelen in den Worten Jesu und die Art, wie Jesus den übernommenen Stoff bearbeitete, widerlegen solche Annahmen ganz eindeutig. Auch wenn Jesus den jüdischen Gedanken seine eigene persönliche Richtung gab, wenn er eine Auswahl vornahm, wenn er das Übernommene läuterte und manches umdeutete, gibt es, wie ich ehrlich bekenne, kein einziges Wort Jesu, das irgendeinen gutmeinenden Juden ernstlich aufgebracht hätte.

Auch Jesu Kritik an den Pharisäern ist nicht prinzipiell zu beanstanden. Sie hat ja wichtige Parallelen im rabbinischen Schrifttum. Bei seinem letzten Besuch in Jerusalem brachte Jesus die sadduzäische Priesterschaft durch seine Beschuldigungen in Gefahr. Er brachte dadurch das Volk, das diese Klasse nicht liebte, jedoch Jesus gerne zuhörte und ihn schätzte, gegen sie auf. Dieser Zusammenstoß kostete Jesus das Leben. Darf man aber deshalb Jesus dem damaligen Judentum gegenüberstellen? Jesus war doch auch in seinem Denken und in seiner Botschaft ein treuer Sohn seines Volkes und ein Repräsentant seines Glaubens und seiner Hoffnungen. Es wäre töricht und irgendwie böswillig, einen Gegensatz zu konstruieren, wo er nicht bestanden hat.

Daß kein entscheidender Gegensatz zwischen Jesus und dem Judentum bestand, kann aber nur glaubhaft machen, wer das Judentum kennt. Die Folgerung für das Christentum lautet also: Wenn man ernsthaft christusgläubig sein will, dann gehört die Form des jüdischen Glaubens, die Jesus geprägt hat, zum christlichen Glauben und zur christlichen Sittlichkeit. Vielleicht sollte der Christ auch solche jüdische Gedanken ernstlich erwägen, die in der Predigt Jesu angedeutet sind und auf die er bejahend anspielt. Wahrscheinlich gehören auch solche jüdische Überzeugungen, die in der Verkündigung Jesu mitklingen, irgendwie zur Theologie des Christentums. Jedenfalls ist es für den Christen wichtig, mehr über das Judentum zu wissen. Es wäre ein großes christliches Ereignis, wenn viele erkennen würden, daß die Treue Jesu zu seinem jüdischen Volk, sein brennendes Mitgefühl mit dem jüdischen Leid und seine jüdische Hoffnung für den Christen zu der imitatio Christi gehören können.

Leider muß ich nun auf die Frage des Antisemitismus im Neuen Testament zu sprechen kommen, weil auch eine christliche Theologie des Judentums an ihr nicht vorbeikommt. Heutzutage versucht fast ein jeder zu beweisen, daß es im Neuen Testament keinen Antijudaismus gibt. Die sich dahinter verbergende apologetische Versuchung begreife ich gut. Man wird aber dieser Frage nicht ausweichen können, wenn man das Übel an seinen Wurzeln packen will: Andernfalls kann die Heilung nicht gelingen.

Auch ich war früher für das Problem blind. Intensivere Forschungen haben mich aber eines anderen belehrt. Es gibt nämlich schon im Neuen Testament Beschuldigungen und Thesen, die manchmal bestimmte Gruppen oder die ganze Judenschaft feindlich treffen. An einigen Stellen wird sogar das Wesen des jüdischen Glaubens und des Gesetzes in Frage

Silberdrachme des Freiheitskämpfers Bar Kochba aus der Zeit des jüdischen Aufstands gegen die Römer (132–135 n. Chr.). Die Säulenfront symbolisiert den im Jahr 70 zerstörten Tempel, der Stern darüber wohl das messianische Zeichen des »Sternensohns« Bar Kochba.

Sarkophag des römischen Stadtpräfekten Junius Bassus (gest. 359). Die zehn Szenen dieser Seite (Länge 243 cm) ergeben ein typologisches Bildprogramm aus alt- und neutestamentlichen Themen. Die beiden Mittelfelder zeigen unten den Einzug Jesu in Jerusalem, darüber die Gesetzesübergabe an Petrus und Paulus (»traditio legis«). Links oben: Isaaks Opferung und die Gefangennahme des Petrus, darunter Hiob (Ijob) im Elend sowie Adam und Eva nach dem Sündenfall. Rechts oben Vorführung Jesu vor Pilatus und dessen Handwaschung, darunter Daniel in der Löwengrube und Paulus auf dem Weg zur Hinrichtung. Vatikanstadt, Grotten der Peterskirche.

gestellt. Wenn ein Christ solche Angriffe und Behauptungen irgendwo über das Christentum fände, würde er sie dann nicht auch als antichristlich bezeichnen? Ich erlaube mir sogar zu behaupten: Wenn solche Sätze außerhalb des Neuen Testaments stünden, dann würden viele Christen nicht zögern, ihren mehr oder weniger starken Antijudaismus einzugestehen. Man komme mir nicht mit der Behauptung, solche Sätze und Gedanken seien bloße innerjüdische Zwistigkeiten oder prophetische Scheltreden. Sie haben nämlich nie einen hebräischen, sondern immer einen griechischen Klang. Sie sind also im Heidenchristentum entstanden, auch wenn ein einzelner redigierender Schreiber ein Christ jüdischen Ursprungs gewesen sein mag. Die Spannung entstand also, als es sich allmählich herausstellte, daß das Christentum zu einer Religion der Nichtjuden würde. Diese Spannung wurde – vom Judentum aus gesehen – von zentrifugalen Kräften genährt. Mit Recht sagte mir ein großer christlicher Theologe und Denker: »Wie kann man da von einer prophetischen Scheltrede sprechen, wenn sie sich nicht an die Juden, sondern an die Nichtjuden richtet und für sie bestimmt ist?«

hic est filius meus dilectus
petrus
iacobus
iohes
Dñe bonum est nos hic esse. faciam9 hic
tria tabernacula. t̄ unū. moysi unū. 7 helie unū

Uns gehen hier hauptsächlich solche redaktionellen Sätze und Bearbeitungen in den drei ersten Evangelien an, die eine größere oder kleinere Spannung mit dem Judentum ausdrücken. Sie sind griechisch konzipiert, also ein Ergebnis der heidenchristlichen Mentalität, was man öfters aus ihrem Inhalt aufzeigen kann. Es sind wahrscheinlich meistens dieselben Bearbeiter, aus deren Feder die »nachösterlichen« Retuschen in den synoptischen Evangelien stammen. Es würde sich lohnen, vom wissenschaftlichen Standpunkt aus der Sache nachzugehen. Ich persönlich habe den Eindruck, daß sowohl die redaktionellen christologischen Aussagen, als auch die mehr oder minder antijüdischen Retuschen in den synoptischen Evangelien keine besondere Tiefe verraten; sie sind eigentlich ziemlich banal. Ihre Schöpfer waren meistens schon halbwegs kirchlich – nicht im positiven Sinne des Wortes! Sie wirkten einige Jahrzehnte nach dem Tode Jesu und waren Exponenten des Stillstandes. Es pflegt im allgemeinen nicht lange zu dauern, bis sich in einer neuen stürmisch-schöpferischen Bewegung die ersten Anzeichen eines Stillstandes zeigen.

Die Möglichkeit, aus sprachlichen, stilistischen und inhaltlichen Gründen spätere, zusätzliche redaktionelle Ankrustungen in den ersten drei Evangelien festzustellen, hat nicht nur eine rein wissenschaftliche Bedeutung. Sie gibt uns einen Schlüssel, um zum eigentlichen Evangelium bzw. seinem Zentrum vorzudringen. Das wäre ohne ein jüdisches Wissen kaum möglich. Durch diese Erkenntnis entsteht die Möglichkeit, andere und bessere Akzente zu setzen. Man wird fähig sein, das Evangelium wenigstens teilweise von der »sekundären Verkirchlichung« zu befreien, auf daß es unmittelbar wirke. Für die Frage der christlichen Beziehung zum Judentum ist es meiner Ansicht nach von entscheidender Wichtigkeit, wenn man erkennt, daß die redaktionellen Eingriffe, die oft einen dem Judentum ungünstigen Geist atmen, keine »kerygmatischen« Aussagen sind. Sie sollen den Gläubigen nicht gegen die Juden aufbringen. Ja, sie sollen nicht im Zentrum religiöser Erwägungen stehen, da sie kein Produkt der schöpferischen Glut des Glaubens sind. Man kann sie mehr als Verzeichnungen denn als Glaubensaussagen auffassen. Sie sind ein erster, noch nicht ganz entfalteter Ausdruck einer beginnenden antijüdischen kirchlichen Ideologie.

Die theologischen Aussagen des Neuen Testaments außerhalb der synoptischen Evangelien behandeln das Judentum bisweilen eher stiefmütterlich. Da weiß ich oft für die Christen wenig Rat, es sei denn, jemand faßt die Heilige Schrift als eine menschliche Fixierung einer außerhalb der Worte und Personen stehenden göttlichen Offenbarung auf. Ich bin bereit, diesen gewagten Schritt bezüglich des Alten Testaments zu tun. Kann ich ihn aber von meinen christlichen Freunden in bezug auf das Neue Testament verlangen? Ich darf aber wenigstens fragen, ob zum Beispiel Paulus in seinen ernsten und tiefen Worten dem Wesen des Judentums gegenüber nicht doch ein wenig ungerecht geworden ist? Gab es denn überhaupt je einen Juden, der gemeint hat, durch die Werke des Gesetzes werde man gerechtfertigt? Ist denn das Gesetz sozusagen ein gutes Ungeheuer, wie es uns Paulus glauben lassen will?

Linke Seite: Auf Goldgrund zeigt das Bild Jesus im leuchtenden Gewand der Verklärung zwischen Mose und Elija; am Fuß des Berges (nach außerbiblischer Überlieferung: Tabor) die Jünger Petrus, Johannes und Jakobus. Die ganzseitige Miniatur im Ingeborg-Psalter aus Nordfrankreich, um 1195, folgt dem Bericht der drei Synoptiker. Chantilly, Musée Condé, Ms. 9, fol. 20v.

Oben: Die Haggada-Illustration zeigt Mose, von Flammen umlodert, mit den beiden Gesetzestafeln auf dem Gipfel des Berges Sinai. Rechts oben ragt ein Schofar aus dem Himmel und symbolisiert den »Hörnerschall« (Ex 19, 19). Am Fuß des Berges Sinai (im Buch Deuteronomium: Horeb) drängt sich das Volk Israel, mit dem Gott seinen Bund schließt.

Miniatur im zweiten Band eines dreiteiligen Machsor (hebräisches Gebetbuch für die Sabbat- und Festtage) aus Süddeutschland, erstes Viertel des 14. Jahrhunderts. Dargestellt ist die Gesetzesübergabe am Sinai. Links empfängt Mose die beiden Tafeln, begleitet von seinem Bruder Aaron. Nach rechts schließen sich eine Gruppe von Männern mit dem spitzen Judenhut des Mittelalters sowie tiergesichtige Frauen an. Am oberen Bildrand symbolisieren Schofarhörner den »gewaltigen Hörnerschall« (Ex 19, 16). London, British Library, Ms. Add. 22413.

»Simeon wurde vom Geist
in den Tempel geführt; und als
die Eltern Jesus hereinbrachten,
um zu erfüllen, was nach
dem Gesetz üblich war,
nahm Simeon das Kind
in seine Arme und pries Gott
mit den Worten: Nun läßt du,
Herr, deinen Knecht, wie du
gesagt hast, in Frieden
scheiden. Denn meine Augen
haben das Heil gesehen,
das du vor allen Völkern
bereitet hast, ein Licht,
das die Heiden erleuchtet,
und Herrlichkeit für
dein Volk Israel.«

LUKAS 2, 27–32

Andererseits darf man die paulinischen Aussagen nicht aus ihrem Kontext herausreißen. Sonst verschärft man sie unnötigerweise. Die Kritik des Paulus am Gesetz war für ihn keine autonome Lehre. Erstens war sie eine Didaktik für die Heiden, welche diesen die Gefahr der »Judaisierung« vor Augen halten sollte. Zweitens ist seine Darstellung des Gesetzes ein Teil seiner Schilderung des metahistorischen Weges zum heilbringenden und befreienden Kreuz. Bei Paulus gibt es zwar eine Problematik des Gesetzes, aber sein Zugang zu den Juden ist im inneren Kern unproblematisch positiv. Paulus wäre mit den Worten des Simeon einverstanden: Jesus ist »ein Licht, das die Heiden erleuchtet, und Herrlichkeit für dein Volk Israel« (Lk 2, 32), und er »ist dazu bestimmt, daß in Israel viele durch ihn zu Fall kommen und viele aufgerichtet werden, und er wird ein Zeichen sein, dem widersprochen wird« (Lk 2, 34). Gleichzeitig weiß Paulus, daß die göttliche Gnadenwahl Israels nicht aufgehoben werden kann.

Das Johannes-Evangelium ist bezüglich des Judentums nicht sehr ergiebig. Was der Evangelist den Juden und dem Judentum konkret vorwirft, ist nicht ganz klar. Überhaupt gibt es im Neuen Testament in den polemischen Aussagen gegen die Juden und das Judentum zuviel abstrakt Ideologisches, das nicht viel mit dem konkreten Wesen des Judentums zu tun hat. Bezüglich der schon erwähnten redaktionellen Sätze der ersten drei Evangelien sei mir eine noch stärkere Ausdrucksweise erlaubt: Dort findet sich zuviel Vulgäres, so daß es einem schwer fällt zu sehen, wie man daraus heute in einer neuen Besinnung eine berechtigte Kritik am Judentum entwickeln könnte. Wie soll man denn Stellung beziehen können, wenn man auf Aussagen stößt, die ihr Ziel vermutlich gar nicht treffen? Außerdem wäre es doch wohl gottgewollt, im humanistischen Geist von jüdischer und von christlicher Seite aus nicht nur solche Überlieferungen zu prüfen, die beide Religionen trennen, sondern auch solche, die beiden Religionen gemeinsam sind. Dabei darf aber nicht übersehen werden, daß manche Menschen mit einer gewissen Berechtigung darin eine Gefahr für die beiden Schwesterreligionen sehen können.

Rechte Seite: Rogier van der Weyden, »Die Darbringung Jesu im Tempel«. Rechter Seitenflügel des »Dreikönigsaltars« (sog. Columba-Altar), um 1455. Behutsam legt Simeon die Hände um das Jesuskind, in dem er den Messias erkennt. Die Kerze in der Hand Josefs deutet auf die Bezeichnung des Festes »Mariä Lichtmeß« für das am 2. Februar begangene Fest der Darbringung im Tempel. München, Alte Pinakothek.

NVNC DIMITTIS
SERVVM TVVM
DOMINE SECVNDVM
VERBVM TVVM
IN PACE

DIE GESTALT JESU

EIN REISEBERICHT

Von der Gestalt Jesu zu sprechen betrachte ich jetzt, da ich bald siebzig bin, als eine Herausforderung, als Impuls, von den Anfängen her nochmals zu überdenken, was mir die Gestalt des Herrn bedeutete, wie sich der abenteuerliche Weg mit Jesus Christus entfaltet hat, in welchen Etappen, mit welchen dunklen, mit welchen lichtvollen Momenten.

Ich halte es allerdings für schwierig, auf abstrakte oder distanzierte Art von seiner Gestalt zu sprechen. Denn es gehört zur Gestalt Jesu, daß sie jeden, der in ihre Nähe kommt, nicht mehr losläßt. Wenn ich in meinen Ausführungen rein theoretisch bleiben würde, hätte ich den Eindruck, etwas zu sagen, was ich nicht empfinde, und nicht sagen zu können, was ich empfinde. Den Begegnungen mit ihm entspricht es mehr, wenn ich persönlich spreche und den konkreten Weg beschreibe, auf welchem mir in verschiedenen Etappen und Momenten die Gestalt Jesu nähergekommen ist. Ich erzähle also eine Art Autobiographie, berichte von einer Reise und mische dabei – ohne sie zu vermischen – subjektive und objektive Elemente. Zu den objektiven zählen die geschichtlichen Daten und Fakten des Lebens Jesu, zu den subjektiven die oft mühsamen Wegstrecken, über die ich diese Daten und Fakten kennen und richtig einschätzen gelernt, mich mit ihnen auseinandergesetzt und sie in mein Wissen und die Gestaltung meines Lebens integriert habe.

Ich spreche in der dritten und in der ersten Person, in der Einzahl und in der Mehrzahl (»ich« und »wir«). Ich bringe von mir etwas zur Sprache, was auch von jedem anderen stammen könnte. Ich erzähle ein Abenteuer, das sinnbildhaft sein kann und, so hoffe ich es, zum Nachdenken anregt beziehungsweise hilft, die eigene Antwort vorzubereiten.

Es handelt sich um ein Abenteuer, dessen Zeitabschnitte sich gliedern lassen. In Anspielung auf einen kürzlich erschienenen und bereits stark diskutierten Roman, der von drei Phasen des menschlichen Lebens spricht: von Feuer, Erde, Wind – von einer Zeit des Wachstums, einer Zeit der Auseinandersetzung und einer Zeit der Versöhnung – und in einem freien Bezug auf die Theophanie, die der Prophet Elija auf dem Horeb erlebte (vgl. 1 Kön 19, 11–13) und in der sich die Gegenwart Gottes geheimnisvoll im Feuer, im Wind, im Erdbeben und schließlich in einem leisen, sanften Säuseln zeigte, unterteile ich meinen Bericht in fünf Abschnitte. Ich benutze dabei fünf Symbole: das Feuer, die Erde, den Wind, das Erdbeben und das sanfte, leise Säuseln des Schweigens.

Die Zeit der Faszination oder die Zeit des Feuers

Die Reise hat für mich schon sehr früh begonnen: in der Kindheit, in den ersten Jahren der Jugend. Es ist die Geschichte eines Jungen, der Jesus kennenlernte – zu Hause in der Familie, im Rahmen der Schule, in der Umgebung, in der er lebte –, von ihm fasziniert war und sich in ihn verliebte. Er hat auch sofort verstanden, daß man mit einer solchen Gestalt nicht spielen darf: Entweder läßt man sich ganz auf sie ein oder man läßt sie ganz sein.

Oben: Sandro Botticelli, »Madonna del Magnificat«. Das Rundbild (Tondo) entstand nach Botticellis Romaufenthalt (1481/82) in Florenz und befindet sich hier in den Uffizien.

Rechte Seite: Brustbild Jesu im Zentrum des Gemäldes »Abendmahl«. Leonardo da Vinci hat das monumentale Wandbild 1495–98 im Refektorium (Speisesaal) des Klosters Santa Maria delle Grazie in Mailand geschaffen (Gesamtabbildung des 1979–99 umfassend restaurierten Werkes S. 146/147). Der szenische Zusammenhang bezieht sich auf Jesu Wort über einen unter seinen Jüngern, der ihn verraten wird: Das Abendmahl mit der Einsetzung des eucharistischen Sakramentes in Form von Brot und Wein ist zugleich der Beginn des Weges Jesu bis zum Tod am Kreuz. Der Fensterausblick, der das leicht zur Seite geneigte Haupt Jesu rahmt, symbolisiert das Licht der Auferstehung, dem das Dunkel des Leidensweges weichen wird.

Unten: Einblattholzschnitt, um 1460–70. Die Spruchbänder kennzeichnen das Bild des Jesuskindes, das liebkosend einen langgeschwänzten Vogel in Händen hält, als deutschen Neujahrsgruß. Ein zweiter Vogel auf dem Deckel des geöffneten Kästchens ist wie das Kind mit dem Kreuznimbus ausgezeichnet und symbolisiert den Heiligen Geist. Die Scheibe links ist ein Bildzeichen für die Weltkugel.

Rechts: Ein böhmischer Meister hat dieses Tafelbild geschaffen. Maria und das auf ihrem rechten Arm ruhende Jesuskind wenden sich dem Betrachter zu. Die Halbfiguren der Medaillons auf dem originalen Rahmen (vor 1396) stellen in den vier Ecken Engel dar, den Prager Erzbischof Johann von Jenzenstein als Stifter des Bildes sowie die böhmischen Landesheiligen Adalbert, Sigismund, Veit und Wenzel, denen bei der Grundsteinlegung (1392) der Veitsdom geweiht wurde. Prag, Nationalgalerie.

Es ist eine Zeit, da die Kenntnisse zunehmen und mit Freude angefüllt sind. Die Zeit des Feuers. Er lernt, die Evangelien zu lesen, staunt über die Klarheit der Worte, den Reichtum der Aussagen, die Kraft der Urteile, die Unerschrockenheit der Entscheidungen, die Geschlossenheit dieser Zeugnisse über Jesus. Alles wirkt ursprünglich, frisch, neu, unerwartet, strahlend, fordernd, einfach; es liegt auf der Hand und weist zugleich über sich hinaus. Der Junge erlebt, was André Gide ausgedrückt hat: »Ich lausche deinem Wort, weil es schön ist, schöner als jedes menschliche Wort.«

Die Zeit der Fragen und Zweifel oder die Zeit der Erde

Diese erste, glückliche Zeit dauert jedoch nicht lange. Ihr folgt ein zweiter Abschnitt, den wir als die Etappe der Fragen und Zweifel bezeichnen können. Die Etappe der Erde. Es stellen sich Fragen ein, vorerst kaum merklich, dann hartnäckiger: Ist es wirklich so? Woher können wir wis-

Leonardo da Vinci, »Anna selbdritt«, vollendet 1508. Die hl. Anna, ihre Tochter Maria und das Jesuskind bilden eine Figurenpyramide, deren rechte Seitenlinie auf das Lamm als Symbol der Passion hinführt. In feiner psychologischer Differenzierung hat der italienische Meister der Renaissance die Verhaltensweisen unterschieden: Während Jesus in kindlicher Spielfreude das Lamm umhalst, beugt sich Maria in mütterlicher Fürsorge nieder, während sich Annas Blick in ernster Vorahnung niedersenkt. Paris, Louvre.

sen, ob die Evangelien die Wahrheit sagen? Ob sich die Ereignisse so abgespielt haben? Worin besteht das geschichtliche Fundament dessen, was diese Bücher über Jesus erzählen? Weshalb verdienen diese Werke unseren Glauben? Besteht nicht die Gefahr, daß sie eine Gestalt aufbauen, die letztlich nur dank der Phantasie von ein paar früheren Fanatikern existiert? Alles, was über Jesus gesagt wird, ist gut und recht, aber entspricht es der Wirklichkeit?

Der Junge beschließt, alles zu lesen, was er über die geschichtlichen Hintergründe zur Gestalt Jesu auftreiben kann. Er durchstöbert die Bibliotheken und hört sich die Ausführungen derer an, die mehr zu wissen scheinen. Doch die Befriedigung stellt sich nicht ein, es bleibt eine Enttäuschung. Aus den Antworten entstehen bloß neue Fragen. Er gewinnt den Eindruck, daß diejenigen, die seine Fragen im Hinblick auf das geschichtliche Fundament der Gestalt Jesu beantworten, es in einer gewissen Oberflächlichkeit tun und vorgefaßten Meinungen aufsitzen, ja daß sie sich letztlich nur den unangenehmen Fragen des Jungen entziehen

»Hier gibt es keine Philosophie. Seine Aussprüche, von denen manche seinen Gefährten noch im hohen Alter Wort für Wort im Gedächtnis haften, sind die eines Kindes mitten in einer fremden, späten und kranken Welt.«

Oswald Spengler

wollen oder eine Sache verteidigen, die für sie schon gelaufen ist und zu der sie schon Stellung bezogen haben. Und Lösungen, die man vorausgeahnt hat, können nie ganz befriedigen.

Die zweite Etappe der Fragen und Zweifel läßt sich deshalb auch als die Zeit der zu schnellen, zu oberflächlichen und ausweichenden Antworten bezeichnen. Das Geheimnis der Gestalt Jesu allerdings verdichtet sich, wenn sich die Fragen vermehren.

Die Zeit der Unerbittlichkeit oder die Zeit des heftigen Windes

Es folgt nun – für mein damaliges, fünfundzwanzigjähriges Leben ein Glücksfall – die Zeit der Unerbittlichkeit, die Zeit des heftigen Windes, von dem das erste Buch der Könige spricht: »Ein starker, heftiger Sturm, der die Berge zerriß und die Felsen zerbrach« (1 Kön 19, 11).

Mein Wunsch, der Wahrheit über Jesus bis auf den Grund nachzugehen, trifft sich dank glücklicher Umstände der Zeit und des Ortes mit der Möglichkeit, mich ganz dem wissenschaftlichen Studium der christlichen Anfänge widmen zu können. Ich studiere die Sprachen, in denen die biblischen Bücher geschrieben wurden (Hebräisch, Aramäisch, Griechisch), ich lese die alten Papyri und Kodizes und beschäftige mich mit den archäologischen Funden und der Geschichte jener Kulturen, im Rahmen derer sich die Ereignisse der Evangelien abgespielt haben usw. Dies ist eine Arbeit, in der es keine Pause gibt, eine Entdeckungsfahrt, auf der man an kein Ende kommt. Es braucht einen starken Willen, eben den Willen eines heftigen Windes, damit man vor der Menge der Daten nicht kapituliert. Doch der Einsatz lohnt sich. Denn in dieser Zeit, die wir die Zeit der Unerbittlichkeit und des gewaltigen Windes genannt haben, gewinnt er viele Kenntnisse und die Fähigkeit, sich in vielen Dingen selber zu orientieren und sich selber Antworten zu geben. Doch das Abenteuer ist damit noch nicht zu Ende.

Perugino, »Die Taufe Jesu«, um 1490. Durch eine leicht asymmetrische Anordnung gibt Raffaels Lehrer Perugino dem Täufer Johannes die bildbeherrschende Stellung: Noch befindet sich Jesus am Anfang seiner Sendung, die vom Kreuzstab des Wegbereiters symbolisiert wird. Seitlich kniende Engel in anbetender Haltung und die vom Himmel herabschwebende Taube des Heiligen Geistes verkörpern den spirituellen Rahmen des Geschehens. Wien, Kunsthistorisches Museum.

Die Zeit der Prüfung oder die Zeit des Erdbebens

Die dritte Phase brachte mich in Kontakt mit einer Menge von Texten und Belegen für die damalige Zeit, so daß ich genauer und wissenschaftlich belegen konnte, was sich von Jesus aussagen läßt. Und solche Forschungen laufen auch heute noch weiter, nur kann ich sie nicht mehr aus der Nähe verfolgen.

Die neuesten Diskussionen darüber, daß einige Papyri in ihrer Entstehungszeit doch früher angesetzt werden müssen, zeigen, daß wir heute besser als früher die große Authentizität der Evangelien nachweisen können. Diese Datierungsfrage ist wichtig. Ich bin hier anderer Meinung als jene, die sagen, heute sollte weniger nach der Beglaubigung der Geschichte, nach dem Dokument, gesucht werden, als vielmehr nach dem prophetischen Gehalt der Botschaft. Der prophetische Gehalt ist sicher notwendig, aber wehe uns, wenn die Geschichte fehlt, wenn uns die Dokumente nicht mehr den Weg zum Gestein der Fakten erschließen.

Selbstverständlich genügt das Dokument allein nicht. Alles muß fein durchgesiebt werden. Die Zeit der Unerbittlichkeit mußte durch die Zeit der Prüfung ergänzt werden, durch eine Zeit, in der alles in Frage gestellt wurde. Ich denke hier an das Wort, das Jesus zu Petrus gesagt hat: »Simon, Simon, der Satan hat verlangt, daß er euch wie Weizen sieben darf« (Lk 22, 31). Das Sieb der Prüfung kommt nicht zufällig, es handelt sich vielmehr um einen entscheidenden Augenblick, den Augenblick des

Meister des Altars von Hohenfurth, »Jesus am Ölberg«, vor 1350. Die Tafel gehört zu einem neunteiligen Altarbild aus der Klosterkirche von Hohenfurth (Vyssí Brod). Links sind die Jünger Petrus, Johannes und Jakobus in Schlaf gesunken, während Jesus im Gebet mit seiner Todesangst ringt und den Trost eines Engels empfängt. Prag, Nationalgalerie.

PASCHALAMM UND AGNUS DEI

Wie kaum ein anderes Symbol der christlichen Kunst verkörpert das Lamm die göttliche Heilsgeschichte. Den Ausgangspunkt bildet die Einsetzung des Paschafestes im Buch Exodus: »Gegen Abend soll die ganze versammelte Gemeinde Israel die Lämmer schlachten. Man nehme etwas von dem Blut und bestreiche damit die beiden Türpfosten und den Türsturz an den Häusern, in denen man das Lamm essen will. Noch in der gleichen Nacht soll man das Fleisch essen. Über dem Feuer gebraten und zusammen mit ungesäuertem Brot und Bitterkräutern soll man es essen« (Ex 12, 6–8).

Die rechts abgebildete typologische Darstellung im Darmstädter »Heilsspiegel« veranschaulicht den Zusammenhang zwischen dem alttestamentlichen Paschafest und dem neutestamentlichen Abendmahl. Der Vergleichspunkt ist die Errettung: So wie die Israeliten durch das Blut der Lämmer in der Nacht geschützt wurden vor der Tötung aller ägyptischen Erstgeburten (Ex 12, 12f.), so rettet das Blut Jesu vor der Verdammnis.

Diese Analogie zwischen Paschalamm und Jesus als Agnus Dei, als göttliches Opferlamm, wird im Alten Testament im Buch des Propheten Jesaja vorbereitet. Das »vierte Lied vom Gottesknecht« enthält den Vergleich: »Wie ein Lamm, das man zum Schlachten führt, / und wie ein Schaf angesichts seiner Scherer, / so tat auch er seinen Mund nicht auf« (Jes 53, 7), ein Bild, das Johannes der Täufer aufgreift und ausdrücklich auf Jesus bezieht: »Seht das Lamm Gottes, das die Sünde der Welt hinwegnimmt« (Joh 1, 29). Diesen »Fingerzeig« gibt die Gestalt des Täufers auf Matthias Grünewalds Darstellung der Kreuzigung Jesu. Zu Füßen des Täufers und des Gekreuzigten symbolisiert das Gotteslamm (mit Kreuzstab) den Opfertod am Kreuz, wobei der Kelch zugleich die Verbindung zur Eucharistie bzw. zum Abendmahl herstellt.

Zum beherrschenden Symbol wird das Agnus Dei schließlich in der Offenbarung des Johannes, deren episodische Bildsprache im »Genter Altar« der Brüder Hubert und Jan van Eyck zu einem Bildpanorama umgeformt ist: Radial angeordnete Wege führen zum Altar des Lammes, der an den Berg Zion anknüpft: »Und ich sah, das Lamm stand auf dem Berg Zion, und bei ihm waren hundertvierundvierzigtausend; auf ihrer Stirn trugen sie seinen Namen und den Namen seines Vaters« (Offb 14, 1). Ebenso bezieht sich das Bild der Anbetung des Lammes auf das zukünftige Neue Jerusalem, das vom Himmel herabkommen und den Thron Gottes und des Lammes enthalten wird (Offb 22, 2).

Neben der heilsgeschichtlichen Symbolik des göttlichen Schutzes, der Erlösung und der Gemeinschaft mit Gott verbindet sich das Bild des Lammes mit dem Christussymbol des Guten Hirten, an dessen Stelle das Lamm selbst treten kann. Insbesondere an frühchristlichen Sarkophagen kann das mit dem Kreuznimbus ausge-

Oben: Abendmahl und Paschalamm. »Heilsspiegel« aus Westfalen, um 1360. Darmstadt, Hessische Landes- und Hochschulbibliothek, Ms. 2505, fol. 22v.

Links: Matthias Grünewald, »Kreuzigung«, mit Johannes dem Täufer und dem Agnus Dei rechts, Maria und dem Jünger Johannes sowie Maria Magdalena mit Salbgefäß links. »Isenheimer Altar«, 1512–15. Colmar, Unterlindenmuseum.

Unten: Hubert und Jan van Eyck, »Die Anbetung des Lammes«. Untere Mitteltafel des »Genter Altars«, vollendet 1432. Gent, St. Bavo.

zeichnete, von Lämmern umgebene Agnus Dei das Hirtenmotiv verkörpern. Das unten wiedergegebene Beispiel zeigt auch die vier Paradiesflüsse (Gen 2, 10–14).

Das kreuzförmig gegliederte Blatt in einem romanischen Psalter mit dem Agnus Dei im zentralen Medaillon ist durch die Gestalten der Evangelisten in den vier Eckfeldern dem Bildtypus der Maiestas Domini verwandt (Abb. links).

Die rechts wiedergegebene Bildseite befindet sich in der Rylands-Haggada, die im zweiten Viertel des 14. Jahrhunderts in Valencia entstanden sein könnte. Die obere Bildreihe schildert von rechts nach links die erste Feier des Pascha- bzw. Pessach-Festes: Ein Lamm wird geschächtet und mit seinem Blut der Türpfosten bestrichen, dann wird es am Spieß gebraten. Die beiden unteren Szenen beziehen sich auf die häusliche Seder-Zeremonie am ersten und zweiten Abend des Festes.

Oben und rechts: Das Christussymbol des Lammes in einem Psalter des 11. Jahrhunderts aus Nonontola (Biblioteca Apostolica Vaticana, Vat. lat. 84, fol. 46v) und an einem Sarkophag in Ravenna, Mausoleum der Galla Placidia.

Oben: Das erste Paschafest vor dem Auszug aus Ägypten und zwei Szenen aus der häuslichen Seder-Zeremonie. Rylands-Haggada (aus Valencia?), fol. 19v. Manchester, John Rylands University Library.

Erdbebens, um auf die Elija-Geschichte anzuspielen. Es ist die Zeit, in der der Glaube geschüttelt und geprüft wird.

Die Prüfung ist für mich auf folgende Art gekommen. Zum Studium der Quellen und der alten Zeugnisse über Jesus gehörte auch die Beschäftigung mit den alten und modernen Bibelkommentaren, vor allem mit den Interpretationen seit 1700, seit dem Aufkommen der kritischen Geschichtswissenschaft, der Aufklärung und dem Positivismus. Ich begann alle Bücher und Interpretationen zu lesen, ich verschlang sie, arbeitete mich durch sie hindurch und suchte sie zu bewerten. Ich wollte sehen,

wer Recht hatte. Bei dieser Anstrengung umfängt ihn mehrfach die Nacht des Geistes, auch die Nacht der Angst. Oft vergehen Tage, Wochen und Monate in einer starken inneren Spannung. Und es meldet sich der Verdacht: Gibt es überhaupt einen Ausweg aus dem Tunnel des kritischen Zweifels, der systematischen Infragestellung aller Daten?

Ich möchte an dieser Stelle aber auch einen Dank formulieren, d.h. ich möchte den berühmten und sehr fordernden Anhängern des kritischen Rationalismus und den »Meistern des Argwohns« im letzten und in unserem Jahrhundert meine Anerkennung aussprechen, denn sie haben

Masaccio, »Der Zinsgroschen«, 1426/27. Dem Fresko liegt Matthäus 17, 24–27 zugrunde: Jesu Einstellung zur Tempelsteuer. Jesu nach links weisende, von Petrus nachgeahmte Geste deutet auf die Nebenszene, in der Petrus im Maul eines Fisches eine Münze findet, die er rechts als Steuer entrichtet. Florenz, Santa Maria del Carmine, Cappella Brancacci.

mich mit allen nur möglichen, ja sogar mit den extremsten Einwänden gegen die Gestalt Jesu direkt konfrontiert: die Hypothese, daß Jesus, geschichtlich gesehen, gar nicht gelebt hat; die Ablehnung bestimmter Aussagen der Evangelisten; die Behauptung, es sei heute gar nicht mehr möglich, eine Jesus-Biographie zu schreiben; die wissenschaftliche Kritik an den Versuchen, Worte und Taten Jesu zu rekonstruieren; die Zweifel gegenüber den wesentlichen Punkten seines Lebens usw. Für mich wurde es zu einer sehr fruchtbaren und anregenden Übung: vor keiner kritischen Frage die Flucht zu ergreifen, mich vielmehr den Fragen zu stellen, ja mich in Frage stellen zu lassen durch all die Versuche, die Gestalt Jesu zu reduzieren, bis zu ihrer Auflösung zu reduzieren, aus ihr eine mythische oder phantastische Gestalt zu machen oder sie zu reduzieren auf Aussagen der Folgezeit.

Jesus mit dem Leidenswerkzeug des Kreuzes, 1519/20. In krassem Gegensatz zur Darstellung des gemarterten Schmerzensmannes Jesus im Mittelalter schuf Michelangelo die Gestalt Jesu nach antikem Vorbild als hüllenlose athletische Aktfigur. Der steil aufragende Stamm des Kreuzes kontrastiert wirkungsvoll mit dem organischen und harmonischen Kontrapost-Motiv der Skulptur. Rom, Santa Maria sopra Minerva.

Sergio Zavoli sagt, ein Christ des 20. Jahrhunderts müsse seine Fragen ohne Angst dem Feuer der Kritik aussetzen können und schauen, was von ihnen noch bleibt. Ich bin mit ihm ganz einverstanden. Ich habe mich systematisch dem Zweifel ausgesetzt, eine schmerzhafte und heilsame Erfahrung, denn im Bewußtsein, nach der Wahrheit zu suchen, war ich schutzlos. Es war wie die ständige Suche nach dem Gleichgewicht, und zwar auf einem Boden, der einem Erdbeben ausgesetzt war.

Im Klartext heißt dies, daß ich ständig nach einer Antwort auf die fundamentale Frage suchen mußte: Sind dieses Wort Jesu, dieses Ereignis in seinem Leben, diese Verhaltensweisen ursprünglich? Stammen sie von ihm? Oder stammen sie aus einer späteren Zeit? Sind sie das Ergebnis der Begeisterung oder des Fanatismus von späteren Bewunderern und Anhängern? Sind sie das Produkt der schöpferischen Kräfte der ersten christlichen Gemeinden? Und wenn man davon auszugehen hat – und man muß davon ausgehen –, daß es in den christlichen Gemeinden vorerst eine mündliche und erst im Anschluß daran eine schriftliche Weitergabe der Worte und Taten Jesu gab, bis zu welchem Grad ist es dann überhaupt noch möglich, zu wissen, was Jesus wirklich gewollt, gesagt und getan hat?

Ich habe mit diesem Studium der Kommentare mehrere Jahre verbracht, Jahre der Mühsal und der Verletzungen, denn ich wurde ständig Fragen ausgesetzt, die radikal auch mein Leben betrafen. Ich suchte sogar nach den heftigsten und am meisten begründeten Widerlegungen und nach den hartnäckigsten Fragen. Ich wollte mir keine ernstzunehmende Schwierigkeit ersparen. Ich wollte kein gegnerisches Argument außer acht lassen. Alles in allem hatte für mich begonnen, was Paul Ricœur als den »Krieg der Interpretationen« bezeichnet hat.

Ganz allmählich gelangte ich zu einer überraschenden Erfahrung: Das Gefühl der Unsicherheit, Ratlosigkeit und Verlegenheit, das die offizielle Verteidigung der Geschichtlichkeit Jesu und die schnellen Antworten von so vielen Apologeten in mir hinterlassen hatten, löste sich auf und machte einer Klarheit Platz, die durch die Auseinandersetzung mit den logischen Argumenten der Kritiker in mir zu entstehen begann. Ich versuchte die Gültigkeit der einzelnen Argumente zu erkennen, verglich sie mit den alten Texten und Fundstücken, und in mir wurde das Bewußtsein immer klarer und stärker, daß es im Wissen um Jesus eine Zuverlässigkeit gab, über die man nicht hinweggehen konnte, daß die Gestalt Jesu nicht auf nebulöse oder unerreichbare Umrisse reduziert werden mußte, außer man wollte sich in Widersprüche verwickeln und die Annahmen einer ernsthaften Forschung für nichtig erklären.

Eine erste Annahme hieß: Man hat für das Entstehen eines Textzeugnisses einen hinreichenden Grund zu suchen, vor allem wenn dieses Zeugnis in der Nähe des Faktischen liegt. Wenn ein solcher Grund nicht in hinreichender Art nachzuweisen ist, weder durch die Kreativität einer späteren Zeit, noch durch den Fanatismus, noch durch Betrug, wenn im Gegensatz dazu das Textzeugnis mit der ursprünglichen Umwelt zusammengebracht werden kann und es zugleich ein widersprüchliches Verhalten von Menschen bezeugt, so daß es als ungewohnt und ursprünglich zu gelten hat, bleibt als erste Arbeitshypothese die Annahme, daß dieses Textzeugnis auf ein tatsächliches Faktum zurückgeht und ihm entspricht. Und wenn dies nicht nur einmal, sondern, unabhängig voneinander, zehnmal, ja hundertmal der Fall ist, wird diese Hypothese zur tragfähigen Basis der weiteren wissenschaftlichen Arbeit.

Mit anderen Worten: Ich erlebte, daß eine gründliche Annäherung an die alten Quellen über Jesus, wenn sie den wissenschaftlichen Voraussetzungen nicht widersprechen will, anerkennen muß, daß es bedeutungsvolle und für sein Leben entscheidende Aussagen und Ereignisse gibt, die durch keine Kritik, auch nicht durch eine zersetzende Kritik, weggewischt werden können, da sie sich nicht durch die schöpferische Tätigkeit der späteren Gemeinden erklären lassen. Entweder muß man darauf verzichten, die Daten so, wie sie vorliegen, zu deuten, und die Forschung aufgeben, oder man muß zugestehen, daß aus ihnen, und zwar in genügend großer Zahl, die Fakten sowie die Worte und Taten Jesu zuverlässig erkannt werden können. Sie genügen, um die Gestalt Jesu in einer Art und Weise zu skizzieren, daß sie uns in der Tiefe unseres Bewußtseins herausfordert.

Daß ich dies in einem täglichen Einsatz und im Bemühen, jeglichen Einwand ernst zu nehmen, selbst entdeckt hatte, war für mich eine unschätzbare Hilfe. Sicher müssen wir zugestehen, daß die Worte und Taten Jesu durch eine mündliche Tradierung hindurchgegangen sind, daß sie von seinen Anhängern neu geordnet und gedeutet worden sind, daß es von ihm keine Biographie im eigentlichen Sinn gibt und daß wir die Evangelien heute mit Hilfe der historisch-kritischen Methode als literarische Werke lesen. Aber am Ende dieser ganzen Prüfung, dieses Erdbebens der kritischen Wissenschaft, stehen vor uns doch unzählige bedeutungsvolle Worte und Taten Jesu und fordern uns mit Fragen, die uns nicht mehr loslassen, heraus.

So stößt man zum Beispiel auf die durchschlagende Kraft seiner Gleichnisse, die rätselhaft und präzis zugleich sind; die Unruhe, die von den paradoxen Aussagen seiner Seligpreisungen ausgeht; die folgerichtige Kritik an der religiösen Praxis seiner Zeit; seine Auseinandersetzun-

Mit großer kompositorischer Kühnheit hat der namentlich unbekannte Künstler zwei Figuren in das schmale Bildfeld der Elfenbeintafel gefügt: Während Jesus den linken Arm über sein Haupt hebt, legt der »ungläubige Thomas«, der »Zweifler«, seine Hand in die Seitenwunde des Auferstandenen (Joh 20, 27). Das Relief ist Ende des 10. Jahrhunderts, zur Zeit der Ottonik, in Trier entstanden. Berlin, Skulpturensammlung.

DAS JESUSBILD DER RENAISSANCE

Links: Giotto, »Der Judaskuß«; Ausschnitt aus dem Fresko der Gefangennahme Jesu, um 1305/06. Padua, Arenakapelle.

Wann beginnt die Renaissance? Der Maler und Künstlerbiograph Giorgio Vasari, der den in französischer Version geläufigen Epochenbegriff Mitte des 16. Jahrhunderts vorbereitet hat, indem er von einer Wiedergeburt (»rinascita«) der Kunst sprach, dachte vor allem an den Florentiner Maler Giotto (1268–1336) als den großen Erneuerer, den bereits Boccaccio in seinem »Decameron« (vollendet 1353) mit folgenden Worten gewürdigt hatte: Giotto »besaß einen Geist von solcher Erhabenheit, daß unter allen Dingen, die die Mutter Natur unter dem Kreislauf der Himmel erzeugt, nicht ein einziges war, das er nicht mit Griffel und Feder so getreulich abgebildet hätte, daß sein Werk nicht das Bild des Gegenstandes, sondern der Gegenstand selbst zu sein schien.«

Wir können Boccaccios (und Vasaris) Bewunderung für Giottos »Realismus« als Ausgangspunkt der Renaissance folgen, sofern wir die Dimension der psychischen und seelischen »Wirklichkeitsnähe« mit einbeziehen. Nie zuvor hatte das Menschliche in solcher Unmittelbarkeit Gestalt gewonnen wie etwa in Giottos »Judaskuß«. Jesus und Judas illustrieren nicht den biblischen Text von der Gefangennahme am Ölberg, sondern ergeben eine eigenständige Bild-Wirklichkeit.

Oben: Piero della Francesca, »Geißelung Jesu«, um 1455–65. Urbino, Palazzo Ducale.

Links: Jörg Ratgeb, »Geißelung Jesu« (mit Dornenkrönung, Befragung Jesu durch Pilatus und »Ecce Homo« als Nebenszenen), 1518/19. Flügel des »Herrenberger Altars« aus der Stiftskirche zur hl. Maria in Herrenberg bei Tübingen. Stuttgart, Staatsgalerie.

Raffael, »Die Verklärung Jesu (und der besessene Junge)«, um 1517–20. Vatikanstadt, Pinakothek.

Menschliche Wahrnehmungs- und Verhaltensweisen in ihrer Beziehung zum Göttlichen sind das eigentliche Thema des hochdramatischen Bildes der »Verklärung Jesu«, in dem Raffael zwei in den Evangelien des Matthäus, Markus und Lukas aufeinanderfolgende Erzählungen miteinander verbunden hat: Die untere Bildhälfte schildert, wie die Jünger mit einem besessenen Jungen konfrontiert werden und sich ihrer Hilflosigkeit bewußt sind. Heilung im physischen wie im geistigen Sinn kann nur Jesus bringen, dessen Gottessohnschaft, nämlich die Verklärung im Glanz des überirdischen Lichtes, das Gemälde sinnlich vor Augen führt.

Das Ende der italienischen Hochrenaissance, die Leonardo da Vinci (1452–1519) und Raffael (1483–1520) zu ihrem Höhepunkt geführt hatten, kündigt sich bereits in dessen »Verklärung« an: Die dramatische Unterscheidung zwischen dem Unten des Irdischen und dem Oben des Göttlichen wird in der Spätrenaissance bzw. im Manierismus zur Disharmonie. Welche Kräfte die Aufhebung eines für kurze Zeit erreichten Harmonie zwischen Mensch und Welt mobilisierte, zeigt das Werk des von Vasari vergötterten Malers, Bildhauers, Baumeisters und Dichters Michelangelo (1475–1564).

Aus dieser Sicht bezieht sich die Auffassung der Renaissance als »Wiedergeburt der Antike« lediglich auf die Verstärkung eines neuen Verständnisses der Welt und des Menschen, einer neuen Freiheit des Fragens und Forschens, einer neuen Bewertung der individuellen sinnlichen und geistigen Wahrnehmung.

Programmatisch kommt diese neue Einstellung im Gemälde Piero della Francescas zum Ausdruck: Die Darstellung der Geißelung Jesu rückt in mehrfacher Weise »in den Hintergrund«, um zum einen die perspektivische Wiedergabe von räumlicher Tiefe zu motivieren und zum anderen die Aufmerksamkeit auf die drei Personen zu lenken, die nur noch entfernt an Beteiligte am Prozeß Jesu erinnern: Es sind drei Individuen, die das biblische Geschehen auf je ihre Weise geistig wahrnehmen.

Die illusionistische Wiedergabe der natürlichen Wahrnehmung von räumlicher Tiefe und perspektivischen Größenverhältnissen ist die herausragende Eigenschaft der italienischen Frührenaissance des 15. Jahrhunderts. Sie kennzeichnet auch die Geißelungsszene von Jörg Ratgeb, erweist sich jedoch als verbunden mit der mittelalterlichen synchronen Erzählweise, die mehrere aufeinanderfolgende Szenen in demselben Bildraum vereinigt. Diese Tafel vom »Herrenberger Altar« deutet darauf hin, daß in der Epoche der Renaissance Gestaltungsaufgaben wie das Altarbild ihren Vorrang behielten, zumal fromme Stiftungen in zunehmendem Maße das gesellschaftliche Leben bestimmten. In diesem Zusammenhang steht auch das Beispiel aus der Gattung der Buchmalerei der Renaissance (Abb. rechts).

Unten: »Jesus und die Schächer am Kreuz«. Miniatur in dem Missale mit Brevier, das in Neapel um 1504–16 für den spanischen König Ferdinand den Katholischen entstanden ist. Biblioteca Apostolica Vaticana, Chig. C VII 250, fol. 158r (Ausschnitt).

Rechts: El Greco, »Jesus am Kreuz mit zwei Stiftern«, um 1600. Aus dem ostkirchlichen Kulturbereich stammend, entfaltete der gebürtige Kreter El Greco seine visionäre Kunst in Spanien. Die ost-westliche Synthese wird in der Gestalt und im Antlitz des Gekreuzigten spürbar: in der Verbindung von irdischem Leid mit himmlischer Verzückung. Paris, Louvre.

Unten: Barockes Kruzifix von Georg Petel, um 1628. Der naturalistisch aus Elfenbein geschnitzte Körper hängt an einem T-förmigen Kreuz. Schloß Frederiksborg bei Kopenhagen.

gen mit der Institution; das grenzenlose Verzeihen, das er verkündet und mit dem er bei allen, die Recht und Gerechtigkeit vertreten, Anstoß erregt; seine Aufmerksamkeit gegenüber den Menschen am Rand oder außerhalb der gesellschaftlichen Anerkennung, seine Aufmerksamkeit gegenüber den Sündern bis hin zum Skandal; seinen Sinn für die Kranken und seine heilenden Berührungen, die Begeisterung, aber auch Neid hervorrufen; seinen Mut, aber auch seine Angst angesichts des Todes; die durch nichts zu unterdrückende Gewißheit seiner Jünger, daß sie ihm, nachdem sie ihn bestattet haben, wieder begegnet sind und er lebte. Es sind Fakten und Worte, die keine Kritik – sie mag so zersetzend und radikal sein, wie sie will – erledigen kann, im Gegenteil: Sie (dies war meine Erfahrung) rückt ins Licht, was einzig als Erklärung gelten kann für das, was sich ereignet hat, und für die Entstehung der Zeugnisse über Jesus.

Wir stehen in Jesus einer Gestalt gegenüber, die geschichtlich gesehen einzigartig und neu ist, die sich nicht so leicht in eine vorgegebene Typologie einordnen läßt. Es ist die Gestalt einer starken, aber auch offenen Persönlichkeit, umgänglich und präzise, bescheiden und mit unerhörten Ansprüchen, unbedeutend nach dem menschlichen Maßstab von Geschichte und Politik und zugleich fähig, den Herrschenden Angst einzujagen. Es ist die Gestalt eines Menschen, der wie ein Meteor vorübergezogen ist (im Höchstfall zwei oder drei Jahre öffentlicher Tätigkeit, also kaum die Zeit, bekannt zu werden) und dessen Wirksamkeit ein katastrophales Ende gefunden hat: ausgeschieden und verlassen von allen, die Macht besaßen, an den Rand gedrängt und vernichtet wie ein Wesen, das der Menschheit zum Schaden gereicht. Und doch ist es eine Figur, die aus der Geschichte seiner Zeit nicht mehr weggedacht werden kann; sie weckt Begeisterung und Ängste, wird schon bald von einigen als Prophet, Heiliger und Weiser, als Erneuerer anerkannt und von den andern als gefährlicher Umstürzler abgelehnt.

Links: Mit seiner Darstellung des gekreuzigten Jesus aus dem Jahr 1946 folgte der englische Maler Graham Sutherland mit Gestaltungsformen des 20. Jahrhunderts dem Vorbild des Kreuzigungsbildes des »Isenheimer Altars« von Matthias Grünewald. Gemeinsam ist die expressive »Körpersprache«, etwa der im Todeskampf erstarrten Hände. Northampton, St. Matthews.

Unten: Alfred Hrdlicka, »Gekreuzigter (Torso)«, 1959. Der österreichische Bildhauer verdichtete den Leidensausdruck in dem aus Marmor gehauenen Leib. Wien, Museum moderner Kunst, Stiftung Ludwig.

Jesus kann offensichtlich der Erniedrigung seines Volkes einen Sinn geben und einen Weg in die Befreiung zeigen, indem er neue religiöse Horizonte eröffnet; gleichzeitig geht er gegen die überlieferten Ideen an und provoziert Spaltungen. Er scheint neue und packende Dinge zu sagen, und doch siedelt er sich ganz im tradierten Rahmen seines Volkes an, schafft eine Kontinuität in der Sprache seiner Leute. All das zählt zu den Gegebenheiten in den Evangelien, die auch nach jedem Versuch einer wissenschaftlichen, systematischen Reduktion übrigbleiben.

»Ohne Jesus wäre unser Leben
bedeutungsleer und unverständlich.«

Mutter Teresa

Es ist die Zeit des Siebes, der Prüfung, des Erdbebens, des Durchgangs durch den Stacheldrahtverhau der wissenschaftlichen Kritik. Sie schenkt vielen Fragen gegenüber eine zufriedenstellende Antwort, es tut gut, jetzt über die Gestalt Jesu nachzudenken. Und doch stellt sie uns vor noch schärfere und schwierigere Fragen, vor eine fünfte Etappe.

Bevor ich jedoch von der fünften Etappe erzähle, d.h. von der Etappe des Kampfes oder der Sinnfragen oder des leisen, sanften Säuselns, möchte ich noch auf eine andere Erfahrung in der Zeit der Prüfung zu sprechen kommen. Sie ist für mich eine große Hilfe im Verständnis der geschichtlichen Hintergründe Jesu gewesen, und sie ist mir zur letzten Bestätigung der kritischen Schritte geworden, die ich eben vorgestellt habe. Während vieler Jahre (seit 1965, in einem bestimmten Sinn auch heute noch) hatte ich die Möglichkeit und das Glück, zu einer kleinen Gruppe von internationalen und interkonfessionellen Fachleuten zu gehören, die sich mit dem griechischen Text des Neuen Testaments auseinandersetzten. Wir arbeiteten gemeinsam an der Wiederherstellung des wissenschaftlich gesicherten Textes, jenes Textes der Evangelien, der als ursprünglich, als der älteste und zuverlässigste gelten kann. Jedes Jahr kamen wir an einem abgelegenen Ort für zwei Wochen zusammen und überprüften, acht Stunden am Tag, Wort für Wort, Satz für Satz das ganze Neue Testament. Wir verglichen den Text mit den ältesten Papyri, mit den von Hand geschriebenen Kodizes und mit den unterschiedlichsten neuen Kommentaren.

Die »Pietà (mit Stifter)« des sog. Meisters von Avignon ist ein Andachtsbild mit zeitgeschichtlichem Bezug. Der leblose Körper Jesu wird von Marias Schoß gestützt. Zu beiden Seiten trauern Johannes und Maria Magdalena. Die Nimben sind mit den Inschriften der drei Namen versehen.

Links neben dem Haupt des Jüngers deutet eine Stadt den aktuellen Grund tiefer Trauer an: Es ist die Stadt Konstantinopel mit der in eine Moschee verwandelten Hagia Sophia, nachdem die Osmanen im Jahr 1453 die Hauptstadt des Byzantinischen Reiches erobert haben. Paris, Louvre.

»Wie wunderbarlich ist
doch diese Strafe!
Der gute Hirte
leidet für die Schafe,
die Schuld bezahlt
der Herre der Gerechte
für seine Knechte.«

Johann Heermann,
»Herzliebster Jesus«

Es war eine Tätigkeit, in der, auf der Basis von verschiedenen Kulturen und Mentalitäten (wir waren zu fünft: ein Deutscher, ein Engländer, zwei Amerikaner und ich als Italiener), sich unsere philologischen, histori-

Annibale Carracci, »Pietà«, um 1590. Im Unterschied zum erbarmungswürdigen entseelten Leichnam Jesu in der spätgotischen Darstellung des sog Meisters von Avignon weckt die barocke Auffassung desselben Themas die Assoziation des »Entschlafens« eines muskulösen Heroen. Florenz, Palazzo Pitti.

JESUS UND DAS BILD DER TRINITÄT

Die neutestamentlichen Grundlagen der göttlichen Dreieinigkeit, Dreifaltigkeit bzw. Trinität ergeben sich aus der Zusammenschau verschiedener Textstellen. Die klarste trinitarische Aussage enthält Jesu Taufbefehl am Ende des Matthäus-Evangeliums: »Darum geht zu allen Völkern und macht alle Menschen zu meinen Jüngern; tauft sie auf den Namen des Vaters und des Sohnes und des Heiligen Geistes« (Mt 28, 19). Der trinitarische Taufsegen knüpft an die Taufe Jesu durch Johannes den Täufer an: »Kaum war Jesus getauft und aus dem Wasser gestiegen, da öffnete sich der Himmel, und er [Jesus] sah den Geist Gottes wie eine Taube auf sich herabkommen. Und eine Stimme aus dem Himmel sprach: Das ist mein geliebter Sohn, an dem ich Gefallen gefunden habe« (Mt 3, 16–17).

In der Dogmengeschichte entwickelte sich das trinitarische Glaubensbekenntnis, das »Credo«, in mehreren Schritten. 381 ergänzte das zweite ökumenische Konzil in Konstantinopel das Bekenntnis zu Gott durch den Heiligen Geist, der vom Vater

Oben: Der kleeblattförmige Dreipaß, hier im Wimperg des Westportals der Kathedrale von Amiens (um 1320) symbolisiert die Einheit der Dreifaltigkeit.

Rechts oben: Masaccio, »Hl. Dreifaltigkeit«, um 1425. Das Fresko zeigt Maria und den Jünger Johannes unter dem Kreuz Jesu mit der Figur Gottvaters, die gemeinsam den »Gnadenstuhl« bilden. Seitlich knien die Stifter des Gemäldes: der Florentiner Gonfalionere Lenzi und seine Gemahlin. Florenz, Santa Maria Novella.

Rechts: Miniatur in einer Handschrift der »Bible historiale« des Guyart Desmoulins, um 1410. Dargestellt ist die Erschaffung der Engel durch die drei Personen der trinitarischen Gottheit. Brüssel, Königliche Bibliothek.

ausgeht; 675 formulierte die Synode von Braga den Zusatz »und vom Sohn« (lat. *filioque*), der sich allerdings erst im 9. Jahrhundert und nur im Westen durchsetzte.

Für die Bildkünste gewann eine zweite Stelle bei Matthäus besondere Bedeutung: Jesu Interpretation des 110. Psalms. Auf die Frage nach dem Messias, dem »Sohn Davids«, antwortet er: »Wie kann ihn dann David, vom Geist (Gottes) erleuchtet, ›Herr‹ nennen? Denn er sagt [im Psalm 110,1]: Der Herr sprach zu meinem Herrn: Setze dich mir zur Rechten, und ich lege dir deine Feinde unter die Füße« (Mt 22, 43–44).

Eine weitere Entwicklungslinie setzt den ersten Schöpfungsbericht (Gen 1,1 – 2,4a) zum Beginn des Johannesprologs in Beziehung; beide Texte beginnen »In principio« (Im Anfang). Indem der Schöpfer und »das Wort« (der Logos) von Johannes gleichgesetzt werden (»Alles ist durch das Wort geworden, / und ohne das Wort wurde nichts, was geworden ist« (Joh 1, 3), entwickelte sich die Auffassung der Schöpfung als Gemeinschaftswerk. Ihren bildhaften Ausdruck fand es in Zyklen zur Schöpfung, in denen eine Einzelfigur durch zwei Gesichter und Flügel als trinitarisch gekennzeichnet wird, oder durch das gemeinsame Wirken von drei Schöpfergestalten (Abb. S. 68 unten).

Stets enthielt jedoch das trinitarische Gottesbild die Gefahr, den christlichen Monotheismus in die Nähe des heidnischen Polytheismus zu rücken. Schon früh entstanden daher trinitarische Symbole wie das Dreieck oder drei sich überschneidende Kreise als Zeichen für die »Dreieinigkeit«: die Einheit der Dreiheit.

Links oben: Juan Carreño de Miranda, »Die Gründungsmesse des Ordens der Trinitarier«, um 1660. Die Geste der Erhebung der Hostie am Altar lenkt den Blick zur Himmelssphäre. Hier thronen über einer kristallenen Weltkugel Gottvater und Gottessohn mit der Taube des Heiligen Geistes. Paris, Louvre.

Links: Allerheiligenbild im Brevier des Matthias Corvinus, um 1487–92. Gottvater, Gottsohn und die Taube des Heiligen Geistes bilden die mittlere Gruppe der versammelten Heiligen. Sie wird von Maria und Johannes dem Täufer flankiert. Ganz links kennzeichnet ein Schlüssel den Apostel Petrus. Biblioteca Apostolica Vaticana, Urb. lat. 112, fol. 210r (Ausschnitt).

Rechte Seite und unten: Michelangelo, Detail aus dem »Jüngsten Gericht« und Vorstudie zur Gesamtkomposition. Im Zeitraum von 1534 bis zur Enthüllung am Weihnachtstag 1541 verwandelte Michelangelo die Altarwand der Sixtinischen Kapelle des Papstpalastes im Vatikan in eine monumentale Vision der Endzeit. Der überwältigende, bereits »barock« anmutende Eindruck ergibt sich aus der physischen Gewalt der Körpermassen, die sich in einem noch unentschiedenen Ringen zu befinden scheinen. Diese Konzeption enthalten bereits die Vorstudien zur

Komposition des monumentalen Freskos. In krassem Gegensatz zur Bildtradition des Jüngsten Gerichts ist nichts von der in sich ruhenden Weltüberlegenheit des göttlichen Richters zu spüren: Zwar bildet die herkulische Aktfigur Jesu Christi, an dessen Seite Maria als Fürbitterin der Menschheit Schutz zu suchen scheint, den Blickpunkt. Doch die erhobene Rechte und die gesenkte Linke bringen eher Abwehr als souveränen Richterspruch zum Ausdruck.

schen, paläographischen und exegetischen Kenntnisse zusammentaten, um gemeinsam herauszuarbeiten, ob ein Wort oder ein Text wirklich authentisch waren. Es war eine faszinierende Tätigkeit; jeden Tag zwang sie uns, erneut in die Zeit der ersten Christen einzutauchen. Und auch sie bekräftigte die Zuverlässigkeit: Die handschriftliche Überlieferung der Evangelien steht auf solideren Füßen als die Überlieferung eines jeden anderen literarischen Werks der Antike. Für mich persönlich war diese Erkenntnis im Hinblick auf die angstvollen Fragen meiner Jugend eine zusätzliche Bestätigung.

Die Zeit des Kampfes oder die Zeit des leisen, sanften Säuselns

Die vier Etappen, die zur geschichtlichen Kenntnis der Gestalt Jesu führen (die Etappe der Faszination / des Feuers, diejenige der Fragen / der Erde, diejenige der Unerbittlichkeit / des Sturms und diejenige des Siebs oder des Kriegs der Interpretationen / des Erdbebens), die ich in einer biographischen Form vorgestellt habe, die aber die Etappen einer jeden ernsthaften Suche sind, bilden letztlich nur das Vorspiel zu jener tieferen Erkenntnis, in der unser Geist und unser Herz zur Ruhe kommen.

An die Zeit der Verliebtheit, die Zeit der Zweifel und Fragen, die Zeit der Unerbittlichkeit und die Zeit der Prüfung schließt sich die Zeit der Auseinandersetzung mit der Person Jesu an, eine Auseinandersetzung, die an kein Ende kommt. Sie gleicht dem Kampf Jakobs in der Nacht am Ufer des Jabbok, als »ein Mann mit ihm rang, bis die Morgenröte aufstieg« (Gen 32, 25). Jakob kämpft mit jemandem, der stärker ist und den Griff nicht lockert, und die Morgenröte der vollen und unverhüllten Erkenntnis bricht noch nicht an. Trotz der Gewißheit, eine greifbare Wirklichkeit zu umfassen – denn er wird gepackt und packt selber zu –, bleibt er in der Nacht.

Es verhält sich ähnlich wie bei der letzten Erfahrung des Elija: Nach dem Sturm, dem Erdbeben und dem Feuer hört er ein leichtes Säuseln, ein kaum wahrnehmbares Rauschen; mit seinem Mantel bedeckt er sein Gesicht, denn er weiß, daß sich jetzt ereignet, worauf er gewartet hat (vgl. 1 Kön 19, 13): Er tritt vor die Höhle und vernimmt die Stimme Gottes.

Oder ohne all diese Bilder und Anspielungen: Ich möchte betonen, daß die Erkenntnis der Geschichtlichkeit Jesu nicht bei sich selber stehen bleibt, sondern auf die Fragen hinausläuft: Bist du bereit, meinen Worten als Worten, die von Gott kommen, Glauben zu schenken? Bist du bereit, meine Sendung anzuerkennen als eine Sendung, die vom Vater im Himmel stammt? Bist du bereit, mir im Tiefsten zu vertrauen wie Petrus, der sagt: »Du bist der Messias, der Sohn des lebendigen Gottes!« (Mt 16, 16)?

Die fünfte Etappe ist die Etappe der Glaubenserkenntnis, jenes feinen Rauschens, das man kaum wahrnimmt. Sie fordert einen Sprung, den keinerlei Nachforschung historischer Art abnehmen kann, einen Schritt, den jeder in seinem eigenen Innern und vor dem eigenen Gewissen vollzieht. Es handelt sich um einen Schritt, der uns nicht der Gestalt, sondern dem *Geheimnis Jesu* näherbringt, seinem einzigartigen Bezug zum Vater,

Michelangelo, »Jesus und die Samariterin«, 1550. Die Studie wurde 1998 entdeckt und bei Sotheby (New York) versteigert. Sie bezieht sich auf das Gespräch am Jakobsbrunnen, das Jesus mit der Bitte um einen Schluck Wasser beginnt, worauf er zur Antwort erhält: »Wie kannst du als Jude mich, eine Samariterin, um Wasser bitten?« Und der Evangelist erläutert: »Die Juden verkehrten nämlich nicht mit den Samaritern« (Joh 4, 9). Bei seiner Konzeption der Frauenfigur, die unverkennbar am Vorbild antiker Venusstatuen orientiert ist, mag Michelangelo jene Passage des Gesprächs herangezogen haben, in der Jesus sich als Prophet erweist: »Du hast richtig gesagt: Ich habe keinen Mann. Denn fünf Männer hast du gehabt, und der, den du jetzt hast, ist nicht dein Mann« (Joh 4, 17 f.). Um so stärker wirkt der Umschwung: Auf das Zeugnis der Frau hin kommen viele Samariter in jenem Ort zum Glauben an Jesus.

seiner Transzendenz, seiner Bedeutung für die Geschichte jedes Menschen und der ganzen Menschheit, seiner Fähigkeit, uns Gottes Antlitz zu zeigen. In diesem Moment erheben sich neue und noch bedrängendere Fragen: Weshalb erlebt dieser Mensch, der glaubt, Gott nahe zu sein und von Gott geliebt zu werden, in seinem Leben ein so grausames Schicksal? Weshalb erscheint er, menschlich gesehen, als der Besiegte? Weshalb gibt er sich schwach und schutzlos?

Dieser Kampf in der Nacht, wie der Kampf Jakobs am Ufer des Jabbok, dient der Erkenntnis jenes Namens, der über alle Namen ist (vgl. Phil 2, 9). Ein solcher Kampf zeichnet sich in der Frage ab, die Jakob der geheimnisvollen Person stellt: »Nenne mir doch deinen Namen« (Gen 32, 30). Es ist dieselbe Frage, die wir auch im Matthäusevangelium zu hören bekommen (vgl. Mt 16, 13–14). Sie ist auch im Horchen gegenwärtig, als Elija vor die Höhle tritt und die Worte vernimmt: »Was willst du hier, Elija?« (1 Kön 19, 9).

Es gibt also eine letzte Stufe der Erkenntnis Jesu, für die die Kenntnis des Namens Jesu allein nicht reicht; dies ist die Zeit der Glaubenserkenntnis, auch sie eine Zeit der Fragen, der Suche, des Versuchs, die menschliche Niederlage dieses Jesus von Nazaret mit seiner innersten Vertrautheit mit Gott zusammenzubringen, das Kreuz und den Tod auf der einen Seite und die Gottheit auf der anderen Seite – ein Versuch, zu dem wir immer wieder von neuem ansetzen müssen. Verständlicherweise weitet sich der Radius der Fragen auch auf die Erfahrung der Menschen mit dem Schmerz und dem Tod aus, in dem Sinne, daß es uns sinnlos vorkommt, daß Gott sich nicht in Macht und Herrlichkeit offenbart hat, sondern – wie Martin Luther es sehr präzis zum Ausdruck gebracht hat – »sub contrario specie«, wirklich im Gegensatz zu dem, was wir uns von Gott vorstellen konnten.

Es kommt zudem noch zu einem weiteren Faktum, zu einer weiteren Überraschung: Wenn wir uns das Geheimnis des gekreuzigten Gottes und der Schwäche Gottes vergegenwärtigen, indem wir sie im gekreuzigten und auferstandenen Jesus wahrnehmen, gewinnen die Worte und Taten Jesu, die Gleichnisse, die Seligpreisungen, die Wunderheilungen, die Aufforderungen zum Verzeihen und sein Leiden eine neue Evidenz. Die Evangelien (und in Verbindung mit ihnen auch die übrigen Teile der Heiligen Schrift) offenbaren eine tiefe Folgerichtigkeit und einen neuen Reichtum an Sinnzusammenhängen. Alles verbindet sich zu einer neuen Erkenntnis Jesu: Er gehört nun zum lebendigen Erfahrungsbereich von uns vergänglichen Menschen auf der Suche nach einer Hoffnung, die uns nicht enttäuscht. Nach dem Kampf in der Nacht am Ufer des Flusses findet Jakob seine Ruhe erst, als er gesegnet wird. Erst am Eingang zur Höhle findet Elija den Mut zu neuen Wegen durch die Wüste.

Alle diese Fragen und Antworten lassen die Glaubenserfahrung, die christliche Erfahrung zu einem immer tieferen Eindringen in die Gestalt Jesu werden; dabei eröffnen sich ständig neue Horizonte, eine Bewegung, die – wie für Jakob – erst am Ende der Nacht zu einem Abschluß kommt, wenn die Morgenröte der vollen Erkenntnis anbricht. Es handelt sich um ein immer wieder überraschendes Abenteuer, um eine Erfahrung, die einen nicht in Ruhe läßt, um eine Reise, deren nur geahntes Ziel sowohl Freude als auch Angst bereitet, Freude, weil wir es bereits erahnen, Angst, weil es noch so weit entfernt liegt. Doch von diesem geheimnisvollen Menschen, mit dem wir in der Nacht kämpfen, können wir bereits jetzt erkennen, daß seine Umarmung uns hält, daß der Kampf uns zwar anstrengt, aber auch auf den Beinen hält, daß dieser Kampf es nicht zuläßt, daß wir zu Fall kommen, uns dem Frust und der Einsamkeit überlassen. Genau in einem solchen Kampf, auf einer solchen Reise, in Etappen, die immer auch Fragen umfassen, werden wir Männer und Frauen zu authentischen Menschen, nach dem Abbild jener Gestalt eines authentischen Menschen, der uns an sich zieht, nach dem Abbild von Jesus Christus. Diese geheimnisvolle und faszinierende Reise wünsche ich jedem Mann und jeder Frau auf der Erde.

»Jesus ist das endgültige
Geschenk Gottes
an die Menschheit und
die Fülle der Offenbarung
des Geheimnisses.
Er ist in seinem Sein
ganz Gott und ganz Mensch.
Sein Leben gehört Gott an
und durchläuft zugleich
Zeiten und geschichtliche
Momente, die wirklich
menschlich sind.«

Carlo Maria Martini,
»Mein spirituelles Wörterbuch«

DAS BILD JESU IN DER GESCHICHTE DES GLAUBENS

JESUS VON NAZARET – EINE GESCHICHTE DER FREIHEIT

War Jesus ein freier Mensch? Oder war in seinem Leben – kraft seiner besonderen Voraussetzungen, die der Glaube als Geheimnis bekennt – alles vorherbestimmt, und war sein Leben lediglich die treue Ausführung eines ewigen göttlichen Beschlusses? Und falls dies zutreffen würde, können wir dann bei Jesus überhaupt von einem menschlichen Lebensgeschick reden? Können wir jemanden als Menschen bezeichnen, wenn er nicht, bis in seinen tiefsten Grund, die Gefährdung der Freiheit kennt, wenn es für ihn – immer im Rahmen der konkreten Bedingungen seines Lebens und der Entscheidungen, an denen auch andere beteiligt sind – nicht die Momente der Entscheidung gibt, das Leben zu wählen oder es zu erleiden, es zu gestalten oder sich von ihm gestalten zu lassen?

Diese Fragen sind sehr wichtig, wenn wir uns von dem Propheten aus Galiläa ein Bild machen wollen. Die Kirche hat sich diesen Fragen gestellt und sie auf entscheidende Art beantwortet: Im Jahre 681 hat sie beim dritten Konzil von Konstantinopel den »Monotheletismus« verurteilt, eine Lehre, die davon ausging, daß es in Jesus Christus nur einen Willen gab. Mit dieser Antwort hat die Kirche deutlich gemacht, daß Jesus über den Willen und die Freiheit eines Menschen verfügte, mit andern Worten: daß Jesus ein freier Mensch war.

Dem Bild entsprechend, das sich die Kirche von diesem Mann aus Nazaret macht, hat er seine Zukunft in aller Freiheit gewählt, hat also die Gefährdung der Freiheit kennengelernt, und zwar in der ganzen Belastung, die sie für einen Menschen bedeutet. Schwang in dieser Gefährdung auch die Möglichkeit mit, daß es zu einem Konflikt kommen könnte zwischen dem besonderen Bezug, den Jesus zum göttlichen Vater hatte, und seiner Situation als Mensch unter Menschen? Mit anderen Worten: Hätte der Prophet aus Galiläa sich dem göttlichen Plan verschließen können, um einem eigenen Plan nachzugehen, d.h. zu sündigen?

Diese Fragen können wir, abgestützt auf den Glauben der ersten Christen, rasch beantworten: »Er tat keine Sünde« (1 Petr 2, 22); er wurde »in jeder Beziehung gleichermaßen versucht wie wir, die Sünde ausgenommen« (Hebr 4, 15). Auf diese Art und Weise hat er das für unsere Geschichte bestimmende Gesetz der Sünde durchbrochen und hat in ihr den Anfang einer neuen Geschichte gesetzt, der Geschichte Gottes.

Die Tatsache, daß Jesus die Sünde nicht kannte, bedeutet nicht, daß er als Mensch nicht auch die Gefährdung und das Mühsame der Freiheit erlebte. Er war nicht weniger als wir der Mühsal des Lebens ausgesetzt, d.h. dem Gewicht jener grundlegenden Entscheidungen, die wir als fordernd und schwierig erfahren. Das Fehlen der Sünde meint nicht eine abstrakte Sündenlosigkeit, die Unfähigkeit, Böses zu tun. Es hat sich vielmehr aus seinem ganzen Leben ergeben. Mit anderen Worten: Der Sohn, der in der Gestalt des sündigen Fleisches gesandt wurde, damit er die Sünde im Fleische verurteilte (vgl. Röm 8, 3), entschied sich in den Versuchungen und Prüfungen seines Fleisches, das dem Fleisch der Sünde

Oben: Albrecht Dürer, »Christus in der Rast«. Titelbild der »Kleinen Holzschnittpassion«, erschienen 1511.

Rechte Seite: »Und das Wort ist Fleisch geworden« (Joh 1, 14) in Gestalt des Kindes in der Krippe. Es kommt in die Welt, die von Allegorien des Meeres und der Erde (mit Adam und Eva und der Schlange der Versuchung) verkörpert wird. Ausgangspunkt des Lichtes, das »in der Finsternis leuchtet« (Joh 1, 5), ist die Maiestas Domini, die Herrlichkeit des Herrn. Die Bildseite zum Johannes-Prolog findet sich im Evangeliar des Bischofs Bernward von Hildesheim (reg. 993–1022). Hildesheim, Dombibliothek, Hs. 18, fol. 174r.

VITA

Giovanni Bellini, »Jesus am Ölberg«, um 1460. Links unten gruppieren sich die drei schlafenden Jünger Johannes, Petrus und Jakobus d. Ä., denen Jesus aufgetragen hat: »Betet darum, daß ihr nicht in Versuchung geratet« (Lk 22,40). Von hier aus steigt eine Diagonale auf zu Jesus und weiter zur Lichtgestalt eines Engels mit dem Kelch des Leidens, aber auch der Stärkung. Vor dem Hintergrund der weiträumigen Landschaft erhebt sich, einem monumentalen Betstuhl vergleichbar, ein Felsen, auf dem Jesus im Gebet kniet. Die Stadt auf dem Hügel rechts oben meint Jerusalem. Hier sind die im Mittelgrund erkennbaren, von Judas angeführten Häscher aufgebrochen, um Jesus gefangenzunehmen. Ihr Weg wird sie links an einem Baum vorbeiführen, der die Assoziation eines Kreuzes weckt. London, National Gallery.

gleich war, für den Weg der bedingungslosen Treue gegenüber dem Vater, der ihn gesandt hatte.

Wir können also bei Jesus von einer Geschichte der Freiheit sprechen, von seinem Weg durch die Entscheidungen auf dem schmalen Pfad des Gehorsams gegenüber Gott. Wie sollen wir uns diesen Weg vorstellen?

Wenn wir diese Frage beantworten wollen, müssen wir uns die Geschichte Jesu als eine Geschichte der Freiheit vor Augen führen, als eine Geschichte, in der sich immer wieder die Grundausrichtung manifestiert, die sich in der Tiefe des Bewußtsein abgespielt und in radikaler Art und Weise alle Entscheidungen seines Lebens bestimmt hat. Diese Grundausrichtung – sie entspricht dem, was als »Grundoption« bezeichnet worden ist – verleiht den einzelnen unterschiedlichen Stellungnahmen Sinn und Einheit. In ihr kommt das »Herz« des Mannes aus Nazaret zum Ausdruck. Sie macht seine Sendung aus. Worin bestand nun diese Grundausrichtung? Wie hat Jesus diese Grundoption gelebt? Zwei Episoden – sie stehen am Anfang und am Ende seines öffentlichen Lebens – zeigen Jesus, wie er seinem Leben beziehungsweise seinem Sterben gegenüber um die richtige Haltung ringt. Sie gestatten uns, nachzuvollziehen, worin seine »Grundoption« bestand. Es handelt sich um die *Versuchung in der Wüste* und um die *Todesangst im Garten Getsemani* bzw. *am Ölberg.* Beiden Episoden muß ein historischer Kern zugrunde liegen, denn es ist sehr unwahrscheinlich, daß die Urgemeinde der Christen Szenen erfand, die auf den ersten Blick doch dem widersprachen, was an Ostern als die Herrlichkeit des Auferstandenen verkündet wurde.

Jesus in der Versuchung

Die Versuchung wurde in der christlichen Tradition meistens in die Richtung eines vorbildhaften, pädagogischen Geschehens gedeutet: Der Sohn Gottes habe den Menschen ein Beispiel geben wollen, wie man eine Prüfung bestehen könne; er selbst sei davon nicht betroffen gewesen. Mit einem solchen Verständnis wollte man vermeiden, daß die Vollkommenheit Jesu irgendwie herabgemindert wurde. Dem ist entgegenzuhalten, daß, wer einzig diesen pädagogischen Aspekt hervorhebt, der Versuchung Christi jede Ernsthaftigkeit nimmt: Jesus spielte dann lediglich eine Rolle, wenn auch für einen guten Zweck, nämlich uns zu unterweisen. Es geht nicht darum, dieser Episode den pädagogischen Wert streitig zu machen, doch er besteht nur dann, wenn die Versuchung eine reale Versuchung war. Verschiedene Aussagen des Neuen Testaments scheinen diese Wahrheit zu bezeugen, daß Jesus Versuchungen ausgesetzt war: Jesus selber spricht von seinen »Prüfungen« (Lk 22, 28: der griechische Ausdruck *peirasmós* meint Versuchungen). »Weil er selbst gelitten hat und dadurch versucht worden ist, vermag er denen zu helfen, die versucht werden« (Hebr 2, 18). »Er hat in den Tagen seines Fleisches Bitten und Flehrufe mit lautem Geschrei und unter Tränen an den gerichtet, der ihn vom Tode erretten konnte, und er ist erhört worden um seiner Frömmigkeit willen. So hat er, obwohl er Sohn war, an dem, was er litt, den Gehorsam gelernt« (Hebr 5,7f.).

Während die Episode im Markusevangelium (1, 12f.) trocken und nüchtern erzählt wird, spricht die redaktionell ausgeweitete Darstellung im Matthäus- (Mt 4, 1–11) und im Lukasevangelium (Lk 4, 1–13) von drei Versuchungen, die die Versuchungen Israels auf ihrem Zug durch die Wüste wieder aufnehmen. Diese redaktionelle Verarbeitung beweist, daß die Urgemeinde in dieser Episode eine bewußt vollzogene Entscheidung gesehen hat, einen wichtigen Wendepunkt, der die Heilsgeschichte zu ihrer Vollendung führt: Nun ist die Fülle der Zeiten. Wie Israel wirklich Prüfungen ausgesetzt war, so wird auch Jesus wirklich versucht. Die Umgebung ist dieselbe: die Wüste mit ihrer erschreckenden Einsamkeit vor Gott. Auch die Zeitangabe hat ihre theologische Bedeutung: vierzig Tage; die vierzig Tage verweisen auf die vierzig Jahre des Exodus und auf die Zeit, die Mose auf dem Berg verbracht hat (vgl. Ex 24, 18; 34, 28). Es handelt sich um drei Versuchungen, und sie entsprechen den Versuchungen des auserwählten Volkes. Der Mann aus Nazaret macht in der Wüste noch einmal die Versuchungen Israels durch. Doch während das Volk versagt hat, bleibt Jesus Sieger.

Der Vergleich zwischen der ausgearbeiteten Darstellung im Matthäus- und Lukasevangelium und der einfachen Notiz im Markusevangelium legt die Vermutung nahe, daß es sich im Grunde nur um eine einzige Versuchung gehandelt hat. Wir können dabei an innere Vorgänge denken, wie sie dem ersten Adam zum Verhängnis wurden: nämlich sich selbst und der Kraft dieser Welt zu vertrauen – statt Gott und seiner offensichtlichen Schwäche zu vertrauen. Es handelt sich um die radikale Entschei-

»Jesus kniete nieder und
betete: Vater, wenn du willst,
nimm diesen Kelch von mir!
Aber nicht mein, sondern
dein Wille soll geschehen.
Da erschien ihm ein Engel vom
Himmel und gab ihm (neue) Kraft.
Und er betete noch inständiger,
und sein Schweiß war wie Blut,
das zur Erde tropfte.
Nach dem Gebet stand er auf,
ging zu den Jüngern zurück
und fand sie schlafend;
denn sie waren
vor Kummer erschöpft.«

Lukas 22, 41–45

»Jesus am Ölberg«. Der Holzschnitt aus dem 14. Jahrhundert läßt den Jünger links unten, den ein Schwert als Petrus kennzeichnet, Jesus aus dem Augenwinkel beobachten. Insofern trifft ihn nicht der Vorwurf, er lasse Jesus in seiner Not allein.

»Wenn die Welt neu geschaffen wird und der Menschensohn sich auf den Thron der Herrlichkeit setzt, werdet ihr, die ihr mir nachgefolgt seid, auf zwölf Thronen sitzen und die zwölf Stämme Israels richten.

Und jeder, der um meines Namens willen Häuser oder Brüder, Schwestern, Vater, Mutter, Kinder oder Äcker verlassen hat, wird dafür das Hundertfache erhalten und das ewige Leben gewinnen. Viele aber, die jetzt die Ersten sind, werden dann die Letzten sein, und die Letzten werden die Ersten sein.«

MATTHÄUS 19, 28–30

Oben: Das Antlitz Jesu. Detail der sog. Kleinen Deesis (Jesus mit Maria als Fürbitterin), um 1320. Mosaik der inneren Vorhalle (Esonarthex) der Kirche des Choraklosters in Istanbul.

dung zwischen »der Liebe zu sich selber bis hin zur Gottvergessenheit und der Liebe zu Gott bis hin zur Selbstvergessenheit« (Augustinus). Jesus nimmt wahr, wie sehr und mit welcher machtvollen Schärfe ihn die Versuchung in die Gegenrichtung zieht. Er steht auf der Schwelle: Auf der einen Seite erlebt er die Faszination des politisch und irdisch ausgerichteten Messianismus seiner Zeit; mitten unter seinen Leuten atmet er ihn gleichsam ein, indem er ihren Schmerz über die Unterdrückung teilt. Auf der anderen Seite bietet sich ihm der Messianismus aus prophetischem Gehorsam an. Im inneren Austausch mit seinem Vater hat er ihn kennengelernt, vor allem in der Auseinandersetzung mit jenen Stellen der Heiligen Schriften, die sich auf den leidenden Gottesknecht und auf die Propheten beziehen.

Die drei Versuchungen können wie Ausfaltungen der einen messianischen Versuchung gelesen werden; sie antworten auf die messianischen Modelle, die es in der Umwelt Jesu gab: auf den Messias der zeitlichen Güter, den die Armen in ihrem Hunger nach Gerechtigkeit erwarteten, auf den apokalyptischen Messias, mit dem die prophetischen Bußbewegungen der Zeit rechneten, und auf den politischen Messias, auf den sich die im eigentlichen Sinn revolutionären Gruppen bezogen. Zu diesen Vorstellungen seiner Zeit sagt der Mann aus Nazaret ein klares Nein: Er sucht nicht ein billiges Einverständnis, er will die Erwartungen der Menschen nicht befriedigen, sondern verändern. Jesus entscheidet sich für den Vater. In einem Akt souveräner Freiheit gibt er dem Gehorsam Gott gegenüber und dem Verzicht auf eigene Pläne den Vorrang. Er überläßt sich nicht dem vordergründig Einleuchtenden, der Anziehungskraft der schnellen Lösung: Mit einer unerschütterlichen Gewißheit glaubt er an den Vater und versucht den Plan zu erfüllen, auch wenn dieser ihm dunkel und schmerzvoll erscheint. In der Stunde der radikalen Versuchung zeigt sich Jesus als freier Mensch, frei für den Vater und frei für die andern, frei im Sinne der Liebe: In ihm erreicht der prophetische Gehorsam seinen Höhepunkt. Jesus ist der gehorchende Prophet.

Jesus in der Einsamkeit der Todesangst

»Der Teufel«, schreibt Lukas (4, 12), »ließ von ihm ab bis zu seiner Zeit«: ein klarer Hinweis darauf, daß die Versuchung im Leben Jesu immer wiederkommt. Die Hingabe an den Vater erfüllt sich in einer ständig erneuten Hingabe; der Mann aus Nazaret vollzieht sie in den Taten und Tagen seines ganzen Lebens, bis hin zur wichtigsten Stunde in Jerusalem. Jesus befindet sich am Ende seines Weges im Garten Getsemani; in diesem Augenblick offenbart sich ihm seine in Liebe getroffene Entscheidung in ihrer letzten Konsequenz. Er erfährt – und schwitzt dabei Blut (Lk 22, 44) – die Versuchung der ganz anderen Möglichkeit. Die Evangelisten sprechen von seinem Verzagen, seiner Trauer und seiner Angst (Mk 14, 33). Er erlebt, wie sehr er die Nähe seiner Freunde braucht: »Bleibet hier und wachet mit mir« (Mt 26, 38). Doch er wird alleingelassen, erschreckend allein vor dem, was auf ihn zukommt – wie dies zu den grundsätz-

lichen Entscheidungen gehört: »So konntet ihr nicht eine Stunde mit mir wachen!« (Mt 26, 40).

Noch einmal steht er in schmerzvoller Art vor der radikalen Alternative: Er kann das eigene Leben retten oder es verlieren, er kann wählen zwischen dem eigenen Willen und dem Willen des Vaters. In dem Augenblick, da er in seiner ganzen Freiheit sein Ja bestätigt, klammert er sich voll und ganz an den Vater und redet ihn voll Vertrauen und Zärtlichkeit an: »Abba, Vater, alles ist dir möglich. Laß diesen Kelch an mir vorübergehen. Doch nicht was ich will, sondern was du willst« (Mk 14, 36).

Es ist kein Zufall, daß nur an dieser einen Stelle in den Evangelien »Abba«, die vertrauliche Anrede des göttlichen Vaters in aramäischer Sprache, festgehalten worden ist. Das Ja, das Jesus gesprochen hat, kommt aus der bedingungslosen Liebe: Seine Freiheit ist die Freiheit der Liebe. In dieser wichtigsten Stunde entscheidet er sich noch einmal für die Selbsthingabe. Mit einem unbeschränkten Vertrauen gibt er sich in die Hände seines Vaters. Er lebt seine Freiheit als Befreiung: Frei von sich

Kuppelmosaik der inneren Vorhalle (Esonarthex) der Kirche des Choraklosters in Istanbul, um 1320. Die ringförmig angeordnete Bilderzählung beginnt rechts mit der Begegnung zwischen Johannes dem Täufer und Jesus. Nach links schließen sich entgegen dem Uhrzeigersinn vier Versuchungsszenen an: von der Aufforderung des Teufels, Steine in Brot zu verwandeln, bis zur Szene auf dem Dach des Tempels (vgl. die folgende Seite).

Ausschnitt aus dem auf der vorhergehenden Seite wiedergegebenen Kuppelmosaik mit zwei Versuchungsszenen: Der Teufel führt Jesus auf einen hohen Berg, um ihm die Weltherrschaft anzubieten (Lk 4, 5–8), und auf das Dach des Tempels: »Wenn du Gottes Sohn bist, so stürz dich von hier hinab; denn es heißt in der Schrift: Seinen Engeln befiehlt er, dich zu behüten« (Lk 4, 9f.). Die Diabolik des Teufels wird nicht nur durch die dunkle Farbe gekennzeichnet, sondern auch durch sein zweidimensionales Erscheinungsbild. Jesus dagegen wirkt dreidimensional. Hinzu kommen als Erkennungszeichen sein Kreuznimbus und das zweiteilige Monogramm »IC« (Jesus) und »XC« (Christus). Den Tempel symbolisiert rechts ein Ziboriumaltar.

selber ist er frei für den Vater und die andern. Es ist die Freiheit dessen, der sein Leben rettet, indem er es verliert (vgl. Mk 8, 35), die Kraft, aus Liebe alles zu wagen, der Mut, alles zu geben.

In diesen Ereignissen des Lebens Jesu zeichnet sich seine »Grundoption« ab, die Grundentscheidung, auf die er alles gesetzt hat. Der Autor des Hebräerbriefes hat diese Grundoption mit den Worten des Psalms 40, 9 zum Ausdruck gebracht: »Siehe, ich komme [...] deinen Willen zu tun, o Gott« (Hebr 10,7.9). Und das Johannesevangelium läßt Christus sprechen: »Meine Speise ist es, den Willen dessen zu tun, der mich gesandt hat, und sein Werk zu Ende zu führen« (Joh 4, 34; vgl. Joh 8, 29; 15, 10). Auf dem tiefsten Boden der Freiheit handelt Jesus wie ein Mensch, der aus Liebe ganz und gar frei ist, ganz ausgerichtet auf den Vater und die andern. Er belegt, daß derjenige die größte Freiheit besitzt, der sich auf Grund einer umfassenden Liebe auch von der eigenen Freiheit befreit hat. Frei von sich selber, lebt er für den Vater und die andern: Das ist seine fundamentale Option, und sie macht ihn wirklich zum freien Menschen.

JESUS – DAS EVANGELIUM DES LEIDENS

Jesus – der Mensch angesichts des Leidens

Jesus hat seine Liebesantwort auf seine Berufung bis zur Erfüllung gelebt – welchen Preis hat er dafür bezahlt, welche menschlichen Schmerzen hat er durchgestanden? Gab es im Leben Jesu das Dunkel der Zukunft, den Schmerz über all das Negative, das das Leben sinnlos zu machen droht? Oder kannte der Mann aus Nazaret, dank seiner »göttlichen Natur«, die Mühsal des Lebens gar nicht, diese bedrückende Fremdheit der Dinge und Menschen, das innere Sich-Aufbäumen gegen die Finsternis und das Leiden? In Wirklichkeit ist das Leben Jesu ganz auf das Kreuz ausgerichtet: Die Evangelien sind letztlich nichts anderes als »Passionsberichte mit einer ausführlichen Einleitung« (Martin Kähler). Der ganze Lebensverlauf des Mannes aus Nazaret steht unter dem gewichtigen und schmerzvollen Zeichen der letzten Hingabe: »Christi ganzes Leben war Kreuz und Leiden« (»Nachfolge Christi«, II, 12). Seit es die christliche Verkündigung überhaupt gibt, ist der Bericht über die Geschichte Gottes unter den Menschen unlösbar mit »jener Geschichte oder jener Leidensgeschichte« verbunden, »die eben die Geschichte seines Lebens ist« (Søren Kierkegaard): das Evangelium seines Leidens. Ohne das Kreuz bleiben das Leben und der Auftrag Jesu unverständlich, wie im übrigen auch das Kreuz ohne den Weg zu ihm hin unverständlich bleibt.

Aus diesen Gründen hat die Urgemeinde im Mann aus Nazaret den Schmerzensmann, von dem der Prophet (vgl. Jes 53, 3) spricht, wiedererkannt: »Wie ein Schaf sich zur Schlachtbank führen läßt und wie ein Lamm vor dem, der es schert, keinen Laut von sich gibt, so tut er seinen Mund nicht auf. In der Erniedrigung wurde das Gericht über ihn aufgehoben« (Apg 8, 32 f.). Jesus von Nazaret ist der leidende Gottesknecht, der Gerechte, der aus reiner Liebe unter dem Gewicht der Ungerechtigkeit der Welt leidet, der gute Hirt, der im Gegensatz zum »bezahlten Knecht« sein Leben für seine Schafe hingibt (Joh 10, 11).

Jesus hat auch die bittere und nur schwer nachvollziehbare Bedrohung des Todes erfahren. Die Geschichte seines Glaubens und seiner Hoffnung, seine Art zu beten und sein Weg mit den vielen Anfragen an seine Freiheit bezeugen es. In der Tiefe seines Geistes sind Dunkelheit und Versuchung auf die bedingungslose Hingabe an den Vater gestoßen; diese ist dadurch besiegelt worden, bis hin zu jenem Ja, das zu seinem Tod geführt hat. Diese innere Hoffnung trotz der Bedrängnis, dieser Wille, aus der Kraft einer immer größeren Liebe und vertrauenden Hoffnung zu leben, öffnet Jesus für das volle Verständnis des menschlichen Leidens. Sein Mitleid mit den Menschen (vgl. zum Beispiel Mk 9, 36; Mt 15, 32), die Tatsache, daß er durch die Situation der Unglücklichen und Leidenden berührt wird (vgl. Mk 1, 41; Mt 20, 34; Lk 7, 13 usw.), verraten eine Sensibilität für den Schmerz der anderen, wie sie nur jemand haben kann, der selber die Erfahrung des Schmerzes gemacht hat. Der Leidende, der Verständnis und Liebe entgegenbringt, schenkt denjenigen, die vom Lei-

»Geht und berichtet Johannes,
was ihr hört und seht: Blinde
sehen wieder, und Lahme gehen;
Aussätzige werden rein, und

Taube hören; Tote stehen auf,
und den Armen wird das
Evangelium verkündet.
Selig ist, wer an mir
keinen Anstoß nimmt.«

MATTHÄUS 11, 4–6

Oben: Jesus heilt einen Blinden und Tauben, dessen Gehörlosigkeit die zum Ohr weisende Geste zu erkennen gibt. Mosaik, um 1320, der inneren Vorhalle (Esonarthex) der Kirche des Choraklosters in Istanbul.

Unten: Zeitgenössische Darstellung der Geburt Jesu und der Verkündigung an die Hirten auf dem Feld bei Betlehem des japanischen Künstlers Tadao Tanaka.

Oben: Der Einzug Jesu in Jerusalem aus der Sicht der »Naiven Malerei«. Der Künstler Tivadar Kossuth, geboren 1947, stammt aus der Wojwodina und lebt heute in Ungarn.

den erdrückt werden, Linderung und Kraft: »Kommt zu mir alle, die ihr mühselig und beladen seid: Ich will euch erquicken. Nehmt mein Joch auf euch und lernt von mir, denn ich bin sanftmütig und demütig von Herzen, und ihr werdet Ruhe finden für eure Seelen. Denn mein Joch ist sanft und meine Last ist leicht« (Mt 11, 28–30). Jesus ist der himmlische Arzt, der kommt, um die Schwachen und Kranken zu heilen, alle, die sich nach dem ewigen Heil sehnen.

Jesus – der Mensch angesichts der Lieblosigkeit

Neben dieser inneren Sehnsucht, die sich der Begrenzung entgegenstellt, und neben diesem Mitleid, das ihn beim Anblick leidender Menschen packt, gibt es für Jesus noch eine weitere sehr schmerzhafte Erfahrung – sie wird ihm von anderen Menschen zugefügt: Die Angehörigen halten ihn für überspannt (»Er ist von Sinnen«, Mk 3, 21), die Schriftgelehrten beschuldigen ihn, besessen zu sein (vgl. Mk 3, 22 und Parr.), und die Mächtigen beschreiben ihn als Verführer (vgl. Mt 27, 63). Jesus muß das ganze Gewicht der Feindschaft ertragen, die sich gegen ihn zusammenballt. Was ihn betrübt, sind nicht die Anschuldigungen, sondern die Härte der Herzen, aus denen sie stammen (vgl. Mk 3, 5). Seine Gegner greifen ihn immer wieder und auf alle möglichen Arten an. Sie werfen ihm das Verhalten seiner Jünger vor, die nicht fasten (vgl. Mk 2, 18) oder sich nicht ans Gesetz halten (vgl. Mk 2, 24; 7, 5, usw.). Sie bringen ihn vor dem Volk in Mißkredit, indem sie Lügen in Umlauf setzen (vgl. Mk 3, 22) und Leute, die sich zu ihm bekennen, aus der Synagoge ausschließen (Joh 9, 22; 12, 42). Sie versuchen ihm Fallen zu stellen, indem sie ihn in Streitfragen der Lehre verwickeln (vgl. Mk 10, 2; 12, 18–23) oder ihm Fragen vorlegen, die ihn kompromittieren (vgl. Mk 12, 13–17). Verschiedene Male will man ihn verhaften (vgl. Mk 12, 12; Joh 7, 30.32.44; 10, 39) oder sogar umbringen (vgl. Lk 4, 29; Joh 8, 59; 10, 31). Sehr sorgfältig wird die Intrige gesponnen, die schließlich zu seinem Tod am Kreuz führt (vgl. Mk 3, 6; 14, 1–2.55–59).

Weshalb dies alles? Die Gründe dieser Feindseligkeiten Jesus gegenüber sind einsichtig: Sein unerhörter Anspruch irritiert die einflußreichen Gruppen (vgl. Mk 6, 2–3; 11, 27–28; Joh 7, 15, usw.) und seine Beliebtheit erschreckt sie (vgl. Mk 11, 18; Joh 11, 48). Mit seinem Wort und mit seinem ganzen Leben stellt Jesus ihre Sicherheit in Frage. Und mit seinem Erfolg bei den Leuten droht er das Fundament der unstabilen Ordnung zu erschüttern, denn sie beruht lediglich auf dem Übereinkommen zwischen der römischen Besatzungsmacht und den wohlhabenden Klassen des Landes.

Jesus ist so frei, daß er sich nicht durch die Angst bestimmen läßt. Er geht seinen Weg weiter, er bleibt dem grundsätzlichen Ja, das er dem Vater gegeben hat, treu. Er läßt sich zwar warnen und bringt sich in Sicherheit, wenn sie ihn steinigen oder festnehmen wollen (vgl. Lk 4, 30; Joh 8, 59; 10, 39), er geht Auseinandersetzungen bewußt aus dem Weg (vgl. Mk 7, 24; 8, 13, usw.). Aber mitten in diesen Angriffen steht er auch zu seiner

Entscheidung, was zu einer Wende in seinem Verhalten führt: Er bricht zur entscheidenden Wanderung nach Jerusalem auf, zur Erfüllung seiner Berufung. Die »Stadt des großen Königs« (Mt 5, 35) ist der Ort, an dem das Schicksal Israels und das Schicksal seiner Propheten in Erfüllung gehen (vgl. Lk 13, 33). Jesus sieht voraus, was ihn in Jerusalem erwartet. Er betrachtet es als das Ergebnis seiner Lebensentscheidung und seiner Botschaft (vgl. Mk 8, 31; 9, 31; 10, 33 f.): Die Ablehnung, die er in Galiläa erfahren hat und die stärker wiegt als die oberflächliche Begeisterung der Menge, hat ihm klar gezeigt, daß er den Schicksalskelch des Gerechten bis zur Neige leeren und so die Hingabe des Menschensohnes erfüllen muß. In diesem Sinn führt ihn die »Krise«, die den sogenannten galiläischen Frühling durchzieht, nach Jerusalem: Sie besteht in der schmerzhaften Erfahrung der Begrenzung, öffnet sich aber auf eine noch deutlichere Hingabe an den Vater und auf das Vertrauen in den endgültigen Sieg der Gerechtigkeit und der Liebe. Diese Option eines umfassenden Gehorsams ist stärker als jede Niederlage: Sie gibt ihm Kraft auf dem Weg zum Kreuzestod.

Mit dem Gang nach Jerusalem betreten wir die Leidensgeschichte. Jesus bricht »entschlossen« (Lk 9, 51) auf, er geht seinen Jüngern voran, sie folgen ihm voller Furcht (vgl. Mk 10, 32). In der Davidsstadt erreicht die Auseinandersetzung rasch ihren Höhepunkt. Hier spielen der Hohe Rat und die Repräsentanten des Adels und der Priesterschaft, aus denen der Hohe Rat besteht, aus nächster Nähe mit. Der Mann aus Nazaret ist sich der Bedrohung bewußt, die sich rund um ihn zusammenzieht, er geht sie mit kraftvollem Mut an, betrachtet den Tod, den er ungerechterweise erleiden muß, als bewußt vollzogene Hingabe, die er im Gehorsam dem Vater gegenüber vollzieht – eine Hingabe, aus der wiederum Leben werden kann. Die Berichte über das letzte Mahl bezeugen diese seine Haltung: Der Gottesknecht übergibt den Seinen das Erinnerungszeichen des neuen Bundes in seinem Blut.

In dieses Bild der frei akzeptierten Leiden gehört auch der Prozeß gegen Jesus: Es ist die Stunde der Gegner, »die Macht der Finsternis« (Lk 22, 53). Aus welchen Gründen ist Jesus verurteilt worden? Nach der Meinung des Hohen Rates hat er Gott gelästert (vgl. Mk 14, 53–65 und Parr.): Wegen seines Anspruchs und seiner Aktionen (vor allem wegen der »skandalösen« Reinigung des Tempels, vgl. Mk 11, 15–18 und Parr.) hat er gemäß dem Gesetz den Tod verdient (vgl. Dtn 17, 12). Jesus hat allerdings nicht die Todesstrafe erlitten, die für die Gotteslästerer vorgesehen war, nämlich die Steinigung (vgl. Lev 24, 14), sondern er ist von den Römern gerichtet worden. Er mußte die Strafe erleiden, die für flüchtige Sklaven und Rebellen gegen das Römische Reich vorgesehen war, eine sehr schmachvolle Strafe, die Kreuzigung. Die Verurteilung Jesu Christi war letztlich eine politische, wie es auch der *titulus crucis* bestätigt, diese Tafel, die auf dem Schandpfahl angebracht wurde und die Verurteilung begründete: »Jesus der Nazaräer, der König der Juden« (Joh 19, 19). Sein Tod kann als Justizmord mit politisch-religiösem Hintergrund bezeichnet werden.

Unten: Ernst Barlach, »Jesus am Ölberg«, Holzschnitt, 1919. Hinter der im Gebet ringenden Gestalt Jesu sind die schlafenden Jünger winzige Nebenfiguren.

Oben: Karl Schmidt-Rottluff, »Der Gang nach Emmaus«, Holzschnitt, 1918. Der Auferstandene begleitet unerkannt zwei über den Tod ihres Herrn Jesus Christus trauernde Jünger auf dem Weg von Jerusalem nach Emmaus (Lk 24, 13–35). Die Grafik des ehemaligen Mitglieds der Künstlervereinigung »Brücke« ist eines der neun Blätter, die unter dem Titel »Kristus« als Mappe im Kurt Wolff Verlag in München erschienen sind.

SPINIS CONTEXTAM PONVNT TIBI XPE CORONĀ · CONPVLSVS VALDE FIT LIGNI PORTITOR ISTE
SYMON
MVNDI SALVATOR MORITVR HIC VT MALEFACTOR · QVI SOLVS IVSTVS EST CV̄ REPBIS CRVCIFIXVS
SOL
LVNA
IHC NAZARENV REX IVDAEOR
GRANVM DEPOSITV̄ DE LIGNO MORTIFICATVM · OBSEQVIIS HORV̄ SEPELITVR FRVCTIFICANDV̄
NICHODEMVS
IOSEPH
NICHODEMVS

»Kennst du denn die Kraft
und den Segen des Kreuzes nicht?«

Johannes Chrysostomus

Der Karfreitag (vielleicht der 7. April im Jahre 30) ist für das jüdische Gesetz der Tag, an dem der Gotteslästerer stirbt, für die politische Macht der Tag, an dem der Aufwiegler stirbt. Doch die Christengemeinde, die nun entsteht und die durch die Ostererfahrung geprägt ist, erkennt in diesem Menschen, der verlassen am Kreuz stirbt, den Heiland der Welt, den Erlöser der Menschen. Aus diesem Grund spricht sie davon, daß hier dreimal jemand auf geheimnisvolle Art ausgeliefert worden ist.

Unten: Thronbild Jesu Christi mit Kreuznimbus, Segensgruß und Evangelienbuch. Sinai, Katharinenkloster.

Die dreifache Auslieferung

Die erste Auslieferung in diesem Sinn kam von seiten des Sohnes selber: »Soweit ich jetzt noch im Fleische lebe, lebe ich im Glauben an den Sohn Gottes, der mich geliebt und sich selbst für mich ausgeliefert hat« (Gal 2, 20). In dieser Formulierung klingt das Zeugnis der Evangelien auf: »Vater, in deine Hände empfehle ich meinen Geist!« (Lk 23, 46). Der Sohn liefert sich Gott Vater aus, und zwar aus Liebe zu uns und an unserer Stelle; diese Übergabe hat den ganzen Wert des schmerzvollen Geschenks. Der Gekreuzigte nimmt die Last des Schmerzes und der Sünde der Welt auf sich, er erleidet die Gottferne, um die Gottferne der Sünder in der Versöhnungsgabe von Ostern aufzuheben: »Christus hat uns von dem Fluche des Gesetzes losgekauft, indem er für uns zum Fluche ward« (Gal 3, 13). Der Todesschrei Jesu ist nichts anderes als das Zeichen für den Abgrund der Gottferne, den der Sohn in sich aufgenommen hat, um in das tiefste Leiden der Menschen vorzudringen und es mit Gott zu versöhnen: »Mein Gott, mein Gott, warum hast du mich verlassen?« (Mk 15, 34).

Der Auslieferung des Sohnes entspricht die Auslieferung des Vaters. Sie kommt bereits sprachlich zum Ausdruck, und zwar im sogenannten »göttlichen Passiv«: »Der Menschensohn wird in die Hände der Menschen überliefert, und sie werden ihn töten« (Mk 9, 31 und Parr.; vgl. Mk 10, 33.45 und Parr.; Mk 14, 41 f.; Mt 26, 45b–46). Nicht die Menschen, in deren Hände er ausgeliefert wird, sind es, die ihn ausliefern, auch nicht er selber ist es, der sich ausliefert, denn das Verb steht im Passiv. Wer ihn ausliefert, das ist Gott, sein Vater: »Denn so sehr hat Gott die Welt geliebt, daß er seinen eingeborenen Sohn dahingegeben hat, damit jeder, der an ihn glaubt, nicht verlorengehe, sondern ewiges Leben habe« (Joh 3, 16). »Er, der des eigenen Sohnes nicht geschont, sondern ihn für uns alle dahingegeben hat, wie sollte er uns nicht mit ihm alles schenken?« (Röm 8, 32). Indem der Vater seinen eigenen Sohn für uns hingibt, offenbart sich die Tiefe seiner Liebe zu uns Menschen: »Darin besteht die Liebe, nicht daß wir Gott geliebt haben, sondern daß er uns geliebt und seinen Sohn als Sühne für unsere Sünden gesandt hat« (1 Joh 4, 10; vgl. Röm 5, 6–11). In der Stunde des Kreuzes macht auch der Vater Geschichte: Er opfert seinen eigenen Sohn und befindet so über die Schwere der Sünde der Welt, belegt uns gegenüber aber zugleich die Größe seiner erbarmenden Liebe. Die Hingabe am Kreuz offenbart zugleich den Ursprung des in der Zeit und in der Ewigkeit wohl größten Geschenks: Das Kreuz macht deutlich, daß »Gott (der Vater) Liebe ist« (vgl. 1 Joh 4, 8–16)!

Linke Seite: Bilderzählung der Passionsgeschichte von der Dornenkrönung und der Kreuztragung durch Simon aus Zyrene (Mt 27, 32) über die Kreuzigung bis zur Kreuzabnahme und Grablegung. Goldenes Evangeliar aus Echternach (Codex Aureus Epternacensis), um 1030. Offenkundig tritt der Ausdruck des menschlichen Leidens Jesu Christi hinter der Darstellung der göttlichen Natur zurück. Kennzeichnend hierfür ist die Bekleidung Jesu mit einem herrscherlichen Gewand. Nürnberg, Germanisches Nationalmuseum, Hs. fol. 2° 156 142, fol. 111r.

DAS JESUSBILD VON DER ROMANIK ZUR GOTIK

Der Blick in die Klosterkirche von Maulbronn erfaßt die architektonischen Merkmale der beiden Stilepochen des Mittelalters: Hoch über den romanischen Arkaden aus Pfeilern und Rundbogen spannt sich das gotische Netzgewölbe aus, hinter dem romanischen Lettner ist das lichte gotische Maßwerkfenster des östlichen Chorabschlusses erkennbar. Über dem Altar erhebt sich ein spätgotisches Kruzifix (1473); eine übergroße Dornenkrone lastet auf dem Schmerzenshaupt. Es ruft unwillentlich die Verse eines lateinischen Passionsliedes aus dem 13. Jahrhundert ins Bewußtsein, das Paul Gerhardt ins Deutsche übertragen hat: »O Haupt voll Blut und Wunden«.

Fast fünf Jahrhunderte liegen zwischen dem Maulbronner Kruzifix und den beiden Kruzifixen aus der Zeit des Übergangs von der Ottonik zur Romanik: dem Kölner Gerokreuz und dem Ringelheimer Kruzifix. Auch diesen beiden Häuptern läßt sich ein Kirchenlied zuordnen, das sich auf den liturgischen Gesang des »Agnus Dei« aus dem 7. Jahrhundert gründet: »O Lamm Gottes, unschuldig am Stamm des Kreuzes geschlachtet, allzeit erfunden geduldig, wiewohl du warest verachtet.«

Oben: Klosterkirche Maulbronn mit Kruzifix auf dem Altar. Rechts das Haupt Jesu.

Unten: Maiestas Domini mit Propheten und Evangelistensymbolen, um 1030. Köln, Diözesanbibliothek, Cod. 1a.

Oben: Haupt Jesu vom Gerokreuz des Kölner Doms, einer Stiftung des Erzbischofs Gero, um 970.

Unten: Ringelheimer Kruzifix, um 1000. Salzgitter-Ringelheim, Pfarrkirche.

Rechts: Kreuzigung (mit Longinus und Stephaton, jeweils außen Maria und Johannes). Ausschnitt aus einem Fenster der Kathedrale von Poitiers, um 1160.

Ein solcher Vergleich verdeutlicht die Gemeinsamkeit in der Betonung des Erduldens, macht aber auch auf die künstlerische Kraft der Gestaltung aufmerksam, die in dem zugleich verhaltenen und eindringlichen Ausdruck des Schmerzes zum Ausdruck kommt.

Ähnliches gilt für die Darstellung der göttlichen Herrlichkeit Jesu in der romanischen Buchmalerei: Die Kölner »Maiestas Domini« im »Evangeliar aus Santa Maria ad Gradus« (links außen) verbindet stilisierte Körperlichkeit mit der Bannkraft der weit geöffneten Augen.

Zwei Werke der romanischen und der frühgotischen Glasmalerei mit demselben Thema geben grundlegende Gemeinsamkeiten und stilgeschichtliche Unterschiede zu erkennen. Die biblische Textgrundlage bildet der Passionsbericht des Johannes: Nur hier werden Maria und der Jünger Johannes als Zeugen der Kreuzigung genannt (Joh 19, 26–27), ebenso die beiden (später so benannten) Kriegsknechte Longinus und Stephaton. Dieser reicht dem Dürstenden einen Essigschwamm (Joh 19, 29; vgl. Ps 22, 16), und Longinus bringt dem Verstorbenen mit der Lanze eine Seitenwunde bei, um den Tod festzustellen (Joh 19, 33–34).

Diese Motive ordnet das romanische Fenster in Poitiers in ein Bildgerüst ein, das vom dominierenden Kreuz rechtwinklig und somit zeichenhaft gegliedert wird. Zeichenhaft bleibt auch die Lanze des Longinus, ohne den Körper Jesu zu verletzen, während sie auf dem frühgotischen Bild in Chartres Jesus die Wunde beibringt. Dieser Unterschied ist zwar ein winziges Detail, das aber in eine neue Richtung weist: Wie die kreuzförmige Gliederung durch die Verbindung von Rundbild und Vierpaß abgelöst wird, so zielen auch Einzelform und Farbgebung auf eine verstärkte Gemütsbewegung, die in den spätgotischen »Expressionismus« mündet.

Die spätgotische Ausdruckskunst, etwa des Maulbronner Kruzifixes (1475) eines oberrheinischen Meisters, steht durch die Betonung der Körperlichkeit in spannungsreicher Beziehung zur italienischen Renaissance. Zum Vermittler zwischen Nord und Süd wurde Albrecht Dürer.

Rechts: Kreuzigung (mit Longinus und Stephaton im mittleren Medaillon, zu beiden Seiten Maria und Johannes). Ausschnitt aus einem Fenster der Kathedrale von Chartres, um 1210.

»Wer nicht liebt, hat Gott nicht
erkannt; denn Gott ist die Liebe.
Die Liebe Gottes wurde
unter uns dadurch offenbart,
daß Gott seinen einzigen Sohn
in die Welt gesandt hat,
damit wir durch ihn leben.
Nicht darin besteht die Liebe,
daß wir Gott geliebt haben,
sondern daß er uns geliebt
und seinen Sohn als Sühne für
unsere Sünden gesandt hat.
Liebe Brüder, wenn Gott uns
so geliebt hat, müssen auch
wir einander lieben.
Niemand hat Gott je geschaut;
wenn wir einander lieben, bleibt
Gott in uns, und seine Liebe
ist in uns vollkommen.
Daran erkennen wir, daß wir
in ihm bleiben und er
in uns bleibt: Er hat uns
von seinem Geist gegeben.«

ERSTER BRIEF DES JOHANNES 4, 8–13

Das Leiden des Vaters – es entspricht dem Leiden des gekreuzigten Sohnes, der Geschenk und Opfergabe zugleich ist, und wird im Leiden Abrahams vorweggenommen, der seinen »einzigen« Sohn hinzuopfern hat (vgl. Gen 22, 12; Joh 3, 16 und 1 Joh 4, 9) – ist letztlich nur ein anderer Ausdruck für seine unbegrenzte Liebe: »Der Vater selber, der Gott des Universums, voller Geduld und Erbarmen, erlebte in gewisser Weise den Schmerz. [...] Auch der Vater selber ist nicht ohne Schmerz!« (Origenes, »Homilien zum Propheten Ezechiel« 6, 6). Diese höchste und schmerzvolle Auslieferung ist, sowohl im Sohn als auch im Vater, das Zeichen für jene höchste Liebe, die die Geschichte verändert: »Eine größere Liebe hat niemand als die, daß er sein Leben für seine Freunde hingibt« (Joh 15, 13). Zum Leiden des Sohnes gibt es also ein Gegenstück, das Leiden des Vaters: Gott leidet am Kreuz als Vater, der das Opfer darbringt, als Sohn, der sich darbringt, und als Geist, der die Liebe ist, die aus der Liebe der beiden Leidenden hervorgeht.

Gott befindet sich nach der Vorstellung der Christen nicht außerhalb des Leidens dieser Welt, gleichsam als jemand, der unbetroffen aus der Höhe seiner unveränderlichen Vollendung zuschaut. Er befaßt sich mit dem Leiden und durchlebt es in der intensivsten Art, nämlich als aktives Leiden in der Form des Geschenks und der Opfergabe, aus der dann das neue Leben der Welt entsteht. Gott ist nicht der verborgene Gegner, gegen den sich der Schrei der Leidenden und Gequälten erhebt. Gott gibt vielmehr dem Leiden der Welt Sinn, weil er es aus Liebe zu uns auf sich genommen und es zum eigenen Leiden gemacht hat.

Das Kreuz hat aber auch mit dem Geist zu tun, auch er wird ausgeliefert in der Erfüllung des Opfers des Sohnes: »Er neigte das Haupt und gab den Geist auf« (Joh 19, 30). Christus hat sich selbst »kraft ewigen Geistes makellos Gott dargebracht« (Hebr 9, 14). In der Stunde des Kreuzes gibt der Gekreuzigte den Geist, den der Vater ihm gegeben hat und den er am Tag der Auferstehung in ganzer Fülle erhalten wird, an den Vater zurück. Am Karfreitag, an dem Tage, da sich der Sohn dem Vater ausliefert und der Vater den Sohn für die Sünder dem Tod ausliefert, ist auch der Tag, an dem der Sohn den Geist dem Vater ausliefert: Als Gekreuzigter ist er der Verlassene, fern von Gott, in der Gemeinschaft der Sünder. Es ist die Stunde, da es *in* Gott zum Sterben kommt: Der Sohn wird vom Vater, in ihrer immer größeren Einheit, aufgegeben, und dieses Geschehen vollzieht sich in der Auslieferung des Heiligen Geistes an den Vater, denn nur so ist die totale Verlassenheit des Sohnes möglich, nur so kann er auf der Erde der von Gott Verfluchten zum Fluch werden, damit sie gemeinsam mit ihm in die Freude der österlichen Versöhnung zurückfinden.

Nur wenn diese Auslieferung des Geistes mitbedacht wird, zeigt sich die trinitarische und erlösende Bedeutung des Kreuzes in ihrer Radikalität. Wenn der Geist im Schweigen des Todes nicht in die Auslieferung miteinbezogen wird, und zwar mit der ganzen Verlassenheit, die sie beinhaltet, könnte diese Stunde der Finsternis verglichen werden mit einem dunklen Sterben *des* Gottes oder mit einem nicht nachvollziehbaren Verlöschen des Absoluten; sie würde aber in ihrem Wesen nicht erkannt: daß es sich nämlich um ein Geschehen *in* Gott handelt, um ein geschichtliches Ereignis der Liebe des unsterblichen Gottes, bei dem der Sohn, aus Gehorsam zum Vater, in jenen Bereich vordringt, der dem Vater am meisten entgegensteht und wo er den Sündern begegnet. »Ihn, der von Sünde nichts wußte, hat er für uns zur Sünde gemacht, damit wir in ihm Gottes Gerechtigkeit würden« (2 Kor 5, 21; vgl. Röm 8, 3). Am Kreuz macht die Heimat beim Vater dem Exil Platz, damit das Exil in die Heimat beim Vater zurückfindet. Das Kreuz verweist auf Ostern: Die Stunde des Hiatus steht in Verbindung mit der Stunde der Versöhnung, die Herrschaft des Todes mit dem Triumph des Lebens! Das Sterben in Gott für die Welt, das sich am Karfreitag abspielt, geht an Ostern über in das neue Leben der Welt in Gott.

CHRISTUS – NEUBEGINN DER GESCHICHTE

Die Osterbegegnungen

Durch die Auferstehung und die Ausgießung des Geistes werden die Berufung und der Auftrag von Jesus Christus auch zur Berufung und zum Auftrag derjenigen, die an ihn glauben. Die Weitergabe geschieht durch eine Begegnung: Jesus zeigt sich den am Karfreitag ängstlich flüchtenden Jüngern als Lebender (vgl. Apg 1, 3). Diese Begegnung ist für sie so wirksam, daß ihr Leben ganz und gar umgewandelt wird: Der Angst folgt der Mut und der Resignation die Sendung. Diejenigen, die geflohen sind, werden nun zu Zeugen und bleiben Zeugen bis zu ihrem Tod; sie führen ein Leben, das ganz ihm gehört, den sie in der »Stunde der Finsternis« im Stich gelassen haben.

Was hat sich ereignet? Zwischen dem Sonnenuntergang des Karfreitags und der Morgenröte von Ostern öffnet sich eine Kluft, ein leerer Raum; in ihm muß sich etwas so Wichtiges abgespielt haben, daß daraus der Anfang der christlichen Bewegung wurde. Der Geschichtswissenschaftler kann nur den »Neubeginn« festhalten; die in den Schriften des Neuen Testaments dokumentierte christliche Verkündigung hingegen spricht von der Begegnung mit dem Auferstandenen als von einer Erfahrung der Gnade, und diese Erfahrung vermittelt sie uns vor allem durch die Berichte von den Erscheinungen. Die fünf Gruppen von Berichten (die Überlieferung des Paulus in 1 Kor 15, 5–8; die des Markus in Mk 16, 9–20, die des Matthäus in Mt 28, 9–10.16–20, die des Lukas in Lk 24, 13–5, und die des Johannes in Joh 20, 14–29; 21) lassen sich in ihren chronologischen und geographischen Daten nicht zusammenbringen; doch sie basieren alle auf einer verwandten Struktur, die die grundsätzlichen Elemente der Erfahrung, von der sie sprechen, deutlich macht. Zu diesen Elementen gehört, daß die *Initiative* immer *vom Auferstandenen ausgeht,* daß die Jünger den Auferstandenen *wiedererkennen* und daß sie durch die *Aussendung* zu Zeugen dessen werden, was »sie mit ihren Ohren gehört und mit ihren Augen gesehen, was sie betrachtet und was ihre Hände betastet haben« (vgl. 1 Joh 1, 1).

Thronfigur Jesu Christi mit zum Segensgruß erhobener Rechter. Göttliche Hoheitszeichen sind der Rahmen in Form einer Mandorla, der Kreuznimbus und die Krone, die über Christi Haupt zu schweben scheint. Das Werk französischer Bildhauer vom Ende des 12. Jahrhunderts gehört zum bauplastischen Schmuck der Kathedrale San Lorenzo in Genua.

DÜRER UND DAS JESUSBILD DER REFORMATIONSZEIT

Nachdem sich die Reichsstadt Nürnberg 1525 der lutherischen Reformation angeschlossen hatte, schuf Albrecht Dürer im folgenden Jahr für das Rathaus zwei großformatige Tafelbilder, die sich heute in der Alten Pinakothek in München befinden und unter dem etwas irreführenden Titel »Die vier Apostel« bekannt sind. Sie zeigen Johannes und Petrus, Paulus und Markus. Wie die (später entfernten) als Inschriften angebrachten Bibelzitate belegen, sind Johannes, Petrus und Paulus als Briefautoren dargestellt, Markus als Evangelist. Vereint werden sie durch die (inschriftliche) Mahnung: »Ihr Lieben, glaubt nicht einem jeglichen Geist, sondern prüfet die Geister, ob sie von Gott sind. Denn es sind viele falsche Propheten ausgegangen in die Welt.« Gemeint sind, ganz im Sinne Martin Luthers, die als »Schwärmertum« verstandenen Bewegungen, die in den Anfangsjahren der Reformation für Verwirrung sorgten. Kurz vor seinem Tod (1528) schuf Dürer mit den »Vier Aposteln« ein künstlerisches Vermächtnis, das als Bekenntnis zur Wahrhaftigkeit zu verstehen ist.

Albrecht Dürer, »Jesus als Schmerzensmann (Ecce Homo)«, um 1493/94. Karlsruhe, Staatliche Kunsthalle.

Schon zuvor war Dürer, wenn auch nur mittelbar, künstlerisch zu Martin Luther in Beziehung getreten: Als der Reformator 1521 in Wittenberg seine auf der Wartburg entstandene Übersetzung des Neuen Testaments veröffentlichte, stattete sein »Hauskünstler« Lucas Cranach d. Ä. die Offenbarung des Johannes mit Holzschnitten aus, für die er Dürers Zyklus zur »Apokalypse« (1498) als Vorlage benutzte. Wir können davon ausgehen, daß Luther diese Anleihe gebilligt hat.

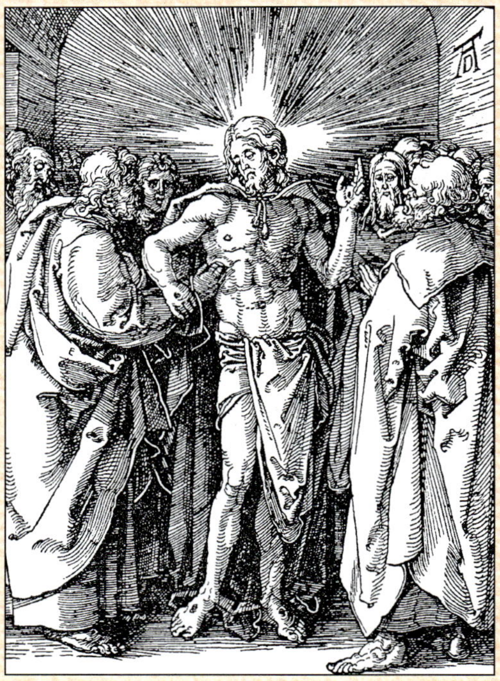

Drei Holzschnitte von Albrecht Dürer. Links und in der Mitte das Gebet Jesu im Garten Getsemani am Ölberg und das Abendmahl aus der »Großen Passion«, rechts der Auferstandene mit dem ungläubigen Thomas aus der »Kleinen Passion«. Beide Zyklen sind 1511 erschienen.

Albrecht Dürer wurde 1471 in Nürnberg geboren. Einer Ausbildung in der Goldschmiedewerkstatt seines Vaters und bei dem Nürnberger Maler Michael Wohlgemut folgte 1490–94 die Wanderschaft als Geselle (Basel, Straßburg). Zwei Aufenthalte in Italien (1495 und 1505–07) boten Dürer die Gelegenheit, Künstler (Giovanni Bellini) und Werke der italienischen Renaissance kennenzulernen.

Zwischen den beiden Italienreisen entstand das »Selbstbildnis (im Pelzrock)«, das nicht nur aufgrund der Datierung 1500 eine »Zeitwende« erkennen läßt. Die Gestaltung als symmetrische Frontalansicht entspricht der Bildtradition des »Heiligen Antlitzes« Jesu, doch ist das Thema zweifelsfrei die Wiedergabe der Persönlichkeit des Künstlers, der sich in modischer Kleidung und sorgfältig ondulierter Haartracht präsentiert. Der assoziative Spielraum reicht vom Bezug auf die Ebenbildlichkeit zwischen Gott und dem Menschen (Genesis 1, 26) bis zur zeitgenössischen »Devotio moderna«, die als vorreformatorische Bewegung die persönliche Glaubenserfahrung betonte. In diesem Geist richtet Dürers »Schmerzensmann« seine Augen eindringlich auf den Betrachter. Im Selbstbildnis aus dem Jahr 1500 begegnet dem

Albrecht Dürer, »Selbstbildnis (im Pelzrock)«, 1500. München, Alte Pinakothek.

Betrachter dagegen ein Blick, der (in Wirklichkeit in den Spiegel gerichtet) jene Bereitschaft zur Selbstbefragung und Selbsterforschung spüren läßt, die zu den Merkmalen des refomatorischen Menschenbildes gehört. Dieser Individualismus ist in Dürers Gemälde in eine Ordnung eingegliedert, die formsymbolisch zum Ausdruck kommt: Die lang herabfallenden Locken enden auf der Höhe einer waagerechten Linie, die das senkrechte Rechteck der Bildfläche in ein Quadrat und ein schmales querliegendes Rechteck unterteilt. Innerhalb des Quadrates ergibt sich ein gleichseitiges Dreieck. Beide Formen zusammen symbolisieren das Göttliche und das Menschliche in ihrem untrennbaren Zusammenhang.

Richten wir den Blick von diesem geistigen und künstlerischen Selbstbekenntnis Dürers aus auf sein Gesamtwerk als Maler und Grafiker, so begegnen wir einem dramatischen Ringen um die Überwindung jenes Zwiespalts, der Dürers Epoche der Reformation kennzeichnet: des Zwiespalts zwischen den mittelalterlichen Bindungen der Gesellschaft und dem neuzeitlichen, durch die Wiederbelebung des antiken Geistes geförderten Erkenntnisdrang. Seinen sinnlichen Ausdruck fand dieses Ringen in den Naturstudien Dürers, die an die traditionelle Verwendung von »Vorlagenblättern« traten. Auf dieser Grundlage entwickelte Dürer auf seinen Altarbildern, vor allem aber in seinen Holzschnitten und Kupferstichen eine Naturnähe, die kein Geringerer als Luthers einstiger Mitstreiter Erasmus von Rotterdam im Jahr 1528 treffend als Überwindung des bloßen »Vorstellungsbildes« beschrieben hat: »Obwohl Dürer auch in anderer Beziehung zu bewundern ist, doch was drückt er nicht alles im Einfarbigen, das heißt mit schwarzen Linien aus? Schatten, Licht, Glanz, Vorragendes und Zurückweichendes, wobei sich aus der Lage eines Dinges für die Augen des Betrachters nicht bloß eine Vorstellung darbietet. Scharf erfaßt er die richtig abgewogenen Verhältnisse und ihr Zusammenstimmen.«

Was Erasmus unter vorwiegend formalen Gesichtspunkten betont, nämlich die Wirklichkeitsnähe, gilt ebenso für Dürers inhaltliche Konzeption. Seine Passionszyklen vergegenwärtigen die Gestalt Jesu als menschliche Person, deren göttliches Wesen sich im Wohlklang der Proportionen offenbart, etwa in der Begegnung mit dem Zweifler Thomas. Hier ist eine Vorstellung vom Jesusbild erkennbar, die eine Notiz aus Dürers schriftlichem Nachlaß unmittelbar formuliert: »Denn zu gleicher Weis, wie sie [die Künstler der Antike] die schönste Gestalt eines Menschen haben zugemessen ihrem Abgott Abblo [Apollon], also wollen wir dieselb Maß brauchen zu Crysto dem Herrn, der der Schönste aller Welt ist.« Diese Auffassung des Jesusbildes verbindet Dürer mit Leonardo da Vinci, Raffael (der Dürers Grafik sammelte) und Michelangelo.

Albrecht Dürer, »Der Heiland (Jesuskind mit der Weltkugel)«, 1493. Wien, Graphische Sammlung Albertina.

Daß die Initiative vom Auferstandenen ausgeht, das Faktum, daß es bei ihm liegt, ob er sich als lebendig erweist (vgl. Apg 1, 3) und erscheint (das griechische Wort ōphthē, das in 1 Kor 15, 3–8 und Lk 24, 34 benutzt wird, wird in der griechischen Übersetzung des Alten Testaments bei Theophanien eingesetzt: vgl. Gen 12, 7; 17, 1; 18, 1; 26, 2), bringt zum Ausdruck, daß diese Erfahrung der Erscheinungen für die Jünger etwas Objektives an sich hatte: Es handelt sich um etwas, das ihnen zustieß, nicht um etwas, das in ihnen geschah. Es war nicht die Rührung des Glaubens und der Liebe, die sich ihren Gegenstand schuf, es war vielmehr der Lebendige, der den Glauben und die Liebe in neuer Form wachrief. Das schließt selbstverständlich einen inneren Prozeß nicht aus, den die ersten Gläubigen durchmachen mußten, um »ihren Augen glauben«, um sich für das, was im Herrn Ereignis geworden war, öffnen zu können. Und der Prozeß lief immer vom Erschrecken und vom Zweifel zur Erkenntnis des Auferstandenen. »Da wurden ihnen die Augen aufgetan, und sie erkannten ihn« (Lk 24, 31). Dieser Prozeß bringt die subjektive und spirituelle Seite der Initialerfahrung des christlichen Glaubens zum Ausdruck; er garantiert in den Geschichten, in denen erzählt wird, wie Menschen in die Nachfolge Jesu gerufen werden, den Raum der Freiheit: Der einzelne Glaubende stimmt aus freien Stücken zu.

Die Begegnungen spielen sich auf folgende Art ab: Der Lebendige zeigt sich seinen Jüngern in einer direkten und herausfordernden Weise und schenkt ihnen ein neues Leben, sein neues Leben, und macht sie zu Zeugen, zu Zeugen für ihn und für die Begegnung mit ihm, die nun ihr Leben für immer geprägt hat. »Gehet hin in alle Welt und verkündet die Heilsbotschaft allen Geschöpfen« (Mk 16, 15). Die Ostererfahrung – objektiv und subjektiv zugleich – erweist sich dank der Kraft der Begegnung zwischen dem Lebendigen und seinen Jüngern als eine Erfahrung, die Veränderungen auslöst: Aus ihr lebt jene Bewegung, die sich bis an die Enden der Erde ausbreiten wird.

Claude Mellan, »Das Schweißtuch der Veronika«, 1649. Die Grafik verwendet das im Mittelalter entstandene Bildmotiv des frontalen Gesichts (-Abdrucks) Jesu zu einer esoterischen Deutung Christi. Das Haupt ist gleichsam von einer Folie aus haarfeinen konzentrischen Kreisen überlagert, deren Mittelpunkt die Nasenspitze bildet. Dies erläutert die Inschrift »Formatur ubicus una« im Sinne der Einheit alles Geschaffenen. In diesem Zusammenhang ist die Nase nicht als ein beliebiger Körperteil gemeint. Vielmehr symbolisiert sie Atem, Geist, Inspiration, wie dies bereits im zweiten Schöpfungsbericht zum Ausdruck kommt: »Da formte Gott, der Herr, den Menschen aus Erde vom Ackerboden und blies in seine Nase den Lebensatem« (Gen 2, 7).

Die Frage nach der Identität

Die Begegnung, aus der der christliche Glaube geboren wird, erweist sich als die Erfahrung einer doppelten Identität voller Widerspruch: zum einen der Identität im Widerspruch zwischen dem auferstandenen Christus und dem gedemütigten Menschen am Kreuz, zum andern der Identität im Widerspruch zwischen den Jüngern, die sich am Karfreitag in Sicherheit bringen, und den Osterzeugen. Im Auferstandenen wird der Gekreuzigte wiedererkannt, und dieses Wiedererkennen, das die größtmögliche Erhöhung mit der größtmöglichen Schande verbindet, bewirkt, daß sich die Angst der Jünger in Mut verwandelt und sie zu Männern und Frauen werden, die nun fähig sind, das entscheidende Ereignis der Auferstehung des Gekreuzigten zu verkünden.

Das Bekenntnis, das in den Worten »Jesus ist der Christus« (d. h. der Messias, der Gesalbte) oder in den Worten »Jesus ist der Herr« – beide Formulierungen gehören als dichte Kurzformeln zum »Credo« der ursprünglichen Gemeinde – zum Ausdruck kommt, bezeugt sehr genau die unerhört spannungsvolle Identität, die sie erlebt haben, als sie im Auferstandenen den einfachen Mann aus Nazaret erkannten. Dieses Bekenntnis bildet auch die Basis der ältesten christlichen Theologie. Im Licht der Verkündigung von Tod und Auferstehung Jesu, die sich auf die Begegnung mit dem Auferstanden gründet, wie sie in den Erzählungen von den Erscheinungen weitergegeben wird, werden die Ereignisse im Leben des historischen Jesus neu gelesen, so in den Geschichten der Evangelisten. In ihnen vermischen sich der geschichtliche Gehalt und der Versuch, diesen Gehalt von Ostern her neu zu verstehen, ohne daß der eine den andern verdrängt. Der Menschensohn, eine Gestalt der messianischen Erwartung, wie sie zum Beispiel bei Dan 7, 13 f. ausgedrückt wird, ist auch der Sohn Gottes, wie er im Licht der Ostererfahrung bezeugt wird. In ähnlicher Weise werden die Heilsgeschichte vor Christus (es kann zum Beispiel auf die »Bibel des Matthäus« verwiesen werden, d. h. auf das Faktum, daß sich das erste Evangelium ständig auf Aussagen des Alten Testaments bezieht und in diesem Zusammenhang vom Sohn Davids spricht, durch den die Gottesherrschaft zu uns kommt) und der Anfang der Welt gedeutet (so wird etwa in Kol 1, 15 vertreten, daß die Schöpfung im Blick auf Christus und durch ihn entstanden ist; Jesus wird als die ewige Weisheit, als Weltenherrscher, als König des Universums bezeichnet).

Der Blick des österlichen Glaubens richtet sich aber ebenso stark nach vorne: in die Gegenwart der Gemeinde (verwiesen sei auf das sehr lebendige Bild, das in der Apostelgeschichte von der Kirche gezeichnet wird) und auf den letzten Horizont der Hoffnung und Erwartung (wie er etwa in der »Geschichtstheologie« der Johannesapokalypse greifbar wird). Das wunderbare theologische Gebäude des Paulus – in seinen entscheidenden Fragen zum Leben, zum Tod, zum Bösen, zum Heil, zum Gesetz, zur Gnade und zur Verheißung – verdankt sich ebenfalls einem ständigen Bezug auf den auferstandenen Herrn, der ihm auf dem Weg nach Damaskus erschienen ist. Wie für Israel (Dtn 5, 1 f.), so bedeutet auch für die junge Kirche das Bekenntnis zum Herrn, daß seine Taten erzählt werden und sein Wirken in der Geschichte, im Leben des Einzelnen und im Leben der Gemeinde wiedererkannt wird.

JESUS DER CHRISTUS – VOM »KERYGMA« ZUM »DOGMA«

Das Ringen um die Identität im Widerspruch

Ist der neutestamentliche Herr Jesus identisch mit dem Christus des kirchlichen Glaubens? Ist das »Kerygma«, d. h. die ursprüngliche Verkündigung, ins »Dogma« hinübergerettet worden, oder sind die mit kirchlicher Autorität versehenen Formulierungen lediglich das Ergebnis der Begegnungen des Evangeliums mit der griechischen Welt? Auf diese sehr wichtigen Fragen kann es nur eine Antwort geben, wenn wir den Übergang vom »Kerygma« zum »Dogma« wenigstens in groben Strichen zu skizzieren versuchen. Das »Credo« der Anfangszeiten gerinnt

»Kommt alle zu mir, die ihr
euch plagt und schwere Lasten
zu tragen habt. Ich werde
euch Ruhe verschaffen.
Nehmt mein Joch auf euch und
lernt von mir; denn ich bin gütig
und von Herzen demütig;
so werdet ihr Ruhe finden
für eure Seele.«

MATTHÄUS 11, 28–29

Bertel Thorwaldsen, Christusstatue (mit der Inschrift »Kommt zu mir, Mt 11, 28«) für die Frauenkirche in Kopenhagen, mit deren Ausstattung der Bildhauer 1819/20 begonnen hat. Kopenhagen, Thorwaldsen-Museum.

Gesamtansicht und Detail eines reliefgeschmückten Türsturzes aus Sykomorenholz vom Eingang einer Kirche im ägyptischen Faijum, 5./6. Jahrhundert. Dem ursprünglichen Zweck entspricht auf symbolische Weise das Thema des koptischen Kunstwerks: der Einzug Jesu in Jerusalem. Alle Figuren wenden sich dem

Betrachter zu, auch Jesus, obwohl er auf dem jungen, im Profil gezeigten Esel reitend dargestellt ist. Trotz der strengen Frontalität besitzt das friesartige Relief lebhafte Erzählmotive. Sie ergeben sich aus der variationsfreudigen Darstellung der floralen Motive: Von den Bäumen werden Zweige gebrochen, in Händen gehalten und auf den Boden gelegt.

Rechte Seite: Jean Colombe, »Jesu Einzug in Jerusalem«, Miniatur in den »Très Riches Heures«, dem »Sehr kostbaren Stundenbuch« des Herzogs Jean de Berry. Die Prachthandschrift für die private Andacht wurde 1411–16 von den Brüdern von Limburg mit den zwölf Monatsbildern des Kalendariums begonnen und erst 1485–90 von Jean Colombe vollendet. Sein Bild zum Palmsonntag legt besonderen Wert auf das Architekturbild der Stadt Jerusalem. Jesu Reittier, eine Eselin, die von ihrem Fohlen begleitet wird, entspricht dem Bericht des Matthäus (21, 1–11). Chantilly, Musée Condé, Ms. 1284, fol. 173v.

schon bald zu festen Formeln, die die Aussagen der biblischen Zeugnisse enthalten, mit der einen Ausnahme, daß auf die Geburt aus der Jungfrau mehr Gewicht gelegt wird – ein Beleg dafür, daß sich die Aufmerksamkeit mehr dem irdischen Leben Jesu und seinen Anfängen zuwendet, ein Trend, der seinen Höhepunkt im gesteigerten Interesse für die ewige Geburt aus dem Vater finden wird (vgl. das sogenannte Apostolische Glaubensbekenntnis).

Um den Wert, den diese Formeln in der Kirche des 2. Jahrhunderts besaßen, erfassen zu können, ist es notwendig, sich den Kontext vor Augen zu führen, in dem sie als Bekenntnis dienten. Es gab recht viele Versuche, den Skandal aufzulösen, der in der Identität im Widerspruch von Jesus und auferstandenem Herrn lag. Die Doketisten und die Ebioniten, zwei häretische Strömungen in der Anfangszeit des Christentums, entwickelten sich zwar in gegensätzliche Richtungen, besaßen aber den selben Ausgangspunkt: Sie wollten die Göttlichkeit Gottes als von der Materie unbefleckten Bereich retten, aus dualistischen Motiven die einen, aus Treue zum israelitischen Erbe die andern. Aus diesem Grunde sprachen die einen Christus die menschliche Natur ab (er war nur zum Schein ein Mensch, *doxa* = Schein, deshalb die Bezeichnung: die Doketisten) und reduzierten die anderen seine Göttlichkeit, sie machten ihn zu einem bloßen Geschöpf (zu einem Armen, *ebion*, deshalb die Bezeichnung: die Ebioniten). Jesus war für die einen einfach eine Erscheinung der Gottheit, die gekommen war, um den Menschen das heilbringende Wissen (die »Gnosis«) zu vermitteln, für die andern nicht mehr als ein gerechter Mensch, den Gott als Sohn adoptiert hatte. Es ist nachvollziehbar, wie skandalös das einfache Erzählen der alten Glaubensbekenntnisse mitten unter solchen Reduktionstendenzen geklungen haben muß. Daß die menschliche Geschichte des Sohnes Gottes erzählt wurde, verhinderte auf der einen Seite den Ausschluß des einen oder anderen Pols des österlichen Gegensatzes und bekräftigte auf der anderen Seite die unvorstellbare Identität von Gekreuzigtem und Auferstandenem. Auf diese Art wurde weder das Wort vom Kreuz entkräftet, noch wurde das Neue und Kraftvolle der Auferstehung heruntergespielt.

Das 3. Jahrhundert bringt eine neue Entwicklung jener Tendenzen, die versuchen, die Komplexität des christlichen Mysteriums zu reduzieren. In Rom entwickeln vorerst Praxeas, dann Sabellius eine Deutung, die bei den Doketisten anknüpft: den Modalismus. Die menschliche Geschichte Jesu wird als Theophanie betrachtet, d. h. als »Modus«, in dem der eine Gott unter den Menschen sichtbar wird. Auf diese Weise scheint der Monotheismus gerettet und die Einheit Christi erklärt zu sein. Auch wenn sich dieses Resultat von der rationalen Logik her gut vertreten läßt, so entkräftet es doch das Paradox des christlichen Glaubens. Dasselbe gilt für den ausgereiften Adoptianismus des 3. Jahrhunderts, der dem Modalismus entgegensteht. Er streitet nicht ab, daß Christus Gott ist, aber betont, daß er Gott geworden ist: Der Vater hat den einmaligen und besonderen Menschen Jesus aus Nazaret mit seinem Geist erfüllt. Zu diesen Ideen gesellt sich im 4. Jahrhundert Arius, ein Priester in Alexandrien

(Ägypten). Er anerkennt Christus als Sohn, den der Vater noch vor der Erschaffung der Welt schuf, damit er ihm als Vermittler und Instrument der Schöpfung diene. Als Geschöpf ist er wesentlich vom Vater verschieden: Ihm ist es möglich zu *werden*, d. h. auch Mensch zu werden und zu leiden. Da er das erste und alle anderen überragende Geschöpf ist, kann er die fleischliche Gestalt annehmen, indem er im Menschen Jesus die Stelle der menschlichen Seele einnimmt. Auf diese Art bietet er sich als Erlöser und als beispielhaftes Modell dar. Indem Arius den Sohn auf die Seite der Geschöpfe stellt – wenn auch in eine Vorrangstellung und in eine Position der Vermittlung zwischen Gott und der Welt –, geht er auf die Forderungen des mittleren Platonismus ein, verrät aber den christlichen Skandal, der die Identität im Widerspruch zwischen dem ans Kreuz gehefteten Mann aus Nazaret und dem Sohn Gottes sehen will.

Die Antworten von Nizäa und von Chalkedon

Auf diese unterschiedlichen Tendenzen versuchen die Kirchenväter des 3. und 4. Jahrhunderts zu reagieren. Das Ergebnis ihrer Bemühungen wird im »nizänischen« Glaubensbekenntnis (Konzil von Nizäa im Jahre 325) greifbar: In einem ersten Teil bekennt es die Präexistenz des Herrn Jesus Christus, seine Wesensgleichheit mit dem Vater und seine Rolle in der Schöpfung; ein zweiter Teil widmet sich dann der Geschichte des Menschgewordenen, der gekreuzigt wurde und auferstand. Indem das Konzil die Göttlichkeit Jesu betont, seine Wesensgleichheit mit dem Vater – d. h. die Gleichheit auf der Ebene des göttlichen Seins –, distanziert es sich von einer zu starken Hellenisierung des christlichen Glaubens, wie sie in der Vorstellung der Arianer von einem geschaffenen Sohn, der zwischen Gott und der Welt vermittelt, zum Ausdruck kam. Dieser Sohn, »wahrer Gott vom wahren Gott«, ist auch der Gegenstand des zweiten Teils, wo das horizontale, geschichtliche Schema der älteren Glaubensbekenntnisse wiederaufgenommen wird. Eine solche Verbindung, wenn sie den Heilswert der ontologischen Aussagen betont, verändert die Struktur des bisherigen Glaubensbekenntnisses in wesentlichen Punkten: Die Erzählung der historischen Ereignisse bildet nur noch die eine Ebene, ist aber vertikal mit der anderen Ebene verbunden, mit der Ebene der Präexistenz. Auf das geschichtlich bestimmte, horizontale Schema, das für die alten Glaubensbekenntnisse charakteristisch war, folgt nun ein metaphysisch bestimmtes, vertikales Schema. Es schließt den Erzählteil zwar noch ein, nimmt ihm aber sein Gewicht, indem es die Aufmerksamkeit mehr auf die Begriffe, auf die Seinsaussagen lenkt.

Im 5. Jahrhundert polarisieren sich die beiden Schulen, die die Theologie der patristischen Zeit bestimmen, die alexandrinische und die antiochenische Schule. Die antiochenische Schule steht unter dem Einfluß der aristotelischen Philosophie und einer stark der Bibel verpflichteten Exegese. Sie betont den Unterschied zwischen der Gottheit und der konkreten menschlichen Existenz von Jesus Christus. Nestorius, der Patriarch von Konstantinopel, läßt, ganz im Sinn dieser Tradition, die Göttlichkeit

Christi zwar gelten, will aber gleichzeitig seine menschliche Seite voll und ganz ernst nehmen. Deshalb postuliert er eine geistige Einheit zwischen Jesus, dem angenommenen Menschen (*assumptus homo*), und dem ewigen Wort, eine Einheit, die auf der Harmonie von Wollen und Handeln basiert. Im Gegensatz dazu betonen die Alexandriner, beeinflußt durch die philosophische Strömung des Platonismus, die Einheit der göttlichen und menschlichen Natur in Jesus Christus, ja, sie vermischen sie sogar. Die ausgeprägteste Form dieser Tendenz zeigt sich im Monophysitismus. Eutyches, der Vorsteher der Mönche in Konstantinopel, streicht die Einheit in Christus so stark heraus, daß er nach der Verbindung der beiden Naturen in Christus nur noch von einer »einzigen Natur« spricht.

Auf diese unterschiedlichen Vereinfachungen antwortet das Konzil von Chalkedon (451) mit einer Lehrdefinition, die zwar wie keine andere die weitere Christologie beschäftigte, die aber nie zu einer liturgischen Bekenntnisformel wurde, denn ihr fehlt der ganze geschichtliche, erzählende Teil, wie er in den Bekenntnissen von Nizäa und Konstantinopel noch vorhanden war. An die Stelle der geschichtlichen Ereignisse stellt das Konzil von Chalkedon nun ganz die Ausformulierung der metaphysischen Struktur Christi. Mit Hilfe von positiven Aussagen und Abgrenzungen wird die Einheit der göttlichen Person des »einen und einzigen Christus« hervorgehoben sowie die doppelte Natur, die göttliche und die menschliche. Zwischen diesen beiden Naturen gibt es keine Mischung oder gegenseitige Umgestaltung (gegen die Vermischung der Monophysiten), aber auch keine Trennung oder Spaltung (gegen den Dualismus der Nestorianer). Auf diese Weise hat das Konzil von Chalkedon die Ergebnisse der Christologie der ersten Jahrhunderte eingebracht und sie in der Sprache der griechischen Philosophie ausgedrückt. Sie hat die Identität im Widerspruch, die die Osterformeln auf geschichtliche, dynamische Art und Weise zum Ausdruck brachten, in statische Begriffskategorien umgesetzt. Dabei läßt sich nicht abstreiten, daß die Formulierung des Konzils deutlich die Spuren eines Kompromisses trägt: Sie kann letztlich das Paradox des christlichen Glaubens nicht auflösen, und sie überträgt dieses Paradox zudem in einen neuen kulturellen Horizont und in eine neue Sprache, die sich von der Kultur und der Sprache des Neuen Testaments unterscheiden. In einem gewissen Sinn ist dieses Konzil ein Beispiel für die Inkulturation des christlichen Glaubens, aber auch für die Abschwächung der ursprünglichen Verkündigung, die stark von einem erzählenden, lebensbezogenen und prophetischen Charakter lebte.

JESUSBILDER IM LAUFE DER ZEIT

Die Geheimnisse des Lebens Jesu

Vom Ende der Patristik bis zum Beginn der Scholastik im 12. beziehungsweise 13. Jahrhundert erfolgt die theologische Weiterentwicklung vor allem im Rahmen der Spiritualität. Für diese Phase ist charakteri-

Linke Seite: Die vier Medaillons schildern die vier ersten Tage der Schöpfung: die Trennung von Licht und Finsternis, von Wasser und Erdreich, die Erschaffung der Pflanzen und der Gestirne. Kennzeichnend für die um 1362 in Neapel gemalten Szenen ist die Gestalt des Schöpfers mit einem bärtigen und einen jugendlichen Gesicht. Dieser »Januskopf« entspricht der christologischen Aussage des Johannes-Prologs: »Im Anfang war das Wort, und das Wort war bei Gott« (Joh 11, 1). Bibel des Mateo Planisio, Biblioteca Apostolica Vaticana, Vat. lat. 3550, fol. 5v (Detail).

Oben: Jesus Christus als Schöpfer der Welt (creator mundi). Die einzelnen Schöpfungswerke rahmen die Gestalt des Herrn, dessen Rechte zum Segensgruß erhoben ist. Insofern läßt sich die Miniatur auf den siebenten Tag der Schöpfung beziehen: »Und Gott segnete den siebenten Tag und erklärte ihn für heilig; denn an ihm ruhte Gott, nachdem er das ganze Werk der Schöpfung vollendet hatte« (Gen 2, 3). Die weitere Bildfolge des um 1320–50 in England geschaffenen Stundenbuchs betont die Identität des Schöpfergottes mit dem Gottessohn Jesus Christus. Biblioteca Apostolica Vaticana, Pal. lat. 537, fol 36r.

»Trinkt alle daraus;
das ist mein Blut,
das Blut des Bundes,
das für viele vergossen
wird zur Vergebung
der Sünden.«

MATTHÄUS 26, 27–28

Unten: Das Antlitz des bärtigen Jesus an der Wandung eines ovalen Silberkästchens, das mit Treibarbeiten geschmückt ist, 5./6. Jahrhundert. Aus dem Schatz von Sancta Sanctorum.

Oben rechts: Tassilokelch mit dem Antlitz des bartlosen Jesus an der Cuppa. Zum Jesusmonogramm IS gesellen sich die Buchstaben Alpha und Omega (Anfang und Ende des griechischen Alphabets; Offb 1, 8). Die Goldschmiedearbeit aus vergoldetem Kupfer und Silbereinlagen in Niellotechnik ist im irisch-angelsächsischen Stil dekoriert, entstand aber um 770/80 wohl im süddeutschen Raum. Die Stifter des Abendmahlskelchs sind der Bayernherzog Tassilo III. und seine langobardische Gemahlin Liutpirc. Kremsmünster, Kirchenschatz der Benediktinerabtei.

stisch, daß sich die Aufmerksamkeit gemütvoll und anbetend der menschlichen Seite des Erlösers zuwendet, und zwar in der Betrachtung der »Geheimnisse« seines irdischen Lebens. Das Mönchtum lebt vom Ideal, Jesus Christus in den Worten, Werken und in der Herzenshaltung nachzuahmen. Aus diesem Ideal ergibt sich die Forderung, die Geheimnisse des Lebens Jesu zu meditieren, damit man für die eigene Praxis die Person des Erlösers ständig vor Augen hat. Die »Nachfolge Christi« besteht in einer weisheitlichen Betrachtung der Geschehnisse seines irdischen Lebens und im Versuch, sie im eigenen Leben zu verwirklichen. Wenn Jesus Christus das *Vorbild der Mönche* ist, so ist er nicht weniger das Heil und damit auch die Berufung eines jeden Christen. Das »Jesusgebet« ist eine typische Ausformung der ostkirchlichen Frömmigkeit; auf dem Weg des Übens versucht es, den *vollkommenen Beter* nachzuahmen. Die christologisch ausgerichtete Benediktsregel im Abendland fordert von den Mönchen ein vom Glauben bestimmtes, gehorsames Hören, wie der Sohn es in seinen Erdentagen selber gelebt hat. Beide Richtungen können als Beispiele dienen, welch entscheidende Rolle die menschliche Seite von Jesus Christus in der christlichen Spiritualität und Theologie des nachpatristischen Mittelalters gespielt hat.

In den Klöstern blühen die Betrachtungen der Geheimnisse des Lebens Jesu. Von der Kindheit zur Leidensgeschichte, von der Geburt zur Himmelfahrt, von den Worten am Kreuz zu den Wunden seines Leibes – Jesus Christus wird auf zärtliche Art betrachtet, meditiert, geliebt, und zwar mit einer Innigkeit, die neu ist. Es entfaltet sich die Verehrung des »süßen Namens« Jesu: Er ist Stärkung, Hoffnung und Erbarmen. Es wird um Worte gerungen, die mithelfen, daß diese innige Verbindung mit

Unten: Flämische Miniatur, um 1510–20, zum Gebet »Salve, sancta facies« (Heil dir, heiliges Antlitz). Jesus erhebt die Rechte zum Segensgruß, die Linke trägt die Weltkugel (sphaira) mit dem Heils- und Siegeszeichen des Kreuzes. Biblioteca Apostolica Vaticana, Vat. lat. 3769, fol. 179bis v.

Jesus Christus auch erfahren und bezeugt werden kann. Diese sehr gemütvolle Frömmigkeit besitzt durchaus biblische, theologische und trinitarische Bezüge, die benediktinische Tradition und die Frömmigkeit der Zisterzienser belegen es. Die Christusverehrung, die vor allem auf seine menschliche Natur ausgerichtet ist, ist auch für die Laien von großer Bedeutung; als Hinweise mögen genügen: die Mysterienspiele, die die Geheimnisse des Erlösers in Szene setzen, die »Biblia pauperum« der Kirchenfenster, die Kunst, die dem Volk und der Liturgie dient. In den Skulpturen, die die Fassaden der Kathedralen zieren, erscheint der siegreiche Christus mitten unter seinen Heiligen oft als der Herr der Kirche und der Geschichte.

Im 12. und 13. Jahrhundert kommt es zu einer Umwälzung: Von einer statischen, an der Landwirtschaft und damit den feudalen Gütern orien-

Oben Mitte: Das Antlitz des bartlosen Jesus. Detail des romanischen Wandgemäldes »Jesus predigt in der Synagoge von Nazaret«, vor 1089, im erhaltenen Rest des Vorgängerbaus der Stiftskirche Mariä Himmelfahrt in Lambach (Oberösterreich).

Oben links: Das Antlitz des bärtigen Jesus. Das Medaillon befindet sich im Mittelpunkt des monumentalen Kreuzes, von dem das Mosaik der Apsis von Sant' Apollinare in Classe (Weihe 549) bei Ravenna beherrscht wird.

FRANZ VON ASSISI UND DIE MYSTIK DES MÖNCHTUMS

Fensterrose der Kathedrale San Rufino in Assisi. Hier wurden 1182 Franziskus und 1194 der Staufer Friedrich II. getauft.

Als Sohn eines erfolgreichen Stoffhändlers namens Piero Bernadone 1182 in Assisi geboren und auf den Namen Giovanni getauft, erhielt Franz von Assisi den Spitznamen »Francesco« aufgrund seiner Vorliebe für die französische Kultur; er dichtete im Stil der durch Frankreich ziehenden Sänger, die einen ritterlichen Lebensstil verherrlichten. Und als »Ritter« nahm er 1202 am Krieg seiner Heimatstadt gegen Perugia teil. Die Gegner siegten, Francesco geriet in Gefangenschaft.

Aus tiefer Resignation befreite ihn zunächst der Auftrag Jesu, »seine Kirche zu erneuern«, worunter Francesco einige baufällige Kapellen bei Assisi verstand. Doch am 24. Februar 1209 gab die Lesung dieses Tages seinem Leben eine neue Richtung: Was Jesus den Jüngern aufgetragen hatte, galt für ihn: »Steckt nicht Gold, Silber und Kupfermünzen in euren Gürtel. Nehmt keine Vorratstasche mit auf den Weg, kein zweites Hemd, keine Schuhe, keinen Wanderstab; denn wer arbeitet, hat ein Recht auf seinen Unterhalt« (Mt 10, 9 f.). So

Oben: Nachdem sich Franziskus als Zeichen der Lossagung vom reichen Vater die Kleider vom Leib gerissen hat, hüllt ihn der Bischof von Assisi in seinen Mantel. Fresko von Giotto in San Francesco in Assisi, um 1300.

Links: Porträt des »Frater Franciscus« in einer Kapelle des Klosters San Benedetto bei Subiaco, entstanden vor der Heiligsprechung 1228.

Unten links: Die Stigmatisation des hl. Franziskus in einem 1469 in Wien für die dortigen Franziskaner geschaffenen Meßbuch. Biblioteca Apostolica Vaticana, Ross. 1164, fol. 125v.

Unten rechts: Der hl. Dominikus umarmt in hingebungsvoller Verehrung Jesu den Stamm des Kreuzes. Fresko des dominikanischen Malermönches Fra Angelico im Kloster San Marco in Florenz, um 1440.

wörtlich nahm er die Anweisung, daß er auf einen Gürtel ganz verzichtete und sich einen Strick um die Schäferkutte band, die er fortan trug. Statt Steine als Baumaterial zusammenzubetteln, kümmerte er sich um Kranke, zumal um die Aussätzigen, und rief zur Buße auf.

Francesco bzw. Franziskus fand Gefährten, die seinem Beispiel – und damit dem Beispiel Jesu und der Apostel – folgten. Drei Knoten in ihrem Strick um den Leib symbolisierten Gehorsam, Armut und Keuschheit – ein stiller, aber wirkungsvoller Protest gegen eine nach Macht und Reichtum strebende Kirche. Die *imitatio Christi,* dessen »Nachahmung«, bildete den geistigen und geistlichen Mittelpunkt der sich rasch ausbreitenden Bewegung der franziskanischen »Bettelmönche«, die 1223 die päpstliche Anerkennung als »Orden der Minderbrüder« erhielt.

Am 3. Oktober 1226 starb Franziskus in der Portiuncula, einer jener Kapellen bei Assisi, die er einst als »Restaurator« erneuert hatte. Am Leichnam traten die bislang von Franziskus verborgenen Wundmale Jesu zutage, die er zwei Jahre zuvor in einem visionären Erlebnis körperlich, als Stigmatisation, empfangen hatte, gleichsam als Besiegelung jener *imitatio Christi,* die sein spirituelles Leben und soziales Handeln geprägt hatte. Kirchliche Anerkennung fand das Lebenswerk des Franziskus bereits 1228 durch die Heiligsprechung, verbunden mit dem Auftrag, über dem Grab des Ordensgründers in Assisi eine Kirche zu errichten: San Francesco. Ein Freskenzyklus in der Oberkirche, den Giotto und seine Werkstatt um 1300 geschaffen haben, schildert das schon früh durch Legenden verklärte Leben des Franziskus. So illustriert eines der Bilder die Erzählung von der Predigt an die Vögel: ein volkstümliches Motiv der Einheit von Mensch und Schöpfung und insofern auch ein Bild der Nähe zwischen dem *poverello,* dem »kleinen Armen«, wie Franziskus teils bewundernd, teils herablassend genannt wurde, und dem gewaltigen Schöpfer.

Eine vergleichbare mystische Grundhaltung prägte den Spanier Dominikus (1170 bis 1221), der 1215 in Toulouse den Prediger-, Beicht- und Bettelorden der Dominikaner gründete.

»Ich stehe vor der Tür
und klopfe an.
Wer meine Stimme hört
und die Tür öffnet,
bei dem werde ich eintreten,
und wir werden Mahl halten,
ich mit ihm und er mit mir.«

Offenbarung 3, 20

tierten Ökonomie geht man über zu einer dynamischen, auf die Stadt und den Handel ausgerichteten Ökonomie. Die Basis der neuen Ökonomie ist der Austausch der Handelsgüter, ihr Ausdruck das Wiederaufblühen der Städte als Orte der Begegnung und des Handels. Auch für die christliche Theologie und Spiritualität beginnt eine neue Zeit: Franz von Assisi und die Bewegung, die von ihm ausgeht, werden durch ihren Bezug auf den armen Christus, der gekreuzigt und verlassen wurde, zu einem kritischen Gewissen der sich verändernden Kirche. Die franziskanische Frömmigkeit ist ganz und gar christozentrisch geprägt: von der Erfindung der Weihnachtskrippe (Greccio, im Jahre 1223), die sich sehr schnell ausbreitet und auf die Volksmassen einen starken Einfluß ausübt, bis hin zur Betrachtung der Leidensgeschichte (das Kreuz in San Damiano und die Stigmatisierung, 17. September 1224).

Der heilige Bonaventura wird diese Inspiration in eine Theologie verwandeln, in der er die Christozentrik in einer gefühlvollen und betrachtenden Art entfaltet und stark auf den geschichtlichen Aspekt des Erlösers achtet. Duns Scotus wird sich ähnlichen, aber noch spekulativeren Gedanken widmen, die volle und ganze Menschennatur Christi betonen und die Idee des angenommenen Menschen (*assumptus homo*) wieder aufgreifen. Die franziskanische Schule wird diesen Prozeß der Theorisierung noch weiterführen und von der objektiven Betrachtung der Geheimnisse Christi, übrigens einer Eigenheit der monastischen Theologie, übergehen zu einer mehr subjektiven, gelegentlich sogar der inneren Erfahrung allein verpflichteten Spiritualität. Sie wird im 14. Jahrhundert schließlich in die »Devotio moderna« münden, in der die innere Erfahrung den intellektuellen Überlegungen entgegengestellt wird. Im Umfeld des Nominalismus von Ockham wird das franziskanische Interesse am Konkreten dann zum Vorurteil gegen die Universalien und unterstützt eine Trennung von Glaube und Vernunft.

Die Tradition der Dominikaner, die eine ähnliche Ausgangslage besitzt wie die franziskanische Tradition, ist ebenso bemüht, die menschliche Seite Jesu hervorzuheben. Sie ist dadurch Teil einer allgemeinen Aufwertung des Menschen und der Schöpfung und gehört in die Zeit, da die Laien zu ihrem Selbstbewußtsein gelangen. Albertus Magnus sieht die Kirche aus dem Herzen Christi hervorgehen und ist damit ganz mit dem Empfinden der patristischen Tradition verbunden. Und für Katharina von Siena ist die Einheit mit Christus das eigentliche Zentrum der religiösen Lebens; deshalb ruft sie leidenschaftlich Jesus, »meine Süßigkeit, Jesus, meine Liebe« an.

Die spekulative Christologie

Doch die dominikanische Schule legt das Gewicht immer stärker auf die rationalen und spekulativen Elemente; sie will dadurch den Dialog mit der Zeit fördern und mit der sich tiefgreifend verwandelnden Kultur des 12. und 13. Jahrhunderts. In den *Sentenzen* des Petrus Lombardus werden die Geheimnisse des Lebens Jesu noch in ihrem geschichtlichen Ab-

lauf vorgestellt; die konkrete und die spekulative Christologie werden noch gemeinsam abgehandelt. Doch Thomas von Aquin trennt im dritten Teil seiner *Summa Theologiae* bereits die Christologie, die sich mit den Geheimnissen befaßt (qq. 35–39), von der spekulativen Christologie, die ihr vorangestellt wird (qq. 1–34). In diesem Abschnitt wird die metaphysische Struktur Christi analysiert: Von der absteigenden Christologie – sie befaßt sich mit der Bewegung, die von »oben« zur Menschwerdung hinführt – und der aufsteigenden Christologie – sie läßt sich vor allem auf die Bewegung des historischen Jesus ein, der auf Ostern zugeht – bevorzugt er die erste.

Im weiteren Verlauf folgt die spekulative Christologie dem dank der Scholastik klassisch gewordenen Modell: Sie spricht vorerst von der hypostatischen Union, dann von ihren Konsequenzen, d. h. von den verschiedenen Vollkommenheiten, die der menschlichen Natur des Erlösers zugeordnet werden können. Die menschliche Natur, die durch das göttliche Wort erhöht wird, wird als freies Instrument gesehen, durch das die göttliche Person wirken kann. Die Menschlichkeit Jesu wird im Licht seiner Göttlichkeit gesehen, das irdische Leben des Erlösers als Folge der spekulativen Christologie. Die thomistische Schule richtet die Aufmerksamkeit immer ausschließlicher auf die metaphysischen Gegebenheiten Christi und damit auch auf seine universale Bedeutung, auf die Gnade, die sich vom Haupt in alle Glieder ergießt; am Ende steht Suarez, der kein Interesse mehr an der konkreten, auf die Geheimnisse bezogenen Christologie hat. Dies bleibt nicht ohne Einfluß auf die immer stärkere Distanz zwischen Spiritualität und Theologie auf der Suche nach einer mehr subjektiven, inneren und konkreten Christuserfahrung.

Oben: John Everett Millais, »Jesus im Haus seiner Eltern«, 1850. Als Schauplatz dient Josefs Schreinerwerkstatt in Nazaret. Ein kleines Mißgeschick – das Jesuskind hat sich verletzt – bildet die vordergründige Bedeutungsebene, die symbolisch auf Jesu Passion vorausweist. So ist beispielsweise der Knabe rechts, der eine Schüssel mit Wasser zum Auswaschen der Wunde herbeiträgt, der spätere Täufer Johannes, der Jesu Opfertod verkünden wird. Millais gehörte zu den Gründungsmitgliedern des Künstlerbundes der Präraffaeliten. London, Tate Gallery.

Linke Seite: William Holman Hunt, »Das Licht der Welt«, 1851–56. Der Präraffaelit Hunt schuf mit diesem – durch Öldrucke massenhaft verbreiteten – Gemälde ein Andachtsbild mit präziser Symbolik: Jesus im weißen, juwelengeschmückten Gewand des Hohenpriesters klopft an die von Efeu und Unkraut überwucherte Tür der Seele. Die Laterne in seiner Linken strahlt das Licht des Gewissens aus. Das Haupt mit Krone und Dornenreif leuchtet dagegen im Glanz der Hoffnung auf Erlösung. Manchester, City Art Gallery.

Das innere Erleben Christi

Und um eine innere Frömmigkeit geht es bei der »Devotio moderna«, einer spirituellen Strömung des späten Mittelalters, in deren Mittelpunkt die »Nachfolge Christi« steht. Als Reaktion auf den Intellektualismus der späten Scholastik und begünstigt durch die Trennung von Glaube und Vernunft im Rahmen des Nominalismus, richtet sich die Aufmerksamkeit vermehrt auf die Menschheit des Erlösers. Dies führt dazu, daß das Hauptinteresse beim inneren Erleben des Subjekts liegt. Die Aufgabe, die nun im Vordergrund steht, ist die Vollendung der Seele. Einen Beleg dafür bildet die »Nachfolge Christi« mit ihren außerordentlichen Zeugnissen innerer Erfahrung, einen weiteren Beleg die *Geistlichen Exerzitien* des Ignatius von Loyola; in den Exerzitien wird der Einzelne durch die objektive und fordernde Begegnung mit den Geheimnissen des Lebens Christi zur Unterscheidung der Geister und zur entscheidenden Wahl geführt. Ein weiterer wichtiger Erbe der christologischen Frömmigkeit des Mittelalters ist Martin Luther. Er teilt den Pessimismus des Nominalismus und den verzweifelten Individualismus dieser Frömmigkeit, fügt ihm, ganz im Stil des 15. Jahrhunderts, die dramatischen Töne des gequälten Gewissens hinzu, entfaltet aber zugleich das von Paulus geprägte christologische Prinzip der »Theologia Crucis« und der »Eifersucht« Christi. Das Kreuz bildet den Umsturz und die Beseitigung aller menschlichen Anmaßungen, es ist zugleich der einzig mögliche Zugang, Gott zu erkennen, nämlich *sub contraria specie*. Wenn jemand den Widersinn des Kreuzes akzeptiert und sich nicht anmaßt, über eine Sicherheit unabhängig von Jesus Christus zu verfügen, kann es ein Leben im Tod geben, triumphiert die *sola gratia* und rettet die *sola fides*. Luthers Subjektivismus ist noch tief in der Kraft des höchsten Objekts selber verankert, im Sieg über die Sünde der Welt nämlich, den der in Jesus Christus offenbar gewordene Gott verwirklicht hat. Auch wenn Luther für die Entstehung der modernen Subjektivität steht, so ist auch er noch ein Mann des Mittelalters.

Das Antlitz Jesu im Strahlenkranz der Sonnensymbolik. Mosaik des italienischen Malers Gino Severini (1883–1966), der um 1910 zu den Mitbegründern des Futurismus gehörte und sich in seinem Spätwerk religiösen Themen widmete.

JESUS CHRISTUS – HEUTE

Jesus zwischen theologischer Einsicht und spirituellem Erfassen

In der Moderne führt das neue Gewicht der Subjektivität – es hängt mit dem »freien Gewissen« im Sinne Luthers zusammen, es ist aber auch als Reaktion auf einen gewissen anthropologischen Pessimismus der Reformation zu verstehen – zu einem Auseinanderdriften der Reflexion und der Frömmigkeit. Die Geschlossenheit der mittelalterlichen Ordnung bleibt nicht bewahrt. Auf der einen Seite führt die katholische Theologie die spekulativen Gedankenübungen der Scholastik weiter, wobei immer weniger konkrete biblische Fakten miteinbezogen werden und der Bezug zur Heiligen Schrift zu einer Sammlung beweiskräftiger Argumente oder frommer Sätze verkommt; am Ende trocknet diese Theologie aus

James Ensor, »Der Einzug Christi in Brüssel 1888«. Der Belgier Ensor beantwortet mit seinem Gemälde aus dem Jahr 1888 die Frage: Was wäre, wenn Jesus heute zu uns käme? Die Antwort ist klar: Kirche, Politik, Wirtschaft – sie alle würden versuchen, sich seine Popularität zunutze zu machen. Er selbst bliebe ein winziger Punkt in der Menge, und an seiner Stelle sprächen Parolen wie »Es lebe der Sozialismus!«. Malibu, J. Paul Getty Museum.

und wird zum gedanklich überfrachteten Nachschlagewerk. Auf der anderen Seite gewinnt die von der Schultheologie abgetrennte Frömmigkeit ihre Impulse von anderen Gedankengängen; sie reichen von der Betonung der Einheit mit Christus bis zur Spiritualität der Erniedrigung im Sinne der Gleichförmigkeit mit ihm, der Priester und Opfer zugleich ist, bis zum jansenistischen Rigorismus des richterlichen Christus, bis zur Verehrung des Allerheiligsten Herzens, die als Zugang zur Erfahrung des innersten Geheimnisses der Liebe Christi gesehen wurde, deren Gedanken, Gefühle und Wünsche wahrgenommen und im Leben umgesetzt werden, und bis zum revolutionären Christus, der die Kämpfe für die Gerechtigkeit und die Befreiung inspiriert.

Im Protestantismus bleibt der starke biblische Akzent der christlichen Anfänge erhalten, aber unter dem Gewicht des Subjektivismus, der mit den Anfängen der Reformation verbunden ist, gewinnt er eine andere Gestalt. Die konfessionell bestimmte Frömmigkeit entwickelt Themen der Innerlichkeit, allerdings begleitet von einem moralischen Rigorismus, und das Nachdenken über die Schrift öffnet sich der Herausforderung der aufgeklärten Vernunft; daraus entsteht nicht nur die kritische Exegese, sondern auch und vor allem der »liberale Protestantismus«.

Die Suche nach der universalen Geltung von Jesus Christus, einer Geltung, die ihn auf die Höhe der »Vernunftswahrheit«, also über die armselige und vergängliche »Geschichtswahrheit« seiner geschichtlichen Existenz hinaus, erhebt, führt zur Betonung eines idealen Christus. Er dient dem moralischen Bewußtsein (Kant) als Vorbild, wird zur Idealgestalt einer »universalen Religion« (Lessing), zum »Vertreter des religiösen Gefühls der schlechthinnigen Abhängigkeit« (Schleiermacher), zur »Projektion der Selbstüberschreitung des Menschen« (Feuerbach).

Schließlich verliert sich Jesus Christus in den vielen Bildern der »Leben-Jesu-Forschung«, in der das unruhige Bewußtsein des Bürgertums des 19. Jahrhunderts zum Ausdruck kommt. Sie ringt zwar um ein authentisches Bild Jesu, gelangt aber doch nicht über das klägliche Resultat hinaus, daß der »Jesus eines liberalen Protestanten letztlich auch nur ein liberaler Protestant ist« (Albert Schweitzer).

»Als er in Jerusalem einzog,
geriet die ganze Stadt
in Aufregung, und man fragte:
Wer ist das? Die Leute sagten:
Das ist der Prophet Jesus
von Nazaret in Galiläa.«

MATTHÄUS 21, 10–11

Folgende Doppelseite: Hoch über Rio de Janeiro breitet eine Kolossalstatue Christi aus Granit und Beton segnend die Arme aus. Sie bekrönt den 704 m hohen Corcovado, den »Buckligen«, und mißt eine Höhe von 30 m. Der Blick fällt auf den knapp 400 m hohen Zuckerhut.

»Für den Menschen von heute sind das mythologische Weltbild, die Vorstellung vom Ende, vom Erlöser und der Erlösung vergangen und erledigt.«

RUDOLF BULTMANN, »JESUS CHRISTUS UND DIE MYTHOLOGIE«

Der Einblattholzschnitt aus dem Jahr 1524 – sieben Jahre nach Luthers »Thesenanschlag« in Wittenberg – kennzeichnet den konfessionellen Gegensatz aus

protestantischer Sicht. Zwar dienen die Bildzeichen der Trinität – Gottvater, die Taube des Heiligen Geistes und Jesus am Kreuz – als gemeinsame Symmetrieachse. Die Ausgestaltung der beiden Hälften ist jedoch normativ. Dies verdeutlicht zum Beispiel die Einbeziehung der beiden mit Jesus hingerichteten Schächer (Lk 23, 39–43). Links, also zur Rechten Jesu, erhebt sich das Kreuz des reuigen Verbrechers über einem »evangelischen Prediger als Luther und andere«. Das Gegenstück bilden der unbußfertige Verbrecher und ein Ablaßprediger. Zu dieser Seite gehören eine vom Papst angeführte Gruppe aus Klerikern und darunter die Hure Babylon (Offb 17, 1–18; dieses Detail folgt der Darstellung Lucas Cranachs nach dem Vorbild Albrecht Dürers).

Auch die gewichtige hegelianische Philosophie, die auf die modernen Ideologien der Rechten und der Linken einen so starken Einfluß ausgeübt hat, verdankt ihr Herkommen der christlichen Theologie: Die Begegnung zwischen dem Geist und der Geschichte, die letztlich nichts anderes darstellt als die Phänomenologie des absoluten Geistes im dialektischen Prozeß seiner Verwirklichung, erfüllt sich in Jesus Christus, im göttlichen Menschen oder im menschlichen Gott, der in sich selber das universale Selbstbewußtsein und die vollendete Versöhnung von Erde und Himmel ist. Was hier abgesteckt wird, ist allerdings der Horizont einer in sich geschlossenen Welt, die mit sich selber zufrieden ist, unfähig der Transzendenz. Dadurch ist diese Welt dem Belieben einer unvermeidlich totalitären und gewalttätigen Vernunft ausgesetzt, wie es die ideologische Vernunft in all ihren Spielarten ist.

Der Primat Gottes und die Größe des Menschen

Die kraftvolle Reaktion auf diese Deutungen der christlichen Lehre – theologisch werden sie im liberalen Protestantismus rezipiert, und sie erlangen auch eine gewisse Gültigkeit im katholischen Modernismus – erfolgt im 20. Jahrhundert: auf der einen, katholischen, Seite durch den Rückzug auf die absolute Nichtableitbarkeit des Übernatürlichen, ein wichtiges Thema in der Verurteilung der Modernisten, und auf der anderen, evangelischen, Seite durch die klare Betonung des Primats des lebendigen Gottes, der in Jesus Christus gesprochen hat. Die »dialektische Wende« von Karl Barth klingt tatsächlich wie das große Nein zu allen Mutmaßungen der ideologischen Vernunft, und zwar ein Nein im Namen desjenigen, in dem Gott die Welt berührt, wie eine Tangente den Kreis berührt, und die Welt genau so rettet: im Namen Jesu Christi.

Die theologische Wende zum absoluten Primat Gottes wird in etwa aufgefangen durch die Wiederentdeckung der Würde des Menschen. Gemeint sind jene theologischen Richtungen, die sich der existentiellen Deutung der Texte widmen, die dem Glauben zugrunde liegen. Rudolf Bultmann hat ausdrücklich gefordert, der Leser solle nicht zu einer distanzierten Betrachtung der Geschichte geführt werden, sondern zu einer möglichst persönlichen Begegnung mit der Geschichte, so daß der Menschen in eine Situation gestellt wird, in der er sich dem kommenden Gott gegenüber zu entscheiden hat.

Auf katholischer Seite ist wohl Karl Rahner der Theologe, der den Menschen im Rahmen der Offenbarung aufgewertet hat. In aller Freiheit ist der Mensch berufen, sich für den lebendigen Gott zu öffnen; denn die Transzendenz, die zum Wesen des Menschen gehört, findet ihre volle Entsprechung nur im Geschenk der göttlichen Selbstmitteilung. Diese theologische Sicht beeinflußt die Überlegungen des Zweiten Vatikanischen Konzils (1962–1965) sehr ausgeprägt. Sie wirkt sich auch insofern aus, als sich der dialogische Bezug zwischen der Kirche und der zeitgenössischen Welt nun in einem neuen Bewußtsein abspielt, nämlich unter der Voraussetzung, daß in Jesus Christus der Bezug zwischen dem

»Das Bekenntnis zum unveränderlichen, werdelosen Gott ewiger vollendeter Fülle ist nicht bloß ein Postulat der Philosophie, sondern auch ein Dogma des Glaubens.«

Karl Rahner, »Schriften zur Theologie«

Menschlichen und dem Göttlichen ja bereits eine Basis gefunden hat und deshalb nicht in Ausdrücken des Konkurrenzverhaltens, sondern der Korrespondenz und des Bündnisses dargestellt werden kann. Jesus Christus ist der neue Mensch, der dem Menschen den Menschen offenbart und ihn befähigt, ein ganz und gar sinnvolles und erlöstes Leben zu führen, zumindest in der Gestalt der Hoffnung, wenn auch oft noch im unauflöslichen Dunkel der Pilgerschaft im Glauben.

Die Begegnung mit Jesus ist nur in Freiheit möglich

Jesus Christus ist also nicht die Wahrheit einer Lehre, verflochten in die Maschen der Gedanken, ein Thema unter anderen: Jesus Christus ist die lebendige und persongewordene Wahrheit, und genau deshalb kann er niemandem aufgezwungen werden, er kann lediglich dem freien Menschen, der mutig auf der Suche ist, vorgestellt werden. Die Entscheidung, zu der er ruft, ist eine Möglichkeit, die jedem in Form der Frohen Botschaft geschenkt wird, sofern sie ihn dank der Erinnerung an das Evangelium, die in der christlichen Tradition noch lebt, in einer glaubwürdigen Form trifft. Es handelt sich dabei nicht um ein bloß inneres, rein subjektives Geschehen, das sich nur zwischen der Seele und Gott abspielt, sondern um eine bewußte und freie Stellungnahme gegenüber einem Faktum, das außerhalb des eigenen Subjekts liegt und ihm durch die Vermittlung anderer Menschen zugänglich wird.

Die Entscheidung für Jesus Christus verwirklicht sich nur in einer Liebe, die geschichtlich greifbar wird, im Einsatz der Nächstenliebe und im Engagement für die Gerechtigkeit: Der Befreier Jesus Christus befreit diejenigen, die an ihn glauben, zur Freiheit für alle. Diese Jesus-Bilder ermöglichen im Kontakt mit den anderen Religionen und mit Menschen, die als Nichtglaubende auf der Suche sind, eine Haltung der Offenheit und des Respekts, einen Sinn für die Verschiedenheit der Welten, die in ihnen zum Ausdruck kommen, immer im Bewußtsein, daß Jesus Christus keinem Glauben einfach auferlegt, sondern nur in Freiheit erlebt und angenommen werden kann. Die Haltung des Respekts entbindet den Christen jedoch nicht von der Pflicht, das Neue seines Glaubens voll und ganz zu leben und für die Einzigartigkeit der in Jesus Christus, dem einzigen vollkommenen Mittler zwischen Gott und den Menschen, angebotenen Erlösung Zeugnis zu geben.

Der Auftrag der Christen ist durch das für den Menschen und die Geschichte bedeutungsvolle Jesusbild des Zweiten Vatikanums und durch die ihm verpflichteten Jesusbilder nicht aufgelöst, sondern im Gegenteil noch stärker begründet worden: Er besteht darin, ansteckend und transparent die Erfahrung der lebendigen und verändernden Begegnung mit Jesus Christus an andere weiterzugeben. In der gleichen Weise trat zu Beginn auch die Bewegung der Christen auf. In dieser Weise sollte sich auch heute der Ruf hörbar machen, wenn sich der Glaube bewußt und erwachsen an die Menschen wendet, die sich in aller Freiheit für das göttliche Geheimnis öffnen wollen.

Salvador Dalí, »Der Christus des Juan de la Cruz«, 1951. Der Titel des Gemäldes verweist auf den spanischen Karmelitermönch und Mystiker Johannes vom Kreuz (1542–1591). Angeregt wurde der spanische Surrealist Dalí durch eine Zeichnung des italienischen Manieristen und Zeitgenossen des Juan de la Cruz, Rosso Fiorentino. Gemeinsam ist das Motiv des tief auf die Brust gesunkenen Hauptes des Gekreuzigten, so daß sein Antlitz verborgen ist. Hieraus entwickelte Dalí das Motiv des schwebenden Kreuzes mit der suggestiven Wirkung eines Schauens Jesu auf die Erde. Der Betrachter des Bildes ist von diesem Schauen ausgeschlossen. Das jahrhundertelang künstlerisch gestaltete Antlitz des Erlösers entzieht sich unserem Blick. Glasgow Museums, The Burrell Collection.

JESUS IN DER ORTHODOXEN CHRISTENHEIT

Die ungeteilte und unteilbare persönliche Identität desselben Herrn und Meisters aller christlichen Kirchen und Konfessionen, die bei jeder aufrichtigen Beziehung eines Menschen zu Christus sich selbst bewahrt und als das letzte und definitive Kriterium der »Christlichkeit« von allem Christlichen zu betrachten ist – sie wiegt letzten Endes viel mehr als alle »konfessionellen Identitäten« und bekenntnismäßig bedingten kulturellen Unterschiede. »Einer ist Gott, einer ist auch Mittler zwischen Gott und den Menschen: der Mensch Christus Jesus« (1 Tim 2, 5), Mittler und Mitte, die eigentliche Mitte aller verschiedenartigen christlichen Sonderwelten. Die jeweilige Erfahrung dieser Mitte wird freilich durch diese oder jene konfessionell-doktrinäre Tradition auf eine Weise bedingt, wie sie naturgemäß durch ethnisch-kulturelle und auch persönlich-psychologische Voraussetzungen ihre Nuancen erhält. Bliebe aber jene persönliche Wirklichkeit Jesu, die den realen Gehalt von kirchlicher Lehre und Mystik in getrennten Gemeinden ausmacht, nicht sich selbst identisch, wäre das Jesus-Bild nur »kulturimmanent«, dann erwiese es sich als unmöglich, daß die Christen verschiedener Kulturen und Konfessionen ihre tiefste eigene Erfahrung in den Erfahrungen ihrer getrennten Brüder wiedererkennen. Es verhält sich aber nachweislich gerade so. Und die Möglichkeit, dies zu erleben, ist an sich keine Entdeckung des »ökumenischen« Zeitalters. Auch in den Zeiten des erbittertsten Religionsstreites behielt die babylonische Sprachverwirrung der sich bekämpfenden Parteien nicht immer das letzte Wort.

Rechte Seite: Das Mosaik, entstanden um 1320, bedeckt die südliche Kuppelschale über der inneren Vorhalle (Esonarthex) der Chora-Klosterkirche in Istanbul. In radialer Anordnung umgeben die Vorfahren Jesu Christi dessen Brustbild im zentralen Medaillon am Scheitel der Kuppel. Diese Genealogie führt, dem Bericht des Lukas folgend, von Adam über die Patriarchen Abraham, Isaak und Jakob bis zu Hezron (Lk 4, 33–38).

»Denn Abraham und seine
Nachkommen erhielten nicht
aufgrund des Gesetzes
die Verheißung,
Erben der Welt zu sein,
sondern aufgrund der
Glaubensgerechtigkeit.«

PAULUS, BRIEF AN DIE RÖMER 4, 13

Rechts: Gott in Gestalt von drei Engeln mit Kreuznimbus zu Gast bei Abraham (Gen 18, 1–15). Das Gemälde des 16. Jahrhunderts zeigt diesen und Sara im Hintergrund. Belgrad, Museum für angewandte Kunst.

Derselbe griechische Athosmönch, der hl. Nikodemus (1749–1809), der sich durch das Sammeln von »Philokalia« für alle Zeiten im Bereich der orthodoxen Asketik sehr verdient gemacht hat, beschäftigte sich auch mit der Übersetzung des mystischen Werkes eines Theatiners des 16. Jahrhunderts namens Lorenzo Scuppoli (»Lotta invisibile«). Nicht

IC
XC

anders stand es mit den Meistern der russischen Spiritualität. Beim gelehrten und asketischen Bischof Dimitri von Rostow (1651–1709) finden wir z. B. die Überarbeitung des katholischsten unter den Christusgebeten, *Anima Christi*, und der größte Christologe der russischen Frühneuzeit, der hl. Tichon von Zadonsk (1724–1783), machte aus seiner Vorliebe für die Schriften des lutherischen Pfarrers Johann Arndt kein Hehl. Wie könnte es anders sein?

Ich bitte, diese Hinweise nicht als Floskeln der ökumenischen Schönrednerei, sondern als sachliche Feststellungen zu verstehen! Diese Einführung in das orthodoxe Christusbild versucht, von Anfang an der Erwartung eines exotischen Lokalkolorits entgegenzuwirken. Das Orthodoxe *qua* orthodox besitzt relativ wenig an absolut Einmaligem, dem westlichen Christen völlig Unbekanntem. Freilich bleibt die griechische Vätertradition der patristischen Zeit für die Orthodoxie das Maß aller Dinge; freilich besteht heute noch, zumindest im Kern des Kultisch-Asketischen, jene byzantinisch beeinflußte Zivilisationsgemeinschaft des orthodoxen »Ostens«. Dieser »Osten« bewahrt hier und dort manche Gebräuche und Inhalte, die im Westen entweder von jeher kaum bekannt waren oder inzwischen vergessen und verdrängt wurden: Man muß bereit sein, gerade bei den anscheinend ähnlichen Erscheinungen die Nuancen wahrzunehmen.

Die byzantinische Emailplakette (Zellenschmelz) aus dem 10. Jahrhundert zeigt eine Deesis (griechisch »Bitte«): Maria und Johannes der Täufer wenden sich als Fürbitter dem thronenden Richter Jesus Christus zu. Alle drei Gestalten sind mit ihren aus griechischen Buchstaben

gebildeten Monogrammen bezeichnet. So steht MP (= MR) für Maria und MP ΘY (= MR THU) für »Mutter Gottes«, IC (= IS) für Jesus und XC (= CH und S) für Christus. Detail des Praxedis-Reliquiars in der Kunstsammlung der Biblioteca Apostolica Vaticana.

DAS MYSTERIUM DES NAMENS

Wenn wir über persönliche Identität sprechen, einschließlich der Identität Jesu Christi, sehen wir uns genötigt, als erstes Zeichen und Symbol der Person den Namen zu betrachten. (Und zwar besitzt das Lexem »Jesus« in seiner Eigenschaft als Personenname wohl mehr Substanz als der messianische Sakraltitel »Christus«, der »Gesalbte«.) Für die Veranschaulichung der orthodoxen Mentalität erweist es sich als angemessen, gerade beim Namen zu beginnen.

Der Name Jesu, wie er im mystischen Jesusgebet des Hesychasmus (benannt nach Johannes Hesychastes, † 559) verwendet wird, ist für die Orthodoxie von einzigartigem Wert. Zwar sind die Meditationen über das *nomen Jesu, nomen dulce, nomen admirabile, nomen comfortans* auch der westlichen Tradition nicht fremd, wie schon das erwähnte Gebet (dem hl. Bernhard von Clairvaux zugeschrieben, auch in einem herrlichen Konzert von Heinrich Schütz verarbeitet) zur Genüge beweist. Aber der tiefe Ernst, mit dem die Orthodoxie das Mysterium des Namens verehrt, findet wohl nur im Alten Testament seinesgleichen. Übrigens haben die *nomina sacra* im orthodoxen Gebrauch heute noch einen ganz besonderen, de facto sakramentalen Status, der unter anderem auch in der Verwendung der obligatorischen Monogramm-Formen zum Ausdruck kommt (IC XC für »Jesus Christus«, MP ΘY für »Mutter Gottes« usw.). Ohne ein derartiges Monogramm darf eine neue orthodoxe Ikone nicht geweiht und verehrt werden! Dies gibt Anlaß, über die lexikalisch-etymologisch fixierte Präsenz des Tetragrammatons JHWH im Namen

Links: Jesus (IC) Christus (XC) mit dem Kreuznimbus der göttlichen Person. Die Rechte ist zum Segensgruß in dessen griechischer Form erhoben. Ausschnitt aus einem fragmentarisch erhaltenen Deesis-Mosaik, Südempore der Hagia Sophia in Istanbul, um 1260.

Oben: Johannes der Täufer als Fürbitter zur Linken Jesu Christi. Ausschnitt aus einem fragmentarisch erhaltenen Deesis-Mosaik, Südempore der Hagia Sophia in Istanbul, um 1260.

JE[HO]JSCHU[A'] nachzudenken. Nicht zufällig wurde die klangliche Form dieses Namens in der russischen Kirchengeschichte zum Gegenstand einer scharfen Polemik. Das griechische *Jēsous* wechselte zwar in der alten Zeit zum kirchenslawischen *Issus*, was an sich etwa dem italienischen *Gesù* im Vergleich mit dem lateinischen *Jesus* entspräche; aber während im Westen die Differenzen der Aussprache in den verschiedenen Sprachen keinerlei Gewissensqualen zur Folge haben, zeigte sich der Moskauer Patriarch Nikon (1652–1666) allen Ernstes bemüht, die russische Aussprache dem griechischen Vorbild völlig anzugleichen (*Jissus*). Seine Opponenten, die sogenannten Altgläubigen, verteidigten ihrerseits die alte Variante als Identitäts- und Kampfzeichen des ererbten Glaubens. Solche Konflikte sind natürlich bedauernswert, aber sie als bloßen Irrweg abzutun, haben wir kein Recht. Zugrunde liegt die tief verwurzelte Empfindung für die sakramentelle Würde des Namens.

Als eine Grenzerscheinung der russisch-orthodoxen Namensverehrung ist das Phänomen der *Onomatodoxie,* kirchenslawisch *Imeslalje*

DIE NAMEN JESU CHRISTI

Petrus beendet seine Pfingstpredigt im 2. Kapitel der Apostelgeschichte mit dem Appell: »Kehrt um, und jeder von euch lasse sich auf den Namen Jesu Christi taufen zur Vergebung der Sünden« (Apg 2, 38). Im Unterschied zum Taufbefehl des Auferstandenen an seine Jünger im Zeichen der Dreieinigkeit Gottes (»Tauft sie auf den Namen des Vaters und des Sohnes und des Heiligen Geistes«; Mt 28, 19) verwendet Petrus den Doppelnamen des Erlösers, der die Doppelnatur des Menschen- und Gottessohnes zum Ausdruck bringt.

Der Evangelist Lukas, der auch als Verfasser der Apostelgeschichte gilt, deutet bereits in seinem Bericht über die Verkündigung an Maria und die rituellen Handlungen nach der Geburt des Kindes im Stall von Betlehem die beiden Pole an, die in den Namen Jesus Christus wirksam sind: Der Engel Gabriel weist Maria an, dem Sohn, den sie gebären wird, den Namen Jesus zu geben (Lk 1, 32), und so geschieht es im Zusammenhang der Beschneidung des Neugeborenen (Lk 2, 21). Bei der rituellen Reinigung der Wöchnerin Maria im Tempel und der Weihe ihres erstgeborenen Sohnes im Tempel erkennt der greise Simeon in dem Jesuskind das von Gott verheißene Heil (Lk 2, 30), das heißt den Messias, den Gesalbten, griechisch *christos.*

Anders als Lukas legt Markus, der auf die Kindheitsgeschichte Jesu verzichtet und mit dessen Taufe durch Johannes beginnt, den Schwerpunkt auf die messianische Gotteskindschaft, indem er seine »Gute Botschaft« mit dem Satz eröffnet: »Anfang des Evangeliums von Jesus Christus, dem Sohn Gottes.«

Rechts: Bildseite aus dem merowingischen »Sacramentarium Gelasianum«, vor 750, mit Alpha und Omega als Kreuzanhängern, Biblioteca Apostolica Vaticana, Reg. lat. 316, fol. 172v.

Diesem Akzent entspricht die früheste Form des aus Buchstaben gebildeten Christussymbols. Da die Evangelien wie das gesamte Neue Testament in griechischer Sprache verfaßt worden sind, besteht das Symbol aus den Schriftzeichen X (Chi) für CH und P (Rho) für den Laut R. Übereinandergelegt, ergeben X und P das wohl älteste Erkennungszeichen der frühen Christen untereinander und älteste christliche Symbol, das magische Bedeutung gewann. In diesem Sinne ist die Überlieferung zu deuten, daß Kaiser Konstantin der Große vor seinem Kampf gegen den Rivalen Maxentius an der Milvischen Brücke vor Rom im Jahr 313 n. Chr. die Feldzeichen seiner Truppen mit dem griechischen Christus-Monogramm ausstatten ließ. Dem Sieg folgte Konstantins Einzug in Rom.

Münzbildnis des Kaisers Konstantin aus der Zeit nach 315 n. Chr. (München, Staatliche Münzsammlung). Am Diadem des Helmes ist das aus den griechischen Buchstaben X (CH) und P (R) gebildete Christus-Monogramm befestigt. Es bekrönt auf der Rückseite der Münze das kaiserliche Feldzeichen bzw. Labarum, dessen Schaft eine Schlange (den Gegner Maxentius) durchbohrt.

Unten: Goldglas mit Petrus und Paulus zu beiden Seiten einer Tafel mit dem XP-Monogramm und Brotkörben für das Abendmahl.

Unten: Sarkophag des Erzbischofs Theodoros von Ravenna (reg. 677–688) in der Kirche Sant' Apollinare in Classe bei Ravenna. Der Reliefschmuck verwendet eine Vielzahl frühchristlicher Symbole: Weinstock und Kreuze im Siegeskranz sowie das XP-Monogramm in Verbindung mit Alpha und Omega. Die flankierenden Pfauen symbolisieren die Auferstehung.

Kaiser Konstantin IX. Monomachos und Kaiserin Zoë huldigen dem Pantokrator (Allherrscher), dessen beiden griechischen Monogramme IC (für Jesus) und XC (für Christus) symmetrisch angeordnet sind. Das Mosaik in der Hagia Sophia in Istanbul erhielt seine endgültige Fassung im Jahr 1042.

Griechisch blieb weiterhin auch im lateinischen Westen die Sprache, in der auch andere symbolkräftige Namen des Erlösers in zeichenhafter Form gebildet wurden, beispielsweise das Paar aus Alpha und Omega, dem ersten und dem letzten Buchstaben des griechischen Alphabets. Zugrunde liegt das Selbstzeugnis des apokalyptischen Herrn in der Offenbarung des Johannes: »Ich bin das A und das O, der Anhang und das Ende« (Offb 1, 8; 21, 6).

Anfang und Ende des Doppelnamens Jesus Christus ergaben die beiden Monogramme IC und XC, wobei das C die vereinfachte Form des griechischen S-Buchstabens Sigma bildet. Eine Mischung aus griechischen und lateinischen Buchstaben, nämlich I (Iota), H (für E, Eta) und S ergab das Monogramm IHS für Jes(us), das in unterschiedlicher Weise als Initialen einer lateinischen oder deutschen Wortfolge verstanden wurde. Das Spektrum reicht von der Verheißung an Kaiser Konstantin vor der Schlacht an der Milvischen Brücke *In hoc signo (vincis)* mit der Bedeutung: »In diesem Zeichen (dem Kreuz) wirst du siegen« über die Bezeichnungen *Iesus Hominus Salvator* bzw. »Jesus Heiland Seligmacher« bis zu *Iesum habemus socium* (Jesus ist unser Gefährte) oder *Iesu humilis sociatas* (Jesu demütige Gesellschaft). In diesen Bedeutungen wurde das IHS-Monogramm als einer der *nomina sacra,* der »heiligen Namen«, zugleich zum Emblem der 1534 in Paris durch Ignatius von Loyola gegründeten Ordensgemeinschaft der Jesuiten mit der amtlichen Bezeichnung *Societas Jesu (SJ)* bzw. »Gesellschaft Jesu«.

Oben: IHS-Emblem des Jesuitenordens auf der Titelseite einer Schrift des spanischen Jesuiten Luis de Molina über die Vereinbarkeit des Freien Willens mit der Gnadenlehre, erschienen 1588 in Lissabon. Biblioteca Apostolica Vaticana.

Unten: »Verkündigung an Maria«, um 1500. Die Botschaft symbolisiert das IHS-Monogramm im Hintergrund. Biblioteca Apostolica Vaticana, Chrg. C VIII 234, fol. 19v.

Ikone des 16. Jahrhunderts mit einer Mariendarstellung vom Typus der Hodegetria (»Wegweiserin«), benannt nach einem Bild in jener Kirche von Konstantinopel, in der sich die Karawanen- und Fremdenführer zu versammeln pflegten. Ein Merkmal der Hodegetria-Madonna ist die Geste Marias, mit der sie das segnende Jesuskind auf ihrem linken Arm hält. Marias Mantel, das Maphorion, zeigt die drei Sterne als Symbole ihrer dreifachen Jungfräulichkeit, die ihre eigene jungfräuliche Empfängnis durch ihre Mutter Anna einschließt. Skopje, Mazedonisches Museum.

(oder, in der gegnerischen Version, *Onomatolatrie*, kirchenslawisch *imepoklonstvo* bzw. *imebozhije*) zu betrachten. Die dadurch bedingte Kontroverse zeigte sich in den Kreisen der russischen Athosmönche um 1912/13. Den Anlaß gab das Buch eines russischen Kaukasus-Einsiedlers, der, für die heiligende Kraft des Namens Jesu begeistert, unter anderem die These aufstellte: »Im Namen Gottes ist Gott selbst mit seinem ganzen Wesen und seinen unzähligen Attributen gegenwärtig.« Viele hielten diese Formel, wie es auch zu erwarten war, für eine doktrinäre Übertreibung. Um die – inzwischen auch für die Athos-Griechen als ansteckend erwiesenen – Streitigkeiten zu vermeiden, hat die Synode der Russischen-Orthodoxen Kirche eine Entscheidung gegen die *Onomatodoxie* ausgesprochen. Aber die namhaftesten Vertreter der damaligen russischen christlichen Philosophie, wie die so grundverschiedenen Florenskij und Berdiajew, fanden bei den Verteidigern der *Onomatodoxie*, den ganz einfältigen Starzen, die wichtigsten Themen der orthodoxen gedanklichen Tradition wieder! Aus orthodoxer Sicht erscheint es als ganz verständlich, daß ein erfahrener Asket und Mystiker mehr Wissen über Jesus durch den immerwährenden Umgang mit seinen Namen erwerben kann als ein akademischer Theologe. »Die morgenländische Überlieferung hat [...] zwischen der persönlichen Erfahrung der göttlichen Geheimnisse und dem von der Kirche ausgesprochenen Dogma nie eine strenge Trennung gemacht« (V. Lossky). Was der Name Jesu Christi wirklich ist, darüber weiß wohl ein erfahrener Beter, der sich mit der Realität dieses Namens auf eine besondere Art vertraut macht, viel mehr als irgendein Dr. theol. Bescheid.

Der Name Jesu steht im Mittelpunkt der hesychastischen Praxis der asketischen Atembeherrschung und des sogenannten Herzens- oder Jesusgebetes: Die unablässig wiederholte Formel »Herr Jesu Christe, Gottessohn, erbarme dich meiner« wird mit dem Rhythmus des Atmens koordiniert, wodurch die Versenkung des Verstandes in das Herz »als Mitte des ganzen psycho-physischen Organismus« (John Meyendorff) bewirkt werden kann. »Wer einen solchen Zustand unveränderlich festzuhalten vermag«, belehrt uns schon der griechische Kirchenvater Maximos der Bekenner († 662), »der ist es, der in Wahrheit *betet ohne Unterlaß*«. Gerade die Tatsache, daß das Gedenken Jesu in der gebetsmäßigen Aussprache seines Namens sozusagen verleiblicht, fleischgeworden vorkommt, ermöglicht eine unmittelbare Bezogenheit dieses Gedenkens auf das lebendig-leibliche Sein des Betenden. Konkreter noch: auf den Rhythmus des asketisch beherrschten Atmens! Darum ist die Gebetspraxis in ihrer Eigenschaft als Praxis der Namensanrufung der eucharistisch-sakramentalen Realpräsenz (wie auch der Fleischwerdung selbst!) gewissermaßen ähnlich. So belehrt uns der Abt vom Sinai und berühmteste Meister der altorthodoxen Asketik, Johannes Climacus (6./7. Jahrhundert), in seiner »Paradiesleiter«, (27, 1,5 und 2,26): »Der Hesychast ist einer, der danach strebt, das Unkörperhafte in den Wohnsitz des Körpers einzuschließen. [...] Daß ja das Gedenken Jesu nicht weiche von eurem Atem; so werdet ihr den Nutzen der Einsamkeit erfahren.«

Christus, der König der Herrlichkeit. Ikone aus Serbien (?) vom Ende des 14. Jahrhunderts. Das rote, gerahmte Feld, vor dem Christus mit Segensgruß und geöffnetem Buch thront, umgeben Heilige. Zu ihnen gehören Bischöfe mit ihrem Amtszeichen, dem Pallium, einem weißen, mit schwarzen Kreuzen bestickten Band. Dem Kreuznimbus Christi entsprechen formal die seitlichen Medaillons mit den Monogrammen der Namen Jesus und Christus. Ohne diese Monogramme kann auch heute keine neue Christusikone geweiht und verehrt werden. Moskau, Tretjakow-Galerie.

»Denn uns ist ein Kind geboren,
ein Sohn ist uns geschenkt.
Die Herrschaft liegt auf
seiner Schulter; man nennt ihn:
Wunderbarer Ratgeber,
starker Gott, Vater in Ewigkeit,
Fürst des Friedens.«

Jesaja 9, 5

»Auf seinem Gewand
und auf seiner Hüfte
trägt er den Namen:
›König der Könige
und Herr der Herren!‹ «

Offenbarung des Johannes 19, 16

Auf dieselbe mystische Erfahrung, die sich inzwischen vom Sinai zum Athos übertragen hat, ist auch der durch den großen spätbyzantinischen mystischen Theologen Gregor Palamas (1296–1359) entwickelte Begriff der göttlichen Energien bezogen. Dieser Lehre zufolge fließt das absolut transzendente und unerkennbare Wesen Gottes in die kommunizierbaren Energien über. Darüber hinaus wird angedeutet, die Unterscheidung zwischen Wesen und Energie sei zwar für unser Gottesgedenken erkenntnishaft unumgänglich, in der Einheit und »Einfachheit« von Gott selbst, also objektiv, bestehe sie jedoch kaum – in jeder »Energie« Gottes sei auch sein Wesen ganzheitlich und unvermindert präsent. (Die Orthodoxie hat diese Glaubenslehre angenommen, ja sogar dogmatisiert; alljährlich feiert die ganze orthodoxe Ökumene diese Dogmatisierung am 2. Sonntag der Fastenzeit.)

Oben: Die Gottesmutter Maria und der Jünger Johannes unter dem Kreuz Jesu Christi, das sich über dem Grab Adams erhebt. Prozessionsikone des 13. Jahrhunderts aus der Kirche Sveta Kliment (St. Klemens) in Ohrid (Mazedonien). Ikonengalerie von Ohrid.

Unten: Maria und Johannes unter dem Kreuz. Ikone im Besitz des Katharinenklosters auf dem Sinai.

DAS ERLEBNIS DER MENSCHWERDUNG

Die orthodoxe Christus-Mystik bleibt wesentlich immer Logos-Mystik im Sinne des Johannesprologs. Ohne etwa pantheistisch und unpersönlich zu werden, erlaubt sie dennoch nicht, das Mysterium der Menschwerdung bloß »menschlich, allzu menschlich«, also psychologisierend, zu verstehen. Selbst die katholische Aufteilung der Ereignisse der Menschwerdung nach ihrer Eigenschaft gemäß dem Rosenkranz in die »freudenreichen«, die »schmerzensreichen« und die »glorreichen« (*Mysteria gaudiosa, dolorosa, gloriosa*) erscheint, ohne für die Mentalität der Orthodoxie etwa inakzeptabel zu sein, doch allzu eindimensional. Die westliche Weihnachtsstimmung z. B. läuft aus orthodoxer Sicht Gefahr, sich auf eine sakral-gemütliche Familienidylle zu reduzieren. Natürlich betrachtet und erlebt auch ein orthodoxer Gläubiger die Geburt Christi als ein *Mysterium gaudiosum*; zugleich aber wird das Weihnachtskind von Anfang an als das prädestinierte Golgota-Opfer betrachtet, was dem Stimmungsvoll-Idyllischen jede Eindeutigkeit nimmt. Im »Freudenreichen« ist das »Schmerzensreiche« schon enthalten. Und noch grundsätzlicher für das orthodoxe Bewußtsein ist die ungebrochene mystische Antizipation des »Glorreichen« im »Schmerzensreichen«.

Im Westen ging die christliche Kunst den Weg, der die Trennung von Karfreitagstrauer und Osterfreude bis ins Extrem führt; als Beispiele können die spätmittelalterlichen Skulpturen der *Crucifixi dolorosi* und besonders die krasse Kontrastierung zwischen der Qual der Kreuzigung und der Glorie der Auferstehung bei Grünewald dienen. Ganz anders werden dieselben Themen in der orthodoxen Sakralmalerei behandelt: Die Kreuzigungsdarstellung ist bei den byzantinischen und altrussischen Ikonenmalern nicht nur jedem Naturalismus (und Sentimentalismus) fern – mehr noch: die Linien etwa der qualvoll ausgebreiteten Hände des Gekreuzigten nehmen schon durch ihren aufwärtsweisenden Schwung die freudige österliche Überwindung der Erdenschwere vorweg. Man erlebt angesichts solcher Golgota-Bilder das ganze Paradoxon einer Mystik, in der Karfreitag und Ostern als untrennbar erlebt werden. Gerade die Passion Christi ist sein Sieg: »Hocherhöht am Kreuze, hebst Du mit empor die Sterblichen der Erde«, singt die orthodoxe Kirche beim Karsamstagsgottesdienst. Bei den kleinasiatischen *Quartodezimanern* der urchristlichen Zeit wurden Karfreitag und Ostern buchstäblich in derselben Nacht gefeiert (und zwar in der Pessachnacht des jüdischen Kalenders). Dieser Brauch ist zwar längst vergessen, aber die geistlich-seelische Atmosphäre jener nächtlichen Feier lebt in der Tradition jeder traditionsgebundenen orthodoxen Ikonenmalerei fort.

Als ein überzeugendes Zeugnis dieser merkwürdigen Synthese von Passion und Triumph, von Leid und Verklärung, darf man z. B. das Werk des berühmten russischen Ikonenmalers Dionisij nennen: »Die Kreuzigung«, um 1500 für die Ikonostase der Kathedrale in der Dreifaltigkeits-Lavra des hl. Sergij geschaffen, heute in der Tretjakow-Galerie Moskau. Die fließenden Linien des gekreuzigten Körpers suggerieren das Gefühl

»Als Jesus seine Mutter sah und bei ihr den Jünger, den er liebte, sagte er zu seiner Mutter: Frau, siehe, dein Sohn! Dann sagte er zu dem Jünger: Siehe, deine Mutter! Und von jener Stunde an nahm sie der Jünger zu sich.«

JOHANNES 19, 26–27

Ikone des Malers Dionisij, um 1500. Die Kreuzigungsgruppe mit der Gottesmutter Maria und dem Jünger Johannes unter dem Kreuz Jesu Christi (vgl. Joh 19, 26–27) ist links durch Marias Begleiterinnen erweitert, zu denen Maria aus Magdala gehört (Joh 19, 25). Rechts steht hinter Johannes der Hauptmann, der im Gekreuzigten den Gottessohn erkennt (Mt 27, 54; Mk 15, 39). Unter dem Kreuz deutet ein Schädel auf das Grab Adams hin, durch den der Tod in die Welt gekommen ist. Die langgestreckte, in gewisser Weise entkörperlichte Gestalt Jesu ragt mit den weit ausgebreiteten Armen bereits in eine himmlische Sphäre: Nicht allein über-, sondern auch unterhalb des Querbalkens schweben Engel. Diese sind verbunden mit der sich nähernden Ecclesia und der entweichenden Synagoge. Stilistisch ist die betonte Längung der Gestalten ein Merkmal der Gemälde des Dionisij, nach Feofan Grek und Andreij Rublew die dritte herausragende Künstlerpersönlichkeit der altrussischen Ikonenmalerei. Moskau, Tretjakow-Galerie.

des schwerelosen Schwebens im Raum, und die kleineren Figuren der heranfliegenden Engel um das Kreuz verstärken diese Empfindung noch. Auch die Gestik der Trauernden – der von den frommen Frauen in ihrer Ohnmacht gestützten Jungfrau, des sich beugenden und seine rechte Hand auf die Brust legenden Johannes – wirkt bei allem Ernst des Schmerzes eigentümlich leicht und sanft, sie gleicht einem rituellen, feierlich-stillen Tanz. Auch die oben sich zeigenden kleinen Gestalten der sich nahenden Ecclesia und der sich entfernenden Synagoge nehmen an diesem »Tanz« teil. Das geheimnisvoll-ambivalente Wort des Johannes-Evangeliums vom Kreuz als »Erhöhung« (Joh 3, 14, vgl. Joh 8, 28 und 12, 32) gewinnt auf diese Weise seine Verbildlichung.

EVANGELIEN UND APOKRYPHEN

Anastasis. Miniatur im »Tetraevangeliar der Komnenen«, um 1122. Biblioteca Apostolica Vaticana, Urb. gr. 2, fol. 260v.

Apokryphen sind allgemein »verborgene« (griechisch *apokryphos*) religiöse Texte, die nicht in den Kanon heiliger Bücher aufgenommen oder später ausgeschieden wurden. So enthält die katholische Bibel »deuterokanonische« Teile des Alten Testaments wie die beiden Bücher der Makkabäer, die in der evangelischen Bibel fehlen. Aus dem Neuen Testament blieben von vornherein die apokryphen Evangelien, Apostelgeschichten, Briefe und Apokalypsen ausgeschlossen.

Oben: Die Geburt Jesu in der Höhle bei Betlehem. Miniatur im »Tetraevangeliar der Komnenen«, um 1122. Biblioteca Apostolica Vaticana, Urb. gr. 2, fol. 20v.

Rechts: Der Engel und die Frauen am leeren Grab Jesu. Ausschnitt aus einem Elfenbeinrelief, um 400. München, Bayerisches Nationalmuseum.

Insbesondere die apokryphen Evangelien gehörten jedoch zur religiösen »Gebrauchsliteratur«, die vielfach als Quelle religiöser Bildprogramme diente. So gründen sich die Bildzyklen des Marienlebens, beginnend mit der Verkündigung der Mariengeburt an Anna und Joachim, auf das Protoevangelium des Jakobus, als dessen Verfasser Jakobus, ein Bruder Jesu, gilt. Hier findet sich auch die Quelle für Darstellungen der Geburt Jesu in einer Höhle statt im Stall von Betlehem, von dem das in den biblischen Kanon aufgenommene Evangelium des Lukas berichtet.

Vor allem aber besteht ein diametraler Gegensatz zwischen dem Osterbild des lateinischen Westens und dem des griechischen Ostens, der sich aus den jeweils zugrundeliegenden Texten erklärt bzw. aus der jeweiligen theologischen Konzeption. Im Westen folgte die Darstellung der Frauen am leeren Grab Jesu den Osterberichten der drei synoptischen Evangelien (Matthäus, Markus, Lukas); aus diesen entwickelte sich das Bildthema der leibhaftigen Auferstehung Jesu.

Das ostkirchliche Osterbild mit der griechischen Bezeichnung »Anastasis« (Auferstehung) schildert dagegen die »Höllenfahrt« Jesu, der ins Reich der Toten hinabsteigt und die Gerechten des Alten Bundes befreit. Zugrunde liegt das apokryphe griechische Nikodemus-Evangelium vom Ende des 5. Jahrhunderts, in dessen zweitem Teil zwei Zeugen jene »Höllenfahrt« schildern. Es sind Carinas und Lucius, die beiden auferstandenen Söhne des Simeon (aus der Erzählung von Jesu Darbringung im Tempel), die Nikodemus erscheinen und ihm berichten, wie Christus in die Vorhölle, den Limbus oder Abyssus (Abgrund), eingedrungen ist. Ein neutestamentlicher Anknüpfungspunkt war eine Bemerkung im ersten Petrusbrief (3, 19): »So ist er [Jesus] auch zu den Geistern gegangen, die im Gefängnis waren, und hat ihnen gepredigt.« Aus dieser Keimzelle entwickelte sich das »Anastasis«-Bild, zu dessen herausragenden Gestaltungen ein Apsisfresko des Choraklosters in Istanbul (Abb. rechts) und ein Mosaik der Klosterkirche in Daphni bei Athen gehören.

Doch auch im Westen fand, ergänzend zum Auferstehungsbild, die vorausgehende Höllenfahrt ihre bildhafte Darstellung, enthält doch das allgemeinverbindliche

Glaubensbekenntnis, das »Credo«, die Passions- und Osterbotschaft in der Formulierung »gekreuzigt, gestorben und begraben, hinabgestiegen zur Hölle, am dritten Tage auferstanden von den Toten«. Beispiele finden sich in Bilderzyklen wie jenem des »Ingeborg-Psalters« (Chantilly, Musée Condé), der um 1195 im nördlichen Frankreich entstanden ist. Und Albrecht Dürers »Kleine Holzschnittpassion«, erschienen 1511, enthält die Darstellung der »Höllenfahrt«. Das Blatt ist allerdings zwischen Jesu Kreuzigung und Grablegung eingefügt und wirkt somit als Fremdkörper im Ablauf der Bilderzählung, als im Grunde mißverstandenes »Zitat« aus einem nur mittelbar vertrauten theologischen Zusammenhang. Der östlichen und im Westen rezipierten Bildtradition folgend, stehen Adam und Eva, mit deren Darstellung Dürers »Kleine Holzschnittpassion« beginnt, im Mittelpunkt, im Vordergrund links befindet sich Johannes der Täufer. Schräg über ihm flattert ein Dämon, der ohnmächtig erleben muß, wie sich Christus mit dem Siegeszeichen des Kreuzstabes einem Greis hilfreich zuwendet.

Oben: Anastasis, Fresko in der Apsishalbkuppel des Parekklesions (Nebenkirche, hier eine Grabkapelle) des Choraklosters in Istanbul, um 1320. Machtvoll reißt Christus, umstrahlt von einer bestirnten Mandorla, Adam und Eva zu sich herauf.

Links: Anastasis (mit Einzug ins Paradies und Madonna). Miniatur einer Handschrift der Marienhomilien des Jakobos von Kokkinobaphos, erste Hälfte des 12. Jahrhunderts. Biblioteca Apostolica Vaticana, Urb. gr. 1162, fol. 48v.

Rechts: Albrecht Dürer, »Die Höllenfahrt Jesu« in der »Kleinen Holzschnittpassion«, erschienen 1511.

Buchdeckel eines Evangeliars, ausgeführt von dem Diakon Youhannes aus Sis (Kilikien), 1334. Die armenische Treibarbeit (Silber) zeigt Maria und ihre Begleiterinnen sowie den Jünger Johannes mit dem Hauptmann unter dem Kreuz Jesu Christi. Es erhebt sich über einem Hügel, in dem ein Schädel auf das Grab Adams hindeutet. Über dem Querbalken schweben Engel, unmittelbar zu beiden Seiten der Kreuzesinschrift sind der Mond und die Sonne angeordnet, die sich bei Jesu Tod verfinstert haben (Lk 23, 45). Jerusalem, Schatzkammer von St. Jakob.

»Da riß der Vorhang im Tempel von oben bis unten entzwei. Die Erde bebte, und die Felsen spalteten sich. Die Gräber öffneten sich, und die Leiber vieler Heiligen, die entschlafen waren, wurden auferweckt. Nach der Auferstehung Jesu verließen sie ihre Gräber, kamen in die Heilige Stadt und erschienen vielen. Als der Hauptmann und die Männer, die mit ihm zusammen Jesus bewachten, das Erdbeben bemerkten und sahen, was geschah, erschraken sie sehr und sagten: Wahrhaftig, das war Gottes Sohn.«

MATTHÄUS 27, 51–54

OSTERN: KOSMISCH-ÜBERKOSMISCHES MYSTERIUM

Der Höhepunkt des orthodoxen Kirchenjahres ist ohne jede Einschränkung Ostern, mit Vorrang selbst vor Weihnachten. Wer einmal die Osternacht in einer griechischen oder russischen Kathedrale oder Pfarrkirche erlebt hat, wird dies nicht bezweifeln. Doch das orthodoxe Ostern läßt sich nicht mit dem Kalendertermin identifizieren; vielmehr strahlt sein Wesen auf alle Tage des Jahres aus. Vor allem natürlich auf jeden Sonntag. Im Russischen heißt der Sonntag *voskressenje,* also Auferstehungstag. Die ganze Gemeinde singt wöchentlich bei jeder Sonntagsvesper: »Die wir die Auferstehung Christi erschaut haben...« Aber nicht nur der Sonntag darf als Abbild, als *Ikone* der Osterfeier gelten. Der große russische Heilige der Neuzeit, Serafim von Sarow (1760–1833), hatte die Gewohnheit, an jedem Tag des Jahres seine Besucher mit dem bei den

»Mit dem Kreuz braucht man die Teufel nicht mehr zu fürchten, sondern darf sie verachten.«

Johannes Chrysostomus

Orthodoxen üblichen Ostergruß zu begrüßen: »Christus ist erstanden!« Also steht die ganze Zeit (und die Ewigkeit!) eines Christen letzten Endes *sub specie Paschae*.

Mit der Bedeutung des Namens in der orthodoxen Mystik haben wir uns bereits beschäftigt. In diesem Zusammenhang wird es besonders wichtig, daß Ostern die einzige Feier ist, deren Name in der liturgischen Dichtung zu den Namen Christi gehört. In der gesamten orthodoxen Ökumene wird das Fest mit dem griechischen Wort *pascha* aus der Septuaginta und aus dem Neuen Testament bezeichnet (eine klanglich getreue Wiedergabe des aramäischen Wortes *paskha*). Dieses Wort bezeichnet im Alten Testament das Paschalamm; das Neue Testament überträgt die Bezeichnung auf den Heiland (1 Kor 6, 7). Diese paulinische Benennung Christi wird in jeder orthodoxen Osternacht in den ekstatischen Hymnodien zum Bewußtsein gebracht: »Ein heiliges Ostern ist uns heute erschienen; Ostern, ein neues, ein reines Ostern, geheimnisvoll und ehrwürdig.«

Zu den großartigsten Darstellungen des Auferstandenen gehört ein Fresko im Chorakloster in Istanbul. Es befindet sich in der Halbkuppel der Apsis des Parekklesions der spätbyzantinischen Erlöserkirche (1315 bis 1321). Zwischen dem Himmelsbogen, den steilen Felsen und dem Höllenschlund, umgeben von der lichten bestirnten Mandorla, bewegt sich mit athletischem Schwung und tänzerischer Schwerelosigkeit der Gestik der verherrlichte Christus. Souverän tritt er die Pforten der Hölle mit Füßen und zieht Adam und Eva zu sich herauf. Auch Satan liegt, klein und nichtig, an Händen und Füßen gefesselt, an einer langen Eisenstange festgebunden, inmitten der zerbrochenen Symbole für die Macht des Todes. Die lichten Gewänder des Siegers wehen in den übernatürlichen Winden wie weiße Wolken (Abb. S. 121). Wir, die diese Gestalt mit den Augen unseres Jahrhunderts betrachten, assoziieren vielleicht Begriffe wie den des »kosmischen Christus« bei Teilhard de Chardin. In der klassischen orthodoxen Sakralkunst bildet die herrliche Vision im Chorakloster beileibe keine Ausnahme.

Die kosmische Dimension des orthodoxen Osterverständnisses, wie sie in solchen großartigen Kompositionen dargestellt wurde, beansprucht eine gesonderte Würdigung. Diese Kosmos-Bezogenheit wird in ihrer Bedeutung gerade daran erkennbar, daß die anthopozentrisch-heroische westliche Ikonographie des Auferstandenen für die orthodoxe Tradition streng genommen unerlaubt bleibt: Niemand hat ja das Geschehen der Auferstehung gesehen, folglich kann es nicht geschichtlich dargestellt werden. (Noch in unserem Jahrhundert wurde dieser traditionstreue Standpunkt durch den namhaften russischen Theologen der Ikone, Leonid Ouspensky, verteidigt.) Statt dessen führt die traditionelle byzantinische und altrussische Kunst die direkt auf das All bezogenen Themen vor: *Descensus ad inferos* (wie im Chorakloster), auch die Wiederbegegnung zwischen Christus dem »Gärtner« und Maria von Magdala inmitten einer paradiesischen Vegetation. Es gibt eine berühmte, unter dem Namen des griechischen Kirchenvaters Johannes Chrysostomos er-

»So spricht zu den Juden
der Herr:
Mein Volk, mein Volk,
was tat ich dir?
Oder wie wurde zur Last ich dir?
Deinen Blinden schenkte
ich Licht,
deine Aussätzigen machte
ich rein,
den Mann auf der Bahre,
ihn weckte ich auf.

Mein Volk, was tat ich dir?
Und wie hast du mir vergolten?«

12. Antiphon zum Karfreitag

Oben: Schmerzensmann-Ikone aus Kreta, Ende des 16. Jahrhunderts. Sie verbindet Kreuz und Grab Jesu mit der Auferstehungshoffnung. Die Hände mit den Wundmalen sind vom Kreuzesbalken gelöst und vor dem Leib gekreuzt. So ragt Jesus, der Gemarterte, aus dem offenen Grab auf. Das Motiv bildet eine Abwandlung der Darstellungen der Beweinung Jesu, die den Schmerzensmann gemeinsam mit Maria (und Johannes) zeigen. Recklinghausen, Ikonenmuseum.

haltene und aus der patristischen Zeit stammende Kurzpredigt (fast eine Hymne in rhythmischer Prosa), die jedem praktizierenden Orthodoxen in der ganzen Welt vertraut ist. Sie gehört nämlich zum verpflichtenden Bestandteil jeder Osternachtvigil – bei den Griechen und bei den Russen wie auch bei den anderen Völkern mit byzantinischer Tradition.

Der auferstandene Heiland wird in dieser Predigt als endgültiger Todesbezwinger im Sinne der Worte von Paulus (1 Kor 15) gefeiert und gepriesen: »Niemand fürchte den Tod: erlöst hat uns der Tod des Erlösers. Den Hades hat Er entwaffnet, obwohl von ihm festgehalten; den Hades entmachtet, indem Er zu ihm hinabstieg. [...] Dies hat schon Jesaja vorausverkündet: ›Der Hades wurde bitter enttäuscht‹, so sagt er, ›als er Dir in der Unterwelt begegnete.‹ Er wurde verbittert, denn er wurde

»Heute ruft stöhnend der Hades:
Geopfert ward meine Macht,
der Hirte ward gekreuzigt,
den Adam hat er auferweckt.
Die meiner Herrschaft untertan,
sie wurden mir geraubt,
und die meine Macht verschlang,
sie alle habe ich ausgespien.
Leer gemacht hat die Gräber,
der gekreuzigt wurde.
Machtlos ist die Gewalt
des Todes.
Ehre, Herr, sei deinem Kreuz
und deiner Auferstehung.«

Aus den Vershymnen zur Auferstehung

Anastasis-Ikone aus der Werkstatt des Dionisij, 1495–1504. Thema des orthodoxen Osterbildes ist die »Höllenfahrt Christi«: Der Erlöser steht auf den kreuzförmig am Boden liegenden Türflügeln der Unterwelt und befreit Adam, Eva und die Gerechten des Alten Testaments. Den Gegensatz zu den tief unten hausenden Dämonen der Sünden bilden die Lichtpunkte in der Gloriole, die Christus umgibt; sie symbolisieren die Tugenden. St. Petersburg, Russisches Museum.

zu nichts; er wurde verbittert, denn er wurde verlacht; er wurde verbittert, denn er erhielt den tödlichen Stoß; er wurde verbittert, denn er wurde entmachtet; er wurde verbittert, denn er wurde gefesselt. [...] Wo, Tod, ist dein Stachel? Wo, Hades, dein Sieg? (Hos 13, 14) Christus ist erstanden, und du bist gestürzt; Christus ist erstanden, und die Dämonen sind gefallen; Christus ist erstanden, es freuen sich die Engel; Christus ist erstanden, das Leben wieder im Gang; Christus ist erstanden, kein Toter bleibt mehr im Grab.«

»Das Leben wieder im Gang« – gemeint ist vor allem das Menschenleben der Christen; aber die österliche Wiederbelebung des Lebens hat ja keine Grenzen, und nicht umsonst nennt das Evangelium des Johannes als den Ort der Auferstehung Christi einen »Garten« (Joh 19, 41). »Wie geheimnisvoll, daß die Heilsgeschichte anfängt und endet in einem Garten, dem Paradiesgarten und dem Auferstehungsgarten. [...] Aber zu einem Garten gehört ein Gärtner. Die Kirche, Botenfrau der Auferstehung, sieht in ihrem Herrn den ›Gärtner‹; den *khpouroz* aus Johannes 20, 15« (P. Hendrix).

Ostern als die Einweihungsfeier (*egkainia*) des Alls und der Frühling als naturhaft-kosmisches Gleichnis des geistlichen Neuanfanges – das sind die Leitmotive einer großartigen Homilie des griechischen Kirchenvaters Gregor von Nazianz († 390). Im Verlauf dieser Meditation über die paschale Harmonie der Elemente wird Gregors allgemein orthodoxer Sinn für das auf Ostern zentrierte Weltbild (wie freilich auch die persönliche, vorwiegend lyrische Veranlagung dieses Dichters par excellence unter den Theologen) ganz offenkundig:

»Sieh nur, was das Auge erschaut. Die Königin der Jahreszeiten geleitet den König der Tage und spendet mit offener Hand, was Schönes und Frohes sie hat. Nun gibt der Himmel helleren Schein. Nun steigt die Sonne höher hinauf in goldenerem Glanz. Nun strahlet lichter des Mondes Kreis und reiner der Sterne funkelnder Kranz. Nun verbinden sich in Eintracht dem Gestade die Wogen, der Sonne die Wolken, der Luft die Winde, das Land den Gewächsen, die Gewächse den Blicken.«

Bereits am Beginn der russischen Literatur finden wir eine ergreifende Darlegung der natur- und kosmosbezogenen Aspekte der orthodoxen Ostermystik – beim Kirchenredner des 12. Jahrhunderts Kirill, Bischof von Turow, in seiner Predigt am Weißen Sonntag (die übrigens auch über die Jahrhunderte hinweg den unverkennbaren Einfluß Gregors von Nazianz aufweist): »In der letzten Woche gab es eine Wandlung aller Dinge, denn die Erde, gereinigt von ihrer satanischen Unreinheit, ward durch den Himmel aufgeschlossen, und die Engel samt den Frauen dienten demütig der Auferstehung. Alle Kreatur ward erneut. [...] Heute sind die Himmel gereinigt von den dunklen Wolken, welche sie in einen schweren Schleier eingehüllt hatten, und sie verkünden mit ihren klaren Lüften Gottes Ruhm.«

Wendet man sich der russischen Lyrik des 20. Jahrhunderts zu, so findet man jenen österlich-frühlingshaften Kosmismus von Gregor und Kirill wieder, freilich in einer Gestalt, die von der mittelalterlichen Ein-

Prozessionskreuz aus Kreta, 17. Jahrhundert. Mit zum Segensgruß erhobener rechter Hand und der Siegesfahne in der linken schreitet der Auferstandene über das offene Grab. Die Kreuzenden zeigen die vier Evangelistensymbole Adler und Engel, geflügelter Löwe und geflügelter Stier. Schloß Autenried bei Günzburg (Bayern), Ikonenmuseum.

falt weit entfernt ist. Das späte Gedicht von Boris Pasternak (1890–1960) mit dem Titel »In der Karwoche« (im letzten Kapitel des Romans »Doktor Schiwago«) beginnt mit impressionistisch-stimmungsvollen Naturbildern, die das liturgische Element umrahmen:

»[...] Doch im Gesang
Der Kirche klingt jetzt auch der Klang
Der Straße und der Überschwang
Des frühling-jungen Jahres.«

Aber beides, das Naturhafte und das Liturgische, bereiten das Eigentliche vor, nämlich das Wunder des Gekreuzigten und Auferstandenen:

»Doch horch, was tönt um Mitternacht?
Ein Hauch des Frühlingswehens
hat frohe Botschaft uns gebracht:
Gebrochen wird des Todes Macht
In Kraft des Auferstehens.«

Natürlich ist dies kein Werk moderner Lyrik. Es ist aber wichtig, daß die programmatische Intention Pasternaks bei diesem Gedicht darin bestand, nicht sein dichterisches Ich in den Vordergrund zu rücken, sondern die Wirklichkeit des allgemein-russischen Erlebnisses des Kirchenjahres wiederzugeben.

Ikone mit den beiden heiligen Aposteln der Slawen, Kyrillos und Methodios, von Paskal Wassilew, 1859. Gemeinsam halten die Brüder ein Blatt mit den vor allem von Kyrillos geschaffenen Buchstaben der kirchenslawischen Schrift, der »Kyrillica«. Kyrillos, der auf den Namen Konstantinos getauft worden war, ging kurz vor seinem Tod 869 in Rom ins Kloster und nahm dort den Namen Kyrillos an. Sein Bruder versuchte, im damaligen Großmährischen Reich eine slawische Nationalkirche zu gründen, was jedoch scheiterte und ihm sogar eine Klosterhaft von 870 bis 873 eintrug. Sofia, Nationalgalerie.

DAS MYSTERIUM DER SELBSTENTÄUSSERUNG UND DES SCHWEIGENS

Das Oster-Mysterium bildet zweifellos den Mittelpunkt der Orthodoxie; aber in der Mitte dieser Mitte befindet sich die eigentliche »Quelle der Auferstehung«, wie die orthodoxe Hymnographie es nennt: das Grab. Nochmals: hier ist das »Glorreiche« nicht vom »Schmerzensreichen« zu trennen, sonst würde es zur triumphalisch verstandenen Grablege stilisiert. Vor allem wird der Charakter eines Mysteriums in der Deutung der heilsgeschichtlichen Geschehnisse bewahrt. (Bekanntlich bleibt die spezifische, manchmal gewagte Mysterien-Begrifflichkeit der Antike für die orthodoxe liturgische Sprache typisch.) Das große Erstaunen, mit dem die österliche Initiation von einem authentisch orthodoxen *Mysten* beantwortet sein will, führt das frühere Staunen weiter: die Ratlosigkeit, mit der nicht die Menschen, sondern die Engel auf die verschiedenen Phasen der Menschwerdung Gottes, von Mariä Verkündigung und Christi Geburt bis zur Kreuzigung und Grablegung, antworteten – wie die liturgische Dichtung der orthodoxen Tradition nicht müde wird zu schildern. Am Karsamstag z.B. werden die sogenannten *Enkomia*, die Loblieder des Grabes, gesungen: »Christus, unser Leben: als ins Grab gelegt Du wardst, / da erschauerten die Engelheere [...], Jesus, König Du des Weltalls, / der der Erde Grenzen Du gezogen; / heut nimmst

Wohnung Du in einem kleinen Grabe, / um die Toten aus den Gräbern zu erwecken. [...] Jesus, süßes Licht Du meiner Rettung, / wie verbirgst Du Dich in einem dunklen Grabe? / O welch unsagbares, / unaussprechliches Erleiden.«

Das Thema der göttlichen Menschwerdung, die in der Grablegung ihre Kulmination fand, kommt in der Orthodoxie auf verschiedenen Wegen mit dem Motiv des Schweigens in sinngemäße Verbindung. Einerseits durch den Begriff des Unsagbaren, das für die »apophatische« Theologie der Orthodoxen wie auch für ihre mysterienhafte Liturgik spätestens seit Pseudo-Dionysios Areopagita (5. Jahrhundert) besondere Bedeutung gewonnen hat. Andererseits durch den Begriff des sich nicht wehrenden Opfers. Schon die Gottesknecht-Lieder des Deuterojesaja stellen das Schweigen des Leidenden als Höhepunkt seiner Gewaltlosigkeit dar: »Er wurde mißhandelt und niedergedrückt, aber er tat seinen Mund nicht auf. Wie ein Lamm, das man zum Schlachten führt; und wie ein Schaf angesichts seiner Scherer, so tat auch er seinen Mund nicht auf« (Jes 53, 7). Also gehört das Schweigen auf eine ganz besondere Weise zur *Kenosis*, zur Selbsterniedrigung Christi – und jener Christusnachfolger, die »Narrheit« (1 Kor 3, 18; kirchenslawisch *jurodetvo*) genug besitzen, um solche Selbsterniedrigung aus freiem Willen auf sich zu nehmen.

Dieses Leidensmotiv mit einem besonders starken Nachdruck auf der Wehrlosigkeit des Opfers, die als *imitatio Christi* verstanden wird, finden wir im ältesten Meisterwerk der russischen Hagiographie: in der »Erzählung über die heiligen Märtyrer Boris und Gieb« (11. Jahrhundert). Die beiden Fürstensöhne sind zwar imstande, sich mit ihrem Gefolge gegen Mörder zu wehren, entscheiden sich aber für die Nachahmung des Opfers Christi. Vor ihrem Tod beten sie: »Denn siehe, ich werde hingeschlachtet, ich weiß nicht weshalb. Für welche böse Tat, habe ich nicht erfahren. Du weißt es, o Herr, mein Herr ich weiß, daß Du Deinen Aposteln gesagt hast: ›Im Dulden werdet ihr eure Seelen erwerben.‹ «

Auch für die viel spätere russische Kultur und bis in unsere Zeit bleibt diese Thematik aktuell. Leo Tolstoi (1828–1910), der als Vorkämpfer einer von kirchlicher Bervormundung befreiten Ethik in schweren Konflikt mit seiner Kirche geriet, darf nicht vorbehaltlos als Repräsentant der Orthodoxie gelten. Desto auffallender erscheint die Tatsache, daß dasselbe Motiv des Nichtwiderstehens, das in der Geburtsstunde der russischen Kultur und Spiritualität in den Gestalten von Boris und Gieb zum Ausdruck kommt, bei diesem großen »Ketzer« deutlich nachklingt, und zwar gegründet auf die ungekünstelt-wörtliche, fast »fundamentalistische« Befolgung der Herrenworte: »Als ich verstand, daß die Worte ›Widerstehe nicht dem Bösen‹ bedeuten, sich dem Bösen nicht zu widersetzen, wandelte sich plötzlich meine gesamte frühere Vorstellung vom Sinn der Lehre Christi, und ich erschrak, aber nicht wegen des Nichtverstehens an sich, sondern wegen dieses sonderbaren Verstehens der Lehre, in dem ich mich bis zu diesen Zeiten befunden hatte. [...] Weswegen verstand ich diese einfachen Worte nicht einfach, sondern suchte in ihnen irgendeinen bildlichen Sinn?« (»Worin besteht mein Glaube«,

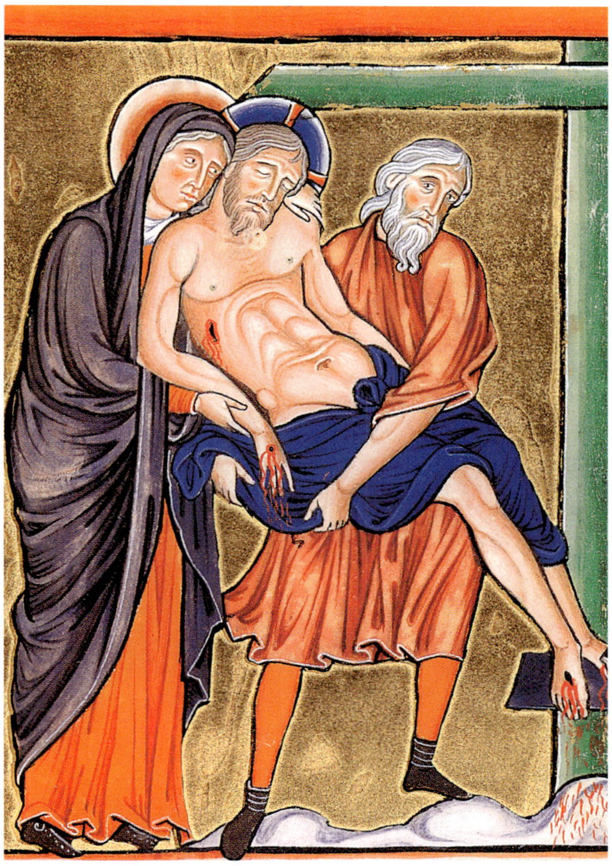

Die Kreuzabnahme, Detail einer Bildseite im Ingeborg-Psalter, um 1195 in Nordfrankreich entstanden. Die Konzeption dieser Darstellung beruht auf byzantinischen Anregungen. So findet sich das Kopf-an-Kopf-Motiv von Mutter und Sohn auf östlichen Lamentatio-Szenen vorgebildet (Abb. S. 222). Die gemeinsame Silhouette, die Maria und Jesus verbindet, wird durch die Gegenbewegung der dritten Figur (Josef aus Arimathäa) betont. Chantilly, Musée Condé, Ms. 9, fol. 27r (Ausschnitt).

MAIESTAS DOMINI UND PANTOKRATOR

Links: Maiestas Domini im »Lorscher Evangeliar«, Aachen, um 810–15. Alba Julia (Rumänien). Siehe auch S. 232 f.

Ein Thema, zwei Bildsprachen: die Darstellung Jesu in göttlicher Machtvollkommenheit als »Maiestas Domini« und als »Pantokrator«, in der »Majestät Gottes« und als »Allbeherrscher«.

Gemeinsam sind dem westlichen und dem östlichen Bild der Kreuznimbus als unverkennbares Attribut Jesu, des Gekreuzigten und Auferstandenen, und das Buch in der Linken, das in aufgeschlagener Form zumeist in Abkürzungen die Worte aus der Offenbarung des Johannes (1, 8) enthält: »Ich bin das Alpha und das Omega, spricht Gott, der Herr, der ist und der war und der kommt, der Herrscher über die ganze Schöpfung« (vgl. Offb 22, 13).

Gemeinsam ist auch der Segensgruß der rechten Hand, die diesen Gestus jedoch in unterschiedlicher Gebärdensprache ausdrückt: »lateinisch« mit drei gestreckten und zwei gekrümmten Fingern (kleiner Finger und Ringfinger) und »griechisch« mit gestrecktem Zeige- und Mittelfinger, während die drei übrigen Finger sich berühren.

Vor allem aber bewahrte die östliche Gestaltung die Form des Brustbildes, während die »Maiestas Domini« eine vielteilige Erweiterung erfahren hat, indem Motive aus den Himmelsvisionen des Buches Ezechiel und der Offenbarung des Johannes einbezogen wurden: Die Thronfigur Jesu Christi wird von der (mandelförmigen) Mandorla umschlossen, an die sich die vier Evangelistensymbole Engel und Adler (Matthäus und Johannes), Löwe und Stier (Markus und Lukas) anfügen. Die insofern verbildlichte Einheit von Altem und

Unten Links: Bernard Gilduin(us), Maiestas Domini, um 1100. Toulouse, Chorumgang von Saint-Severin.

Oben rechts: Graham Sutherland, Tapisserie an der Altarwand der Neuen Kathedrale von Coventry, erbaut 1954–62.

Links: Über dem Mittelschiff der Sophienkathedrale in Kiew (Ukraine) wölbt sich eine Kuppel mit dem von Engeln umgebenen Bild des Christus Pantokrator.

Neuem Testament kann durch die Einbeziehung der vier »großen« Propheten Jesaja und Jeremia, Ezechiel und Daniel zusätzlich betont werden.

Die hier zusammengestellten Werkbeispiele werden eingeleitet durch eine karolingische »Maiestas Domini«, die an ein antikes Vorbild anknüpft: Der kreisrunde Rahmen »zitiert« den astrologischen Tierkreis (Zodiakus), der bei römischen Bildwerken die Throngestalt Jupiters rahmt. An die Stelle der zwölf Tierkreiszeichen sind in kreuzförmiger Anordnung die vier

Evangelistensymbole getreten sowie acht Halbfiguren von Engeln.

Oben: Apsis des Doms von Cefalù (Sizilien) mit der Halbfigur des Christus Pantokrator (vgl. Abb. S. 231). Mosaik, 1148.

Jesus und seine Jünger beim Letzten Abendmahl. Das architektonische Rahmenwerk betont durch eine Nische mit Halbkuppel die zentrale Figur Jesu, an dessen Brust Johannes liegt (Joh 13, 23). Das Wandgemälde aus dem Jahr 1318 befindet sich in der Georgskirche von Staro Nagoricane Jumanovo (Mazedonien). Es ist ein Werk der beiden Maler Michael Astrapas und Eutychios, die im Auftrag des serbischen Königs Milutin in einem Zeitraum von mehr als zwei Jahrzehnten zahlreiche Kirchen ausgestattet haben.

1884). Im Kontext des 20. Jahrhunderts beeinflußte Tolstois Haltung auch Mahatma Gandhis Lehre vom *Ahimsa* (beide standen in brieflichem Kontakt).

Dostojewski (1821–1881), der einzige schöpferisch und auch geistig ebenbürtige Gegenspieler Tolstois, blieb, anders als der große Rebell, der kirchlichen Tradition verbunden. Eine wichtige Episode seines Romans »Die Brüder Karamasow«, in der Iwan Karamasow die von ihm selbst erdichtete Legende vom Großinquisitor Aljoscha vorträgt, läßt uns nochmals über das Boris-und-Gieb-Motiv nachdenken, diesmal in einem unmittelbar christologischen Zusammenhang. In dieser Parabel verzichtet Jesus selbst auf jede Auseinandersetzung mit seinem Antagonisten, dem Großinquisitor. Sein Schweigen wird durch Iwan im Vorwort zur Legende betont: »Allerdings sagt Er kein einziges Wort in dem Poem; sondern Er erscheint nur.« Und am Schluß fügt Iwan hinzu: »Ich wollte es so enden lassen: Als der Inquisitor verstummt ist, wartet er einige Zeit, was sein Gefangener ihm antworten wird. Dessen Schweigen bedrückt ihn. Er hat gesehen, wie der Häftling ihm die ganze Zeit über aufmerksam und still zugehört und ihm direkt in die Augen geschaut hat, offenbar ohne daß er wünschte, etwas zu erwidern. Der Greis möchte, daß jener etwas zu ihm sage, sei es auch etwas Bitteres, Schreckliches. Aber Er nähert sich plötzlich schweigend dem Greis und küßt ihn sanft auf seine blutleeren neunzigjährigen Lippen. Das ist die ganze Antwort.« (Dieses Motiv des wortlosen Friedenskusses kennzeichnet auch Aljoscha als Christusgestalt: »Aljoscha stand auf, trat an ihn heran und küßte ihn, ohne ein Wort zu sagen, still auf die Lippen. ›Literarischer Diebstahl‹ rief Iwan, der plötzlich in eine Art Begeisterung überging, ›das hast du aus meinem Poem gestohlen! Trotzdem – hab Dank!‹«)

Eine ausgesprochen apophatische Deutung dieses Schweigens wird von N. Berdiajew, dem bekannten russischen Philosophen unseres Jahrhunderts, vorgeschlagen: »Christus schweigt die ganze Zeit über, er bleibt im Schatten. Die positive religiöse Idee findet ihren Ausdruck

nicht im Wort. [...] Diese Verdecktheit Christi und Seine Wahrheit ist von besonders starker künstlerischer Wirkung. Zu beweisen, zu überzeugen sucht der Großinquisitor. Er verfügt über eine zwingende Logik und einen starken Willen, die auf die Verwirklichung eines bestimmten Planes gerichtet sind. Aber der Umstand, daß Christus nichts erwidert, sein sanftes Schweigen überzeugt und wirbt stärker als die ganze Beweisführung des Großinquisitors.« Im Schweigen wird beides vereint: das Apophatische und das Kenotische. Apophatisch, also im Sinne einer mystischen Erkenntnislehre, ist das Schweigen gerechtfertigt, weil es dem innersten Wesen des Mysteriums am meisten entspricht. Kenotisch wird derselbe Akt des Schweigens motiviert als Teil des Leidens Christi, als radikalste Absage an jegliche, wenn auch nur verbale Gegenwehr.

Diese Einheit von Apophatik und Kenotik, ausgedrückt in demselben Akt des wehrlosen Schweigens, wird bei den Dichtern Rußlands des öfteren besungen, und zwar als die eigentliche Substanz der russischen Landschaft wie des russischen Seins überhaupt. Rußland sei ja das »Land, nicht von lichten«, wie der westliche Rußland-Mystagoge Rainer Maria Rilke (1875–1926) vielsagend formuliert hat. (Diese Worte sind keineswegs negativ zu verstehen; in derselben Zeile nennt Rilke Rußland »mein Land«, seine Landschaft als die Landschaft seiner eigenen Seele akzeptierend. Mehr noch, im Kontext des Gedichtes erscheint Rußland untrennbar verbunden mit dem Begriff Gottes.) »Nicht von lichten«: kein spektakulärer Reichtum des natürlichen und historischen Welttheaters, keine mediterrane Idylle, keine Pracht der südlichen Sonne, keine visuelle Rhetorik, in deren Rahmen Berge und Ruinen ihre *pointes* vorführen könnten. Statt dessen: Armut, herbe Öde – Schweigen. Ein solches, auf das Christus-Verständnis explizit bezogenes Rußlandbild wird z. B. in einem bekannten – auch bei Dostojewski im Zusammenhang mit dem Großinquisitor-Dialog durch Iwan angedeuteten und (S. 134) teilweise zitierten – Gedicht von dem großen philosophischen Dichter des 19. Jahrhunderts, Fjodor Tjutschew, entfaltet.

Oben links und rechts: Zwei Wandgemälde der Werkstatt von Michael Astrapas und Eutychios in der Kirche des hl. Nikita in Skopje (Mazedonien), 1320. Das linke Bild schildert die Tempelreinigung: Jesus vertreibt die Geldwechsler und Händler aus dem Tempel in Jerusalem. Rechts: Jesu Verspottung. Zu Füßen des Gefangenen führen drei Gestalten einen grotesken Tanz auf, den eine vierte Figur mit mißtönender Musik begleitet.

Folgende Doppelseite: Der liturgisch bedeutendste Teil der Ausstattung einer orthodoxen Kirche ist die Ikonostase: die Bilderwand. Sie trennt den Gemeinderaum (Naos) vom Altarraum (Adyton, Bema). Von den drei mit Tüchern verhängten Öffnungen führt die mittlere zum Altar, die beiden seitlichen zur Prothesis (hier werden die eucharistischen Opfergaben vorbereitet) und zum Diakonion zur Aufbewahrung liturgischer Gewänder und Bücher. Die Anordnung der Ikonen an einem Holzgerüst gibt der Deesis einen zentralen Platz über dem mittleren Zugang. Die hier wiedergegebene Ikonostase befindet sich in der Dreifaltigkeitskirche von Kostroma an der Wolga. Sie zeigt über der Deesis die Ikone Marias in Gebetshaltung, d. h. als Orantin, mit dem Christuskind vor der Brust (Maria Blachernotissa). Als Bekrönung dient die Ikone der Kreuzigung.

Hier kehren in einer späten, landschaftlich-romantischen Einkleidung die theologischen orthodoxen Hauptbegriffe der Kenosis und des Schweigens wieder. Freilich ist die für das 19. Jahrhundert so typische romantisch-vaterländische Reflexion bei Tjutschew nicht zu leugnen; aber da sie hier nicht etwa auf Kämpfe und Siege, sondern auf die »Knechtgestalt« Christi bezogen bleibt, erscheint Rußland selbst fast wie eine Metapher für das Christus-Mysterium. In diesem Sinne gemahnt uns auch bei Rilke der Vers »mein Land, nicht von lichten«, der Rußland nicht als bloße nationale Wirklichkeit meint, an andere Bezüge: etwa an das »überlichte Dunkel« der byzantinischen Mystik. Also zurück von den allzu stimmungsvollen Rußland-Visionen – zum Wesen des Hesychasmus! Natürlich ist das Landschaftsbild etwa des heiligen Berges Athos dem russischen Norden so unähnlich wie nur möglich; aber hier wie dort bereiten Öde und Schweigen gleichsam den Raum vor, in dem der unablässig angerufene Name Christi für seine *Mysten* einen angemessenen Widerhall finden kann.

»Fremde Augen sind verdrossen,
was hier arm und mißgestaltet,
ihrem Stolze ist verschlossen
das Geheimnis, das hier waltet.
Dich, o heimatliche Erde,
hat Er, der am Kreuz gelitten,
hat mit segnender Gebärde
Gott in Knechtgestalt
durchschritten.«

Aus einem Gedicht
von Fjodor Tjutschew

DAS MYSTERIUM DES BILDES

Jede christliche Theorie der Sakralkunst sieht sich von Anfang an mit dem zweiten Gebot des Dekalogs konfrontiert: »Du sollst dir kein Gottesbild machen und keine Darstellung von irgend etwas am Himmel droben, auf der Erde unten oder im Wasser unter der Erde« (Ex 20, 4). Dieses Verbot hat einen tiefen Sinn, insofern es jede bequeme Befriedigung der spirituellen Sehnsucht verwirft, jegliche Gleichsetzung von Sein und Schein und jede Beimischung vom »Als ob« zum Ernst. Es ist nicht gut für den Glauben, die Idee des sakralen Bildes auf eine allzu leichte Weise zu akzeptieren, sonst wird undeutlich, wo die Glaubensnorm endet und eine bloße künstlerische Konvention beginnt.

Wie jeder weiß, wurzelt die östlich-orthodoxe Tradition der Ikone in Byzanz. Man muß sich allerdings daran erinnern, daß dasselbe Byzanz sowohl eine sehr rigoros durchdachte ikonoklastische Theologie als auch eine radikale ikonoklastische Bewegung hervorgebracht hat, und zwar Jahrhunderte, bevor die Theologen der westlichen Reformation Ähnliches unternommen haben. Dies gehört zum Geheimnis der byzantinischen Ikone: daß die byzantinische Orthodoxie die durchaus ernstzunehmende Herausforderung des Bildersturmes (8.–9. Jahrhundert) überwinden mußte, Argumente der Ikonoklasten durchdenkend, bewältigend und nach einer konstruktiven Antwort tastend.

Die Praxis der Ikonenmalerei hat damals eine derart gründliche theologische Fundierung erhalten, daß man von dem Phänomen einer »Theologie der Ikone« sprechen kann. Das Wort »Ikone« stammt bekanntlich vom griechischen Wort *eikōn* (Bild, Abbild). In der Sprache der griechisch-orthodoxen Tradition besitzt dieses Schlüsselwort einen einzigartigen Reichtum der Konnotationen. Es wird nicht nur für ein Werk der Sakralkunst gebraucht; vor allem anderen ist es ein theologischer Terminus. »Wahrlich, alle sichtbaren Dinge sind offenbarte Bilder (d. h. Ikonen) der unsichtbaren«, belehrt uns jener große Theologe des 5. Jahrhunderts, dessen Werke unter dem Namen Dionysios Areopagita überliefert sind. »Alles Vergängliche«, so Goethe, »ist nur ein Gleichnis«; wenn wir versuchen, dieselbe Erfahrung in der Sprache der byzantinischen Theologie auszusprechen, müssen wir sagen: »Alles Kreatürliche ist eine Ikone.« Aber das Gesagte kann auch außerhalb des Vergänglichen, ja außerhalb des Kreatürlichen wahr bleiben. Der Sohn Gottes, der, nach den Worten des Glaubensbekenntnisses, unerschaffen ist, wird von Paulus »das Ebenbild [Ikone] des unsichtbaren Gottes« genannt (Kol 1, 15, vgl. 2 Kor 4, 4). Dadurch bekommt die Theologie der Ikone ihre christologische, christozentrische Begründung. Und zu Beginn des 1. Johannesbriefes steht: »Was von Anfang an war, was wir [...] mit unseren Augen gesehen haben, was wir geschaut und was unsere Hände angefaßt haben, das verkünden wir: das Wort des Lebens« (1 Joh 1). Nur weil das Übernatürliche auf eine natürliche Weise von Menschenaugen gesehen und von Menschenhänden berührt wurde, nur weil das Wort des Lebens leibhaftig wurde, ist vom orthodoxen Standpunkt aus die Ikonenkunst als legitimer Ausdruck des Glaubens gerechtfertigt. Dies wurde mehrmals im Verlauf des Bilderstreits von den Verteidigern der Ikonenverehrung formuliert. Auch später besann man sich explizit auf diese Prinzipien des mystischen Realismus.

So lehnte die strikte orthodoxe Lehre die Darstellung Gottvaters als respektablen weißhaarigen und graubärtigen Greis grundsätzlich ab. Derartige Bilder der ersten Person der Dreifaltigkeit traten erst spät auf und erregten starken Widerstand. Die importierte Ikonographie des »Hochbetagten« (Dan 7, 9) wurde formell verboten durch die berühmte Hundertkapitelsynode in Moskau (1551). Dieses Verbot, das jedoch in späterer Zeit vernachlässigt wurde, blieb auf seine Art der Logik des mystischen Realismus treu: »Niemand hat Gott je geschaut« (1 Joh 4, 12). Darum ist das einzige menschliche Antlitz Gottes, das auf eine legitime Weise imaginiert und dargestellt sein darf, allein das Antlitz Christi. »Niemand hat Gott je gesehen. Der Einzige, der Gott ist und am Herzen des Vaters ruht, er hat Kunde gebracht« (Joh 1, 18).

Eine prägnante Zusammenfassung der orthodoxen Lehre hinsichtlich der Ikone bietet ein byzantinischer hymnographischer Text, der unmittelbar nach dem Bilderstreit entstand: »Das unumschreibbare Wort des Vaters hat durch Seine Fleischwerdung aus Dir, o Mutter Gottes, hat Sich Selbst umgeschrieben; wiederherstellend das befleckte Bild in seiner Urgestalt, durchdrang Es dieses mit göttlicher Schönheit erfüllt. Bekennend aber die Erlösung, bilden wir dies ab in Werk und Wort.« Was macht folglich den eigentlichen Gegenstand der orthodoxen Ikone aus? Nicht die göttliche Transzendenz an und für sich, die nur auf den Umwegen irgendwelcher neuheidnischer mythologisierender Visionen und nicht auf den Wegen des mystischen Realismus dargestellt werden kann. (Wir haben gesehen, wie widerwärtig die Ikonographie von Gott dem Vater anfänglich erscheinen konnte. Ach, für die Phantasmagorie Michelangelos, der seinen heidnischen Titel »Divino« so gut verdient hat, vor allem für

Mandylion-Ikone der Nowgoroder Malerschule, 15. Jahrhundert. Das frontale Antlitz Jesu steht in der Tradition von Ikonen, deren Typus sich von einer Reliquie herleitet, die um 950 von Edessa nach Konstantinopel überführt wurde: ein Tuch mit dem Gesichtsabdruck Jesu, das dem König Abgar V. von Edessa (reg. 9–46) Heilung brachte. Dieses hl. Mandy-

lion bzw. Abgar-Bild gehört zu den Acheiropoieta, den »nicht von Menschenhand gemachten«, deren Nachbildungen sich streng an das »Urbild« halten mußten. Dennoch schufen sich die Maler einen gewissen Spielraum. So leitet sich die volkstümliche Bezeichnung dieser Ikone als »Erlöser mit dem nassen Bart« von der eigentümlichen Barttracht her: Die unter dem Kinn wie mit einem nassen Kamm gestrafften Haare sind zu einem am Ende geschlitzten Spitzbart geformt. Moskau, Trejakow-Galerie.

Rechte Seite: Der Heiland von Zwenigorod, Fragment einer Deesis, um 1400–25. Die Gestaltung des in abgestuften Brauntönen gemalten Gesichtes und der sanfte Blick aus tiefliegenden Augen begründen die Zuschreibung an Andreij Rublew. Moskau, Tretjakow-Galerie.

»Wer kann sich von dem unsichtbaren, unkörperlichen, ungeschriebenen und gestaltlosen Gott ein Abbild machen? Höchst töricht und gottlos also ist es, die Gottheit darzustellen. Daher war im Alten Testament der Gebrauch der Bilder nicht üblich. Es ist aber Gott in seiner barmherzigen Liebe unseres Heiles wegen wahrhaftig Mensch geworden, nicht wie er dem Abraham in Menschengestalt erschienen ist, auch nicht wie den Propheten, nein, wesenhaft, wirklich ist er Mensch geworden, hat auf Erden gelebt und mit den Menschen verkehrt, hat Wunder gewirkt, gelitten, ist gekreuzigt worden, auferstanden, in den Himmel aufgenommen worden, und all das ist wirklich geschehen.«

Johannes Damascenus, »Vom Bilde«

seinen muskulösen Weltenschöpfer an der Decke der Sixtinischen Kapelle, gibt es in diesem gedanklichen Kontext leider keine Legitimation!) Aber auch nicht das Diesseitige an und für sich, das Menschlich-Allzumenschliche, als »Fleisch und Blut« naturalistisch gesehen – also nicht die Körperlichkeit der barocken Heiligen, nicht die von der Minne inspirierte Wonne mancher westlicher Madonnenbilder, nicht die alltägliche, häusliche Gemütlichkeit der biblischen Szenen bei den niederländischen Malern. Der eigentliche Gegenstand der Ikonenmalerei ist nicht mehr und nicht weniger als dies: die menschliche Leiblichkeit verklärt, umgewandelt, mehr noch, vergöttlicht durch die Präsenz der göttlichen Natur im Gottmenschentum Christi und durch die Wirkung der göttlichen Energien in den Heiligen Christi. So entschied das 7. ökumenische Konzil in Nizäa 787 (übrigens das letzte, das für die Orthodoxen und Katholiken ein gemeinsames Erbe bildet). Die Wirklichkeit, die vom Standpunkt der traditionellen orthodoxen Ikonenmalerei legitimerweise darstellbar und zugleich darstellungswürdig ist, liegt genau auf einer ontologischen Grenze lokalisiert: auf der Grenze zwischen Immanenz und Transzendenz, Natur und Gnade, Sichtbarem und Unsichtbarem. Genauer: Sie liegt nicht bloß auf der Grenze, sondern in dem Punkt, wo diese unüberwindbare Grenze durch das Ereignis der Menschwerdung Gottes überwunden worden ist. Die Möglichkeit, das Göttliche sichtbar zu machen, ist nach der orthodoxen Lehre von diesem Ereignis durchaus abhängig. Darum bleibt jede traditionsgetreue, in ihren künstlerischen Prinzipien authentische orthodoxe Ikone auch dann, wenn sie etwa die Gottesmutter oder die Heiligen darstellt, immer auf Christus selbst bezogen. Der goldene Grund der Ikone, ihr abstrakter, nicht-figurativer Pol, symbolisiert den lichten Abglanz der Gottheit; aber in der Mitte der Ikone erscheint der Gegenpol: das Antlitz. Dieses Antlitz vereint in sich Elemente des Abstrakten, Statischen, Schematischen, die an die Sakralkunst Tibets oder an die hinduistischen Tantras gemahnen, mit der Tradition des hellenistischen Porträts: Die vorherrschende Symmetrie wird durch kleinere, aber ästhetisch sehr wirksame Asymmetrien ausgeglichen, die Statik wird hier und dort durch leichte Bewegung belebt – das Bild will eben Abbildung des Gottmenschentums sein. Zugleich weist dieses Antlitz manche kosmischen Züge auf: Die Nase, lang und fein, deutet einen Baum an, wohl eine edle Palme, die wie der Weltenbaum der alten Mythen aufragt. Auf der Stirn und um die Augen glänzt ein übernatürliches Licht, die »Idee« des Lichtes im platonischen Sinne. Die Locken sind bewegt durch einen vorweltlichen Geisteswind, wohl denselben, der am Anfang über den Wassern schwebte (Gen 1, 2). Und dieser Charakter des Kosmischen, der sich bis in die technischen Verfahren der Ikonenmalerei verfolgen läßt, ist gut begründet gerade durch die christologische Dimension der Ikonenmalerei: Wenn bereits der Alte Adam in gewissem Sinne als ein Mikrokosmos von Gott erschaffen wurde, um so mehr gebührt diese mikrokosmische Würde Christus, dem Neuen Adam (1 Kor 15, 45–49), wie auch der ganzen menschlicher Natur, die »in Christo« ihre Verklärung findet.

JESUS UND DIE WELTRELIGIONEN

AUF DEM WEG ZU EINEM GLOBALEN ÖKUMENISCHEN BEWUSSTSEIN

Rechte Seite: In eine Holztafel (Höhe 24,5 cm) ist ein Bronzerelief eingelassen. Es zeigt Jesus als dornengekrönten, mit einem Strick um den Hals und an den Händen gefesselten Schmerzensmann. Vor Gericht dienten diese Fumis der Unterscheidung zwischen Christen und Nichtchristen, indem die Verdächtigen gezwungen wurden, das auf den Boden gelegte Relief »mit Füßen zu treten«. Wer sich weigerte, entlarvte sich selbst als Christ.

Oben: Initialzierseite im Berthold-Missale, um 1250. Inmitten symmetrisch angeordneter, eng verflochtener Kreisspiralen strebt der vertikale Teil des Buchstabenkörpers hinaus zum Brustbild Jesu. Er bildet mit dem waagrechten »Balken« ein monumentales T-Kreuz und zugleich den Anfangsbuchstaben des Textes »Te igitur, clementissime pater« (Dich aber, gütigster Vater) am Beginn der Darbringung des Meßopfers. Das vierteilige und doch zentrierte Spiralmotiv wurzelt mit seiner kosmischen Symbolik in der vorchristlichen Kunst, beispielsweise der keltischen.

Unsere Kenntnisse von den anderen sind, sehen wir von einigen Spezialisten ab, noch immer sehr beschränkt. Wenn wir den interreligiösen Dialog (zwischen den Weltreligionen) vergleichen mit dem interkonfessionellen Dialog (zwischen den christlichen Konfessionen), so wird man sagen müssen: Wir stehen heute im interreligiösen Dialog ungefähr dort, wo wir im interkonfessionellen Dialog vor etwa 50 Jahren standen.

Langsam freilich überwinden wir die Isolation und lernen die Realität der anderen begreifen. Das heißt: nach einer Periode heißer, dann kalter Kriege und schließlich einer Periode der mehr schiedlichen als friedlichen Koexistenz dürften wir heute am Anfang einer vierten neuen *Epoche der Proexistenz* stehen. Trotz aller offenkundigen Hemmnisse und Schwierigkeiten scheinen wir zum erstenmal in der Weltgeschichte vor dem *langsamen Erwachen eines globalen ökumenischen Bewußtseins* zu stehen und am Beginn eines ernsthaften Dialogs der Religionen zwischen führenden Fachleuten und Repräsentanten auf breiter Ebene. Möglicherweise ist dies eine der wichtigsten Erscheinungen des 20. Jahrhunderts, die sich wohl erst im 21. Jahrhundert auswirken wird – falls die Menschheit es erlebt. »Ökumene« darf deshalb heute weniger denn je eng, verengt, ekklesiozentrisch verstanden werden: Ökumene darf sich nicht auf die *Gemeinschaft der christlichen Kirchen* beschränken, sie muß die *Gemeinschaft der großen Religionen* einbeziehen, wenn Ökumene – nach dem ursprünglichen Wortsinn verstanden – den gesamten »bewohnten Erdkreis« meint...

Was *Religion* ist, läßt sich so schwierig definieren wie Kunst. »Ich wußte es, bis du mich fragtest, es zu erklären«, könnte man mit Augustin (auf die Frage, was »Zeit« sei) antworten. Oft völlig Verschiedenes wird im einen wie im anderen Fall unter einen Begriff gebracht. Der Ausdruck »Religion« ist in vielfacher Hinsicht problematisch und wird von Religionswissenschaftlern wie von Theologen kritischer Betrachtung unterzogen. Auf die weitverzweigte Debatte muß hier nicht eingegangen werden. Es genügt zu sehen, daß »Religion«, wenn auch nicht ein völlig äquivoker, so doch ein analoger Begriff ist, der Unähnlich-Ähnliches umschließt. Die Unähnlichkeit zeigt sich vor allem darin, daß der Begriff vom Glauben an viele Götter über den Glauben an den einen Gott bis hin zur Ablehnung eines Gottesglaubens (im frühen Buddhismus) beinahe alle Optionen abdecken muß. Auch ein Dialog etwa zwischen Religionswissenschaftlern und einem christlichen Theologen setzt keinen normativen Begriff von Religion voraus. Und doch ist es wichtig, daß der christliche Theologe für sich Rechenschaft ablegt über seinen Gebrauch des Begriffs der Religion – gleichsam in Form einer Arbeitshypothese. Dies ist möglich, weil bei aller Unähnlichkeit sich doch auch Ähnlichkeiten feststellen lassen, die ich nur skizzieren kann.

Immer geht es in der Religion um eine erlebnishafte *»Begegnung mit dem Heiligen«* (R. Otto, F. Heiler, M. Eliade, G. Mensching) – mag diese »heilige Wirklichkeit« nun als Macht, als Mächte (Geister, Dämonen,

Engel), als (personaler) Gott, (apersonales) Göttliches oder irgendeine letzte Wirklichkeit (Nirvana) verstanden werden. »Religion« läßt sich deshalb für die Zwecke dieses Dialogunternehmens wie folgt umschreiben: Religion ist *die in einer Tradition und Gemeinschaft sich lebendig vollziehende* (in Lehre, Ethos und Ritus) *sozial-individuell realisierte Beziehung zu etwas, was den Menschen und seine Welt übersteigt oder umgreift:* zu einer wie immer zu verstehenden allerletzten wahren Wirklichkeit (das Absolute, Gott, Nirvana). Im Unterschied zur Philosophie geht es in der Religion um *Heilsbotschaft* und *Heilsweg* zugleich.

Denn dies haben gerade auch die religionswissenschaftlichen Darlegungen deutlich gemacht: Religion ist mehr als eine rein theoretische Angelegenheit, gar nur eine Sache der Vergangenheit, Aufgabe für Urkundenforscher und Quellenspezialisten. Nein, Religion, wie sie hier geschildert wird, ist immer auch *gelebtes Leben*, eingeschrieben in die Herzen der Menschen und von daher für alle religiösen Menschen eine höchst gegenwärtige und durchaus den Alltag bestimmende Angelegenheit. Man kann sie mehr traditionell, oberflächlich, passiv leben oder aber tief empfunden, engagiert, dynamisch: Religion ist eine *gläubige Lebenssicht, Lebenseinstellung, Lebensart,* ist deshalb ein Menschen und Welt umgreifendes individuell-soziales *Grundmuster*, durch das der Mensch (ihm nur teilweise bewußt) alles sieht und erlebt, denkt und fühlt, handelt und leidet: ein transzendent begründetes und immanent sich auswirkendes *Koordinatensystem*, an dem sich der Mensch intellektuell, emotional, existentiell orientiert: Religion vermittelt einen umfassenden Lebenssinn, garantiert höchste Werte und unbedingte Normen, schafft geistige Gemeinschaft und Heimat [...]

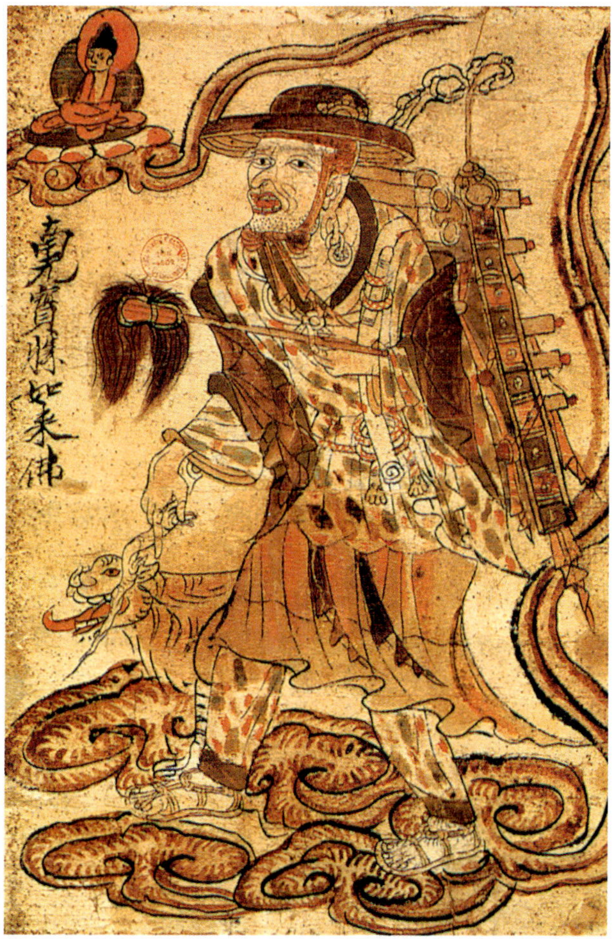

Allen Hochreligionen gemeinsam ist das Pilgerwesen mit dem Besuch heiliger Stätten, aber auch als Ausdruck der Grunderfahrung des Unterwegs-Seins. Ein in der buddhistischen Kunst häufig wiederkehrendes Thema ist der reisende Mönch Xuanzang. Die Trage auf seinem Rücken enthält Rollen mit religiösen Texten und Bildern.

Was kann eine ökumenische Theologie zur Befriedung unserer friedlosen Welt beitragen? Sicher keine direkten Lösungen zu all den komplexen Fragen strategischer, militärindustrieller und abrüstungstechnischer Natur. Das ist auch nicht ihre ureigenste Aufgabe.

Ihr ureigenstes Reflexions- und Praxisfeld ist vielmehr – und auch Wissenschaftler und Politiker beginnen diese ethisch-religiöse Dimension wieder vermehrt zu beachten – das Ethos, die Moral, die Religion. Und hier kann ökumenische Theologie die Konflikte aufdecken und aufarbeiten helfen, deren Ursachen die Religionen, die Konfessionen oder Denominationen selbst sind. Und wieviel an konfessionellen und religiösen Konfliktherden auf unserer Erde gilt es abzubauen!

Wer wüßte nicht, wieviel Unheil die ökumenische Zerrissenheit unter Christen auf politischem Feld verursacht hat. Man muß nur an den Nordirlandkonflikt erinnern, um zu begreifen, was gemeint ist. Und wer möchte ausschließen, daß auch der wahnsinnige Falklandkrieg mindestens unterschwellig von einem katholisch-protestantischen Antagonismus mitbestimmt war, wie ja auch das Superioritätsgefühl und das Hegemoniestreben des protestantischen Yankeetums im katholischen Süd- und Mittelamerika – und die Reaktionen darauf – schon immer kulturell-religiös geprägt waren.

Was haben die Kirchen dagegen getan? Gewiß, sie haben zumindest in neuester Zeit – und das ist schon viel – für den Frieden und nicht mehr für den Krieg geredet, meist freilich nur dort, wo es ohne Gefahr geschehen konnte. Aber haben sie auch genug für den Frieden getan: in Vietnam, im Libanon, in Argentinien, in Großbritannien, in Deutschland, in Europa und Amerika überhaupt, aber auch in Afrika und Asien? Um es noch einmal unmißverständlich zu sagen: Die Religionen, das Christentum, die Kirchen können nicht sämtliche Konflikte der Welt lösen oder auch nur verhindern, aber sie können das Maß an Feindschaft, Haß und Unversöhnlichkeit verringern. Indem sie erstens – wie dies etwa der Rat der Evangelischen Kirche in Deutschland beispielhaft in bezug auf das Verhältnis Deutschland-Polen getan hat – ganz konkret für die Verständigung und Versöhnung zwischen verfeindeten Völkern eintreten. Und indem sie zweitens wenigstens diejenigen Konflikte aus der Welt zu schaffen beginnen, deren Ursache sie selbst sind oder deren Brisanz sie mitverschuldet haben: ihre kirchentrennenden Lehrunterschiede ebenso wie die daraus entstehenden praktischen Differenzen.

Nein, von den Religionen und Kirchen ist nichts Menschenunmögliches verlangt; verlangt ist nur, daß sie ihren eigenen Programmen und Grundintentionen nachleben, daß sie ihre Friedensappelle nicht nur nach draußen richten (so wichtig das ist), sondern zugleich nach innen und so in ihrem ureigensten Bereich Taten der Versöhnung und Zeichen des Friedens setzen. Und man kann darauf vertrauen, daß diese Taten der Versöhnung, daß diese Zeichen des Friedens ihre Signalkraft und Ausstrahlung auf die Konfliktfelder »draußen« nicht verfehlen werden.

Wer könnte darüber hinaus leugnen, daß für die notorischen *Spannungsherde der Weltpolitik* nicht nur christliche Konfessionen oder zu Quasireligionen hochgeputschte Ideologien mitverantwortlich sind, sondern auch die großen Religionen selbst? Wer könnte übersehen, gleichsam von Fernost nach Nahost:

daß schon im Vietnamkrieg religiöse Faktoren mitgespielt haben (der Antagonismus zwischen buddhistischen Mönchen und dem katholischen Regime);

daß der Konflikt Indien-Pakistan, eine territoriale Spaltung, die gegen den Willen Mahatma Gandhis zustande kam, bis heute von der Unversöhnlichkeit zwischen Hindus und Muslimen gespeist wird, die immer wieder zu neuen Massakern führt (von denen zwischen Hindus und Sikhs nicht zu reden);

daß der Krieg zwischen Iran und Irak mit der innermuslimischen Rivalität, ja Feindschaft von Sunniten und Schiiten zu tun hatte?

Vom Nahost-Konflikt ganz zu schweigen, wo sich bekanntlich Muslime, Juden und Christen bis an die Zähne bewaffnet gegenüberstehen und sich zerfleischt haben.

Die fanatischsten, grausamsten politischen Kämpfe sind die von Religionen eingefärbten, inspirierten, legitimierten politischen Kämpfe. Dies auszusprechen heißt nicht, die angesprochenen Konfliktherde auf Religionskämpfe zu reduzieren, sondern heißt, die religiös-ökumenische

Zum Schmelztiegel der Kulturen und Religionen wurde im Frühmittelalter Sizilien. Ab 827 eroberten die muslimischen Araber von Nordafrika aus die zuvor von Wandalen, Ostgoten und Byzantinern beherrschte Insel. Ab 1061 setzten sich von Süditalien aus die Normannen durch, die schließlich von den Staufern beerbt wurden. Der Normannenkönig Wilhelm II., der Gute, ließ im letzten Viertel des 12. Jahrhunderts südlich von Palermo, in Monreale, einen

erzbischöflichen und einen königlichen Palast errichten, einen Dom und ein Kloster. Erhalten ist neben dem Klosterkreuzgang der im arabisch-normannischen Stil erbaute Dom mit seiner byzantinisch beeinflußten Ausstattung. Das hier wiedergegebene Mosaik illustriert den vierten Tag des ersten Schöpfungsberichts: die Erschaffung der Gestirne und des Wechsels von Tag und Nacht (Gen 1, 14–19).

Eine Auswahl von sechs der insgesamt 153 Bildtafeln an der Decke der nach 1130 erbauten Kirche St. Martin in Zillis (Graubünden), südlich der Via Mala. Die obere Reihe zeigt die Heimsuchung (Maria und Elisabet), die Versuchung Jesu durch den Teufel sowie eine schwer zu deutende Darstellung (der Prophet Jona auf dem Schiff?), die aus Bildtafeln mit zumeist Meeresungeheuern besteht. Untere Reihe: Tempelreinigung, Dornenkrönung Jesu sowie die Mantelspende des hl. Martin, des Schutzpatrons der Kirche.

Mitverantwortung ernst zu nehmen für eine Befriedung unserer friedlos-zerrissenen Welt. Christen, Juden und Muslime, Hindus und Buddhisten sind hier gleichermaßen herausgefordert. Wieviel wäre den betroffenen Völkern und der übrigen Welt erspart geblieben, wenn die Religionen ihre Verantwortung für Frieden, Nächstenliebe und Gewaltlosigkeit, für Versöhnung und Vergebung früher erkannt hätten, wenn sie, statt Konflikte mitgeschürt, Konflikte mitgelöst hätten – nach dem Beispiel des Hindu Mahatma Gandhi, des Christen Dag Hammarskjöld, des Muslimen Anwar el-Sadat und des Buddhisten U Thant, die alle aus religiöser Grundüberzeugung Friedenspolitik betrieben.

Das Fazit: Interreligiöser ökumenischer Dialog ist heute alles andere als die Spezialität einiger weltfremder religiöser Ireniker, sondern hat heute zum erstenmal in der Geschichte den Charakter eines auch weltpolitisch vordringlichen Desiderats; er kann helfen, unsere Erde bewohnbarer, weil friedlicher und versöhnter, zu machen.

Kein Frieden unter den Völkern dieser Welt ohne einen Frieden unter den Weltreligionen!

Kein Frieden unter den Weltreligionen ohne einen Frieden unter den christlichen Kirchen!

Die Kirchenökumene ist integraler Teil der Weltökumene:

Der Ökumenismus ad intra, auf die Christenheit konzentriert, und der Ökumenismus ad extra, auf die gesamte bewohnte Erde ausgerichtet, sind interdependent!

Frieden ist unteilbar: er fängt im Inneren an!

DAS WEITERLEBEN »ÜBERLEBTER« PARADIGMEN IN KUNST UND RELIGION

Der Fall Galilei hat es gezeigt: Es braucht auch in der *Naturwissenschaft* manchmal fast hundert Jahre, bis ein altes Paradigma (hier das ptolemäische) durch ein neues (das kopernikanische) abgelöst wird. Aber: wenn das alte einmal abgelöst ist, so ist es definitiv erledigt. Weder kann es sich einfach halten noch gar wieder Auferstehung feiern. Romantische Restaurationsbewegungen sind in Astronomie, Physik, Chemie und Biologie ausgeschlossen, und kein Student dieser Disziplinen muß die früher erledigten Paradigmen ernst nehmen; in Lehrbüchern tauchen sie aus didaktischen Gründen bestenfalls in Einleitungen oder Fußnoten auf. Und warum können in der Naturwissenschaft die alten Paradigmen einfach liquidiert werden? Weil in den »exakten« Wissenschaften Hypothesen, mit Hilfe der Mathematik und des Experiments, empirisch verifiziert oder falsifiziert werden und die Entscheidungen zugunsten des neuen Paradigmas auf längere Sicht durch Evidenz »erzwungen« werden können. Der Erfolg läßt sich in den Naturwissenschaften – man denke nur etwa an die Berechnung der Planetenbahnen – in Zahlen bilanzieren.

Schon in der *Kunst* ist dies ganz anders: Mit Mathematik und Experiment läßt sich hier definitiv nichts entscheiden, gar ein Paradigma ablösen. Wiewohl jedes Kunstwerk Schöpfung einer bestimmten Kunstepoche ist, so verlieren die Kunstwerke früherer Epochen durch einen Paradigmenwechsel keineswegs jeglichen Wert. Die Werke der italienischen Renaissancemaler Botticelli oder Raffael etwa werden nicht liquidiert, weil man (nach Michelangelo) anfängt, »barock« – etwa à la Rubens oder à la Rembrandt – zu malen. Zwar können die Älteren unter dem starken Eindruck des neuen Stils temporär an Wert verlieren und im Preis sinken; jede neue Epoche gewinnt ja schließlich ihr Selbstwertgefühl dadurch, daß sie die vorausgegangene zunächst einmal ungebührlich abwertet. Und doch behalten die alten Werke im Prinzip ihre Geltung; alle echte Kunst hat einen überzeitlichen, bleibenden Wert. Ja, ein alter Stil kann, in Zeiten des Zweifels am Neuen, sogar wieder Auferstehung feiern. So die Präraffaeliten in England oder die Nazarener in Deutschland, die beide im 19. Jahrhundert die (religiöse) Kunst dadurch wieder zu beleben trachteten, daß sie sich die Maler der italienischen Frührenaissance sowie Raffael und Dürer zum Vorbild nahmen. Doch »Nazarener« war schon damals ein Spottname für diese (zum Teil denn auch zum Restaurationskatholizismus konvertierten) Künstler, die nun einmal trotz hohen Wollens Epigonen waren, deren Kunst sich als Episode erwies und im Kitsch endete.

Das heißt: Sosehr man in der Kunst die »alten Meister« auch schätzt, falls ein Maler der neuen Zeit in alter Manier weitermalt oder gar wieder neu zu malen anfängt, so wird seine Kunst als »antiquiert«, als zurückgeblieben und überholt gelten. Gewiß, in Zeiten romantischer Restaurierung kann solche Kunst, dem Zeitgeist verfallen, wie sie ist (die Nazarener wollten eine neudeutsch-religiös-patriotische Kunst), eine Zeitlang

Maiestas Domini in der Beatus-Apokalypse der Kathedrale von Gerona. Der Kodex gehört zu den frühen Hauptwerken der spanischen Buchmalerei und enthält den Kommentar zur Offenbarung des Johannes, den der Mönch Beatus von Liébana aus Asturien um 785 verfaßt hat. Entstanden ist die 975 vollendete Prachthandschrift im Doppelkloster San Salvador de Tábara bei Zamora. (Die Stadt am Duero stand 712–748 und erneut 998–1002 unter arabischer Herrschaft.) Das Maiestas-Bild (fol. 2r) verbindet formsymbolisch das Ewigkeitssymbol 8 (zwei sich überschneidende Kreise) mit der Raute und einem Vierpaß, in dessen Kreissegmente die vier Evangelistensymbole eingefügt sind. Christus hält in der erhobenen Rechten die Weltkugel (Inschrift »mundus«), die hier einer Perle ähnelt.

Erfolg haben und sich gar als Novität verkaufen. Im Zeitalter des Historismus gab es so eine ganze Reihe »neuer Stile«, die aber bloß »historische Stile« waren (Neuromanik, Neugotik, Neubyzantinismus); deren Um-Formungen konnten auf die Dauer die Kalamität nicht verschleiern, daß ihren alten Formen in neuer Zeit der alte Gehalt abhanden gekommen war, ohne daß ihnen neues Leben eingehaucht werden konnte, so daß sogar die makellosen klassizistischen Plastiken eines Canova oder Thorwaldsen die innere Leere nur um so deutlicher als tote Pose erscheinen ließen. Mit dem Absterben des restaurativen Zeitgeistes hatten denn auch diese »Neustile« ihren ausgeliehenen Lebensgeist ausgehaucht. Das heißt im Klartext: In einer neuen Gesamtkonstellation können zwar »alte Werke« für den Kunstgenuß ihren Wert behalten, ein »alter Stil« läßt sich aber in der Kunstproduktion nicht durchhalten. In der Kunst führt eine Zeitkrise früher oder später zu einer Stilkrise und diese wiederum zu einem Stilwandel, was die Übernahme alter Stilelemente in den neuen Stil allerdings nicht ausschließt.

Wie aber verhält es sich nun mit dem Absterben von Paradigmen in der *Religion*? Noch weniger als in Fragen der Ästhetik läßt sich in Fragen des Glaubens, der Sitten und Riten etwas mathematisch-experimentell entscheiden (wiewohl man im Zeitalter des Positivismus sehr oft die abwegige Forderung nach »empirischer Verifizierung« meta-empirischer Wahrheiten aufgestellt hat). Nun können selbstverständlich auch Religionen sterben; die Religionsgeschichte weiß dafür zahllose Beispiele. Aber eine Reflexion auf das für das Christentum erarbeitete Paradigmen-Schema im zeitgenössischen Kontext führt zur erstaunlichen (und leicht graphisch darstellbaren) Einsicht: im Bereich der Hochreligionen verschwinden alte Paradigmen keineswegs notwendig! Sie können vielmehr – und unter Umständen neben neuen Paradigmen durch Jahrhunderte hindurch – weiterbestehen. Ja, wenn man vom eng begrenzten judenchristlichen Paradigma absieht, das wegen seiner Apokalyptik einen

Wandgemälde des 4. Jahrhunderts mit der Darstellung des lehrenden Jesus inmitten seiner Jünger. Das Werk der noch antik beeinflußten frühchristlichen Kunst befindet sich in einem Bogenfeld der Domitilla-Katakombe in Rom.

»Ihr werdet erkennen, daß ich
nichts im eigenen Namen tue,
sondern nur das sage,
was mich der Vater gelehrt hat.
Und er, der mich gesandt hat,
ist bei mir, er hat mich
nicht allein gelassen, weil ich
immer das tue, was ihm gefällt.«

Johannes 8, 28–29

Oben links: Abendmahl und Fußwaschung in der ottonischen Buchmalerei. Redegesten verbinden im oberen Bild Jesus und den diesseits des schräg von oben wiedergegebenen Tisches sitzenden Verräter Judas, im unteren Bild Jesus und Petrus. Ihn, der sich nicht allein die Füße, sondern auch Haupt und Hände waschen lassen will, belehrt Jesus: »Wer vom Bad kommt, ist ganz rein und braucht sich nur noch die Füße zu waschen« (Joh 13, 10). Die Bildseite findet sich im Perikopenbuch Heinrichs II., einem auf der Insel Reichenau geschaffenen Evangelistar, das Heinrich II. 1007 oder 1012 dem Bamberger Dom gestiftet hat. München, Bayerische Staatsbibliothek, Clm 4452, fol. 105v.

Oben rechts: Seite im Missale und Brevier Ferdinands des Katholischen. Neapel, um 1504–16. Das Hauptbild zeigt im Stil der Renaissance das Abendmahl Jesu und seiner Jünger am Gründonnerstag. In das Rahmenwerk aus Einzelszenen ist unten die Szene der Fußwaschung eingefügt (Joh 13, 1–20). Zu den jeweils monochromen seitlichen Szenen gehört rechts (zweites Bild von oben) die Verklärung Jesu. Biblioteca Apostolica Vaticana, Chig. C VII 205, fol. 112r.

besonderen endzeitlichen Charakter aufwies und das vielleicht im Islam eine andersartige Fortsetzung gefunden hat, so haben alle christlichen Großparadigmen – vom byzantinisch-hellenistischen über das mittelalterlich-römisch-katholische bis hin zum reformatorischen und zum modern-aufgeklärten – ihre Weiterexistenz ad oculos demonstriert; bieten sie doch auch heute noch Millionen von Menschen eine bleibende geistige Heimat, Tradition und Gemeinschaft.

Woher nun – bei aller Krisenwahrnehmungs- und Krisenverarbeitungsfähigkeit neuer religiöser Paradigmen – die hohe *Durchhalte- und Überlebenskapazität der alten religiösen Paradigmen*, die diejenige der Kunst, wo sich die Ablösung der Stilarten ungeheuer beschleunigt hat, offensichtlich bei weitem übertrifft (die Romanik blühte 200, die Gotik 300, die Renaissance 200, der Barock 150, der Klassizismus 60 Jahre, während die neueren »-ismus-Stile« oft nur ein, zwei Jahrzehnte andauerten)? Diese Frage nach der Durchhalte- und Überlebenskapazität religiöser Paradigmen bedarf dringend weiterer Untersuchungen, und so seien hier nur einige Anregungen für weitere Reflexionen gemacht, die sowohl die Religion im objektiven wie im subjektiven Sinn betreffen.

Was die *objektive Religion* – die verschiedenen Lehren und Mythen, Riten und Symbole, Institutionen und Konstitutionen – betrifft, so fällt sogleich die (im Vergleich zur Kunst) massivere Institutionalisierung der Religion auf: Auch in der Kunst hat man zwar Maßstäbe und Normen (eine normative Ästhetik) theoretisch zu entwickeln und praktisch (in den Auftragsarbeiten, in den Akademien, Museen und Ausstellungen)

durchzusetzen versucht – mindestens bis zum Impressionismus und seinem »L'art pour l'art«. Doch nur im religiösen Bereich sind die Maßstäbe und Normen, sind besonders die eigentlichen Lehr-Gesetze – Dogmen und Moralgebote – direkt transzendent fundiert, mit höchster, göttlicher Autorität garantiert und mit zeitlichen wie ewigen Sanktionen abgesichert. Dies haben Repräsentanten institutionalisierter Religion stets ausgenutzt, um nicht nur die Hauptsache, sondern auch alle möglichen Nebensächlichkeiten, oft Skurrilitäten und vor allem ihre eigene Macht mit der Aura göttlicher Ewigkeit und Unveränderlichkeit zu umkleiden. Was wurde nicht alles an allerirdischsten Institutionen (römische Behörden) und Rechtspositionen, liturgischen Gegenständen und folkloristischen Ritualen als »heilig«, als unantastbar, deklariert und so gegen jegliche

Links: *Leonardo da Vinci, »Abendmahl«, 1495–98. Wandgemälde im Refektorium (Speisesaal) des Klosters Santa Maria delle Grazie in Mailand. Die symmetrische Komposition betont die Gestalt Jesu auf vielfältige Weise: durch die auf ihn gerichteten Blicke und Gesten der Jünger, die dreieckige Kontur seines Brustbildes, den Rahmen des Fensterausblicks sowie*

durch die zentralperspektivische Raumkonstruktion, deren Fluchtlinien sich im Fensterausblick links neben Jesu Antlitz treffen. Diese unerwartete Abwandlung der symmetrischen Konzeption lenkt die Aufmerksamkeit auf eine Bedeutungsebene, die das szenische Geschehen transzendiert: Jesus gibt gleichsam durch die leichte Neigung des Hauptes den Blick auf jenes Licht frei, auf das die Passion orientiert ist: das Osterlicht. Die Gestalten zu beiden Seiten Jesu verkörpern als Johannes und Judas zwei Gegenpole. Das über 9 Meter breite Wandbild, das Leonardo nicht »al fresco«, sondern »al secco« (auf dem trockenen Verputz) ausgeführt hat, war zunehmend von der Zerstörung bedroht. Im Mai 1999 gelangte eine 20-jährige Restaurierung zum Abschluß. (Die Aufnahme zeigt das Werk im heutigen Zustand.)

Kritik und Reform immunisiert. Selbst kleinste Details in Glaubens-, Sitten- und Kirchensachen wurden gesetzlich reglementiert und Abweichungen davon mit Kirchenstrafen, mit Exkommunikationen, Indizierungen, Amtsenthebungen in dieser Zeit und mit der Androhung von Teufel und Hölle für die Ewigkeit geahndet, so daß das überkommene mittelalterliche Paradigma (= »die Gläubigen«) immerhin bis in die Mitte des 20. Jahrhunderts hinein gegen die Folgen eines völlig gewandelten Zeitbewußtseins »geschützt« werden konnte. So vermochte sich nicht nur die christliche Botschaft selbst, die Sache des Christentums, zu halten, sondern damit verbunden auch Mythen und Gebräuche (oft heidnischen Ursprungs), Aberglaube, Wundersucht und Reliquienkult, problematische Symbole und Riten, die ja bekanntlich auch dann noch vollzogen werden können, wenn sie ihren ursprünglichen Sinn völlig verloren haben, wenn sie unverständlich geworden oder allegorisch umgedeutet worden sind (man denke an den Gebrauch von Weihrauch, bestimmte Zeichen, Gesten, Kleidungsstücke in der Liturgie).

Was nun aber die *subjektive Religion*, die Religiosität, die religiöse Erfahrung, betrifft, so ist noch ein weiteres zu bedenken: Je banaler eine Wahrheit (»Binsenwahrheit«, »Platitüde«), desto größer die Sicherheit! Umgekehrt: Je bedeutsamer eine Wahrheit (etwa im Vergleich zur arithmetischen die ästhetische und erst recht die moralische und religiöse Wahrheit), um so geringer die Sicherheit. Um so größer dann aber mein persönliches Engagement, um Gewißheit (mit abgesicherter Sicherheit nicht zu verwechseln) zu erlangen. Konkret: Die »absolut« sichere banale Wahrheit »2 × 2 = 4« erfordert sehr viel weniger persönliches Engagement als die für mich äußerlich unsichere, von Zweifeln bedrohte tiefe Wahrheit (»mein Leben hat trotz allem einen Sinn«). Das heißt: Je »tiefer« die Wahrheit für mich ist, um so mehr muß ich mich für sie erst aufschließen, innerlich auf sie einstellen. Und je »tiefer« eine Wahrheit ist, um so mehr fühle ich mich nun aber auch durch ihre Hinterfragung selbst in Frage gestellt, und um so mehr wehre ich mich folglich mit Intellekt, Wille und Gefühl gegen jede Veränderung und Verunsicherung. Man braucht einen Menschen nur in seinen »tiefsten« religiösen oder quasireligiösen Überzeugungen anzugreifen, um gleich zu sehen, mit welcher Nervosität und Leidenschaft er reagiert; will man sich doch nicht sein »Heiligstes« nehmen lassen. Daß diese naturbegründete religiöse Konservativität dann von politischen wie religiösen Machthabern auch noch ganz bewußt zur Bewahrung des Status quo eingesetzt wird, ist nur ein weiterer Beleg dafür, wie sehr manche »Glaubensfragen« im Grunde »Machtfragen« sind.

Weil so die Religion objektiv wie subjektiv per definitionem mit dem Ewigen in der Zeit, mit dem Göttlichen im Menschlichen zu tun hat, partizipiert hier allzu leicht alles Zeitliche und Menschliche, gar das Allzumenschliche, am Ewig-Göttlichen und dessen Unveränderlichkeit. Von daher erklärt sich, warum anscheinend überlebte Paradigmen in den Religionen über Jahrhunderte weiterleben können. Doch es drängt sich die Frage auf: Sind denn diese alten Paradigmen wirklich »überlebt«? Oder anders gefragt: Bedeutet denn jeder Paradigmenwechsel auch schon Fortschritt?

BEDEUTET PARADIGMENWECHSEL FORTSCHRITT?

Im religiösen Bereich, so sahen wir, geht es um einen (im Verhältnis zur Naturwissenschaft und selbst zur Kunst) höchst langsam ablaufenden, großräumig-vielschichtigen Transformationsprozeß, der meist erst nachträglich systematisch reflektiert wird. Wenn eine »Big-Bang-Theorie«, wo die neue Gestalt einer Religion plötzlich aus dem »Nichts« auftaucht, der geschichtlichen Wirklichkeit widerspricht, dann auch jene organische Entwicklungstheorie, wo die neue Gestalt einfach als Produkt

Titelholzschnitt einer reformatorischen Streitschrift gegen die Lehre von der Transsubstantiation, der realen Verwandlung von Wein und Brot.

Links: Tilman Riemenschneider, Schrein des Heiligblutaltars, 1501–05. Die Darstellung des Abendmahls ist im Sinne einer szenischen Darstellung auf den Moment konzentriert, in dem Jesus den Verräter Judas entlarvt: »Der ist es, dem ich den Bissen Brot, den ich eintauche, geben werde. Dann tauchte er das Brot ein, nahm es und gab es Judas, dem Sohn des Judas Iskariot« (Joh 13, 26). Der Beutel in der linken Hand kennzeichnet Judas als den Jünger, der »die Kasse hatte« (Joh 13, 29). Rothenburg ob der Tauber, Jakobskirche.

einer harmlos-kontinuierlichen Fortentwicklung verstanden wird: wo also alle religiösen Lehr- und Wehrentwicklungen als erfreuliche Blüten am selben Baum erklärt, wo alle Widersprüche übersehen, alle Brüche überkleistert, alle Verluste verschwiegen und alle Revolutionen evolutionär verschleiert werden. Nein, Menschen sind nicht Pflanzen, und Menschheitsgeschichte entwickelt sich nicht organisch; selbst die Dogmenentwicklung ist faktisch oft Dogmenverwicklung.

Schon in der Kunst bedeutet ein Paradigmenwechsel zwar eine Weiterentwicklung, aber nicht einfach eine Höherentwicklung, nicht einfach einen Gang vom Primitiven zum Vollendeten. Die später entstandene spanische Malerei zum Beispiel ist nicht »höher« als die italienische des Quattrocento, El Greco nicht qualitativ »besser« als Leonardo. Jedes Kunstwerk ist in sich vollendet und will nach der Ästhetik der eigenen Zeit bemessen werden. Jede Kunstepoche verdient das Interesse der Nachwelt.

Auch in der Religion bedeutet ein Paradigmenwechsel nicht einfach Fortschritt und nur Fortschritt. Auch in der Religion wird im Paradigmenwechsel zwar vieles gewonnen, aber auch manches Wahre und Gute des früheren Paradigmas verloren, vergessen, verdrängt. Selbst bei den theologischen Klassikern, bei denen wie in der klassischen Kunst eine Übereinstimmung von innerem Gehalt und äußerer Form erreicht wurde, läßt sich nicht einfach ein Qualitätsunterschied im Sinn einer Höherentwicklung machen. Die Scholastik etwa, die so viele Impulse voraus-

Unten: Dieric Bouts, »Abendmahl«, Mitteltafel eines dem Sakrament der Eucharistie gewidmeten Flügelaltars. Dem entspricht die thematische Konzentration auf Jesu Einsetzungsworte (Mt 26, 26–29). Die Gestalt am rechten Bildrand ist ein Selbstbildnis des niederländischen Malers. Löwen, St. Peter.

Nach der Reformation (1537) erhielten die norwegischen Stabkirchen eine Ausstattung, die sich vor allem auf die lutherische Lehre und einen ihrer Kernpunkte bezog: auf die Lehre vom Abendmahl als Gedächtnismahl im Gegensatz zur Transsubstantiationslehre (vgl. die Streitschrift »Wider die Totenfresser«, Abb. S. 148). Auf der Holzwand der Apsis der Kirche in Gol entstand 1652 diese Abendmahlsszene.

gegangener Theologie und Philosophie aufgenommen hat, ist nicht »höher« als die Patristik, Thomas ist nicht »vollkommener« als Augustin oder Origenes. Jede bedeutende Theologie ist, in ihrer Art aus bestimmter Zeitsituation heraus entstanden, »einmalig«, ist eine »response« auf eine »challenge«, ist auf ihre je eigene Weise »groß« und jedenfalls zunächst nach den Maßstäben der eigenen Epoche zu beurteilen. Jede Epoche der Kirchen- und Theologiegeschichte hat ihren Eigenwert, so daß weder ein Zeitalter zum »dunklen« (Mittelalter) noch ein anderes (Antike) zum »vorbildlichen« erklärt werden sollte.

Ist also in Kunst wie Religion – im Unterschied zur Naturwissenschaft – letztlich alles »stationär« und so wertmäßig schlicht »egal«? Nein, schon die Reflexion auf die »historischen Stile« läßt vermuten, daß auch in der Religion keineswegs jedes religiöse Paradigma jeder Zeit angemessen sein muß, als ob es keine rück-ständige Theologie, keine re-aktionäre Kirche, keine dys-funktionale Religion geben könne, als ob so die Kritik eines religiösen Paradigmas von vornherein unbegründet sei. Natürlich läßt sich die Krise eines religiösen Paradigmas verschleiern: so wie zumindest im Barock Künstler die Illusion eines noch vorkopernikanischen mittelalterlichen Himmels an die Decke ihrer triumphalistischen Kirchen gezaubert haben, während gleichzeitig die Theologen in ihren riesigen Folianten den schönen Schein einer unerschütterten, bestenfalls äußerlich angepaßten mittelalterlichen Scholastik zu erwecken vermochten. Die wirklichen »Neudenker« standen allesamt auf dem Index der verbotenen Bücher und mußten, durften nicht bedacht werden. Neuthomistische Textbücher im 19./20. Jahrhundert standen so schließlich zu den klassischen Summen des Thomas in einem ähnlichen Verhältnis wie der klassizistische Tempel der Ste-Madeleine in Paris zum Parthenon der Akropolis. Solange eine Gesellschaft im ganzen rückständig ist, fällt es relativ wenig auf, wenn ihre Religion zurückgeblieben ist. Solange zum Beispiel Griechenland in der Neuzeit (nicht ohne Mitschuld der Kirche) ein sozial zurückgebliebenes Land war, blieb das alte hellenistische Paradigma von Kirche und Theologie der Situation – relativ! – angemessen. Solange Italien und Spanien (unter römischer Obhut) sich moderner Wissenschaft, Technologie, Industrie und Demokratie verschlossen, blieb das mittelalterlich-gegenreformatorische und schließlich anti-modernistische Paradigma – relativ! – effizient.

Sobald jedoch die Kirchen- und Theologiegeschichte sozusagen hinter der Weltgeschichte hinterherzuhinken beginnt, sobald nach einzelnen (meist »unkirchlichen«) Vorläufern die Gesellschaft als ganze eine Epochenschwelle erreicht und sich in ein neues Paradigma hineinbewegt, sobald es so wegen des Verharrens von Kirche und Theologie im alten Paradigma zu einer Diastase von allgemeingesellschaftlichem und religiösem Paradigma kommt, wird die Situation für die Religion lebensgefährlich, wie sich dies nicht nur in der Französischen Revolution und im italienischen Risorgimento, sondern auch in der Russischen Revolution und im Spanischen Bürgerkrieg gezeigt hat. Das Paradigma von Religion entspricht in der neuen geschichtlichen Situation nicht mehr dem Paradigma von Gesellschaft überhaupt. Es überlebt, aber wird rück-ständig, anachronistisch, eine doktrinär-autoritäre Erstarrung, Verengung, Fixierung, Verängstigung und Unterdrückung, die sich zum Schaden von Religion und Gesellschaft auswirkt. Insofern hat der Nachvollzug sowohl des reformatorischen wie des modernen Paradigmenwechsels, wie er durch das Vatikanum II bewirkt wurde, gerade für die katholischen Länder Südeuropas und Lateinamerikas eine historische Wende und Befreiung bedeutet: ohne Vatikanum II keine Befreiungstheologie, keine Basisbewegungen, kein progressiver Episkopat. Eine epochale Wende und Befreiung, die etwa der griechischen (oder russischen) Orthodoxie – will sie in den modernen Großstädten und auf dem Land nicht definitiv zu einer für das kleine Leben und die große Welt bedeutungslosen liturgischen Folklore, auf die Ebene schlicht eines überholten Paradigmas hinabsinken – noch bevorsteht! Der Islam und auch andere Weltreligionen sehen sich ähnlichen Problemen des Paradigmenwechsels gegenüber.

Insofern also heißt die Ablehnung des Fortschrittsschemas keineswegs, daß an ein Paradigma nicht die Frage nach der Zeitgemäßheit oder Unzeitgemäßheit gerichtet werden dürfte; schon die Einsicht in die Einmaligkeit und Unwiederholbarkeit einer Epoche sollte eigentlich den Versuch einer antiquierten Tradierung oder gar reaktionären Restaurierung eines früheren Paradigmas verbieten. Im Gegenteil: ganz entsprechend den immer wieder unter den Stichworten »Horizont« und »Zentrum« entwickelten Kriterien – unser »Cantus firmus« – ist ein Paradigma von Kirche und Theologie zumindest im Christentum zu befragen:

Um 1720 entstand diese armenische Darstellung des Abendmahls. Sie schmückt eine Fliese aus der Etchmiadzin-Kapelle.

Rechts: Emil Nolde, »Abendmahl«, 1909. Das Gemälde steht am Beginn einer mehrjährigen Beschäftigung des Expressionisten Nolde mit biblischen Themen. Es brachte nach seiner eigenen Einschätzung »die Wende vom optisch äußerlichen Reiz zum empfundenen inneren Wert«, wobei Nolde als notwendige Voraussetzung die »Befreiung vom erstarrten Dogma« verstand. Seebüll, Stiftung Ada und Emil Nolde.

Tivadar Kossuth, »Abendmahl«. Der 1947 geborene Maler gehörte zu einer Gruppe von »naiven« Künstlern in der Wojwodina und lebt heute in Ungarn. Zu den Ausdrucksmitteln seines Gemäldes gehören der lichte Goldgrund, die Vogelperspektive, der runde Abendmahlstisch und die ekstatischen Gesten der Gestalten. Privatbesitz.

(1) Ist dieses Paradigma von Religion – gemessen am Paradigma der Gesellschaft als solcher – noch zeit-gemäß? Und zugleich:

(2) Ist dieses Paradigma von Religion – gemessen am Evangelium Jesu Christi als Norm – wirklich schrift-gemäß?

Bei dieser Betonung sowohl des weltzeitlichen wie des urchristlichen Maßes ist nur darauf zu achten, daß dann das (»katholische«) Fortschrittsschema (ständiges Aufsteigen zu größerer Wahrheit) nicht ersetzt wird durch ein (»protestantisches«) Dekadenzschema (immer stärkerer Abfall vom Goldenen Zeitalter des Ursprungs). Nein, eine echt dialektische Geschichtstheorie vom Paradigmenwechsel leistet weder einem selbstgerechten katholischen Triumphalismus noch einer selbstquälerischen protestantischen Melancholie Vorschub. Ohne alle Irrungen und Wirrungen des Geschichtsprozesses in Schemata zu pressen, nimmt solche dialektische Geschichtstheorie sowohl die Kontinuität wie die Diskontinuität im Geschichtsprozeß ernst und bedeutet ein »Aufheben« (im dreifachen Hegelschen Sinn) sowohl des Fortschritts- wie des Dekadenzschemas.

Ein solches Verständnis des Paradigmenwechsels im Christentum dürfte der Gefahr der gegenseitigen Exkommunikation der Kirchen wehren: der Gefahr nämlich, daß das aus einem geschichtlichen Umbruch hervorgegangene neue Paradigma von vornherein als häretisch verworfen wird – mit den entsprechenden Gegenreaktionen auf der anderen Seite. Bekanntlich haben die Byzantiner im Mittelalter das im Westen aufgrund einer völlig neuen geschichtlichen Situation – Völkerwanderung, wachsende Bedeutung des römischen Bischofs, Theologie Augustins und schließlich das germanische Kaisertum – entstandene Paradigma als häretisch verworfen, während umgekehrt Rom die »zurückgebliebenen« Orthodoxen exkommunizierte. Bekanntlich hat Rom dann im 16. Jahrhundert das reformatorische Paradigma, das durch eine Neubesinnung auf das ursprüngliche Evangelium (besonders im Rechtferti-

gungsverständnis) mit daraus folgenden praktischen Reformen (liturgische Volkssprache, Laienkelch, Priesterehe) entstand, als unkatholisch verworfen, während umgekehrt Luther den Papst zum Antichristen und Rom zur babylonischen Hure erklärte.

Positiv gesagt: ein historisch-kritisch verantwortetes Denken in Paradigmen wird der gegenseitigen Kommunikation helfen. Wenn es, vom Ethos der Wahrhaftigkeit getragen, der Versuchung der Historiker, sich den Mächtigen anzudienen, widersteht und das Risiko des unbestechlichen Urteils nicht scheut, wird ein solches Denken in Paradigmen es ermöglichen, den verschiedenen Entwicklungsstufen und Religionsformen gerecht zu werden, ohne sie alle auf die gleiche Ebene zu stellen, aber auch ohne die eine (immer die eigene) zu verabsolutieren und die anderen abzuwerten. Und dies ganz konkret. Denn einerseits kann es eine Religion ohne Paradigma, ohne eine (nicht nur von der Religion bestimmte) Gesamtkonstellation von Überzeugungen, Werten und Verfahrensweisen nicht geben; es gibt weder ein Christentum noch einen Buddhismus »an sich«. Andererseits jedoch aber auch keine bestimmte Gesamtkonstellation mit einer bestimmten Religion einfach identifiziert und eine bestimmte Gestalt dieser Religion zur alleinseligmachenden erklärt werden. [...]

Rudolf Hausner, »Adams Kinderbildnis«, 1990. Das Gemälde des Mitbegründers der »Wiener Schule des Phantastischen Realismus« zitiert und variiert Leonardo da Vincis »Abendmahl« (Abb. S. 146–147). Das Gerüst spielt auf die Vorrichtung an, die Leonardo benötigt hatte, um sein hoch über dem Fußboden angebrachtes monumentales Wandbild zu malen. Doch geht es Hausner um nichts weniger als um eine kunsthistorische Rekonstruktion. Sowohl der Billardspieler, ein Versatzstück aus Hausners Figurenwelt, als auch die Adam-Figur auf dem Abendmahlstisch deuten auf die assoziativen Verbindungen hin, in die Leonardos Werk eingefügt ist. Offen bleibt, inwiefern Hausner auch auf jene Tradition anspielt, die – etwa in der Darstellung des Kreuzes über dem Grab Adams – Jesus als den »neuen Adam« interpretiert.

AUF DEM WEG ZU IMMER GRÖSSERER WAHRHEIT

Es dürfte deutlich geworden sein: Wollen wir die Frage, was gut ist für den Menschen, beantworten – nicht nur pragmatisch oder positivistisch, sondern grundsätzlich; nicht nur abstrakt-philosophisch, sondern konkret-existentiell; auch nicht nur psychologisch-pädagogisch, sondern unbedingt verpflichtend und allgemein gültig: dann werden wir um die Religion – oder an deren Stelle eine Quasi-Religion – nicht herumkommen. Aber umgekehrt wird sich jede Religion am allgemein-ethischen

Kriterium des Humanum messen lassen müssen und wird deshalb unter den modernen Bedingungen auf die Ergebnisse von Psychologie, Pädagogik, Philosophie und Rechtswissenschaft nicht verzichten können. Es herrscht hier kein Circulus vitiosus, aber, wie so oft, ein dialektisches Wechselverhältnis:

(1) *Wahre Menschlichkeit ist Voraussetzung wahrer Religion!* Das heißt: Das Humanum (der Respekt vor menschlicher Würde und Grundwerten) ist eine Mindestforderung an jede Religion: Wenigstens Humanität (das ist ein Minimalkriterium) muß gegeben sein, wo man echte Religiosität realisieren will.

(2) *Wahre Religion ist Vollendung wahrer Menschlichkeit!* Das heißt: Religion (als Ausdruck umfassenden Sinnes, höchster Werte, unbedingter Verpflichtung) ist eine Optimalvoraussetzung für die Realisierung des Humanum: Gerade Religion (das ist ein Maximalkriterium) muß gegeben sein, wo man Humanität aus unbedingter und universaler Verpflichtung realisieren will.

Was also ist die wahre Religion? Auf diese komplexe Frage habe ich in möglichst großer begrifflicher Klarheit und theoretischer Genauigkeit mit Hilfe von drei verschiedenartigen und doch dialektisch verflochtenen Kriterien – dem generell-ethischen, dem generell-religiösen und dem spezifisch-christlichen sowie den beiden Dimensionen, der externen und der internen – eine differenzierte Antwort zu geben versucht, die auch die Antwort auf die Frage einschließt: Gibt es die wahre Religion? Zusammengefaßt läßt sich jetzt sagen:

– Von *außen* gesehen, religionswissenschaftlich betrachtet, gibt *es verschiedene wahre Religionen:* Religionen, die bei aller Ambivalenz zumindest grundsätzlich den aufgestellten (ethischen wie religiösen) Kriterien entsprechen: verschiedene Heilswege zum einen Ziel, die sich sogar zum Teil überschneiden und sich jedenfalls gegenseitig befruchten können.

– Von *innen* gesehen, vom Standpunkt des am Neuen Testament orientierten gläubigen Christen gesehen, gibt es für mich *die wahre Religion, die für mich, da ich unmöglich alle Wege gleichzeitig gehen kann, der Weg ist, den ich zu gehen versuche:* das Christentum, insofern es den einen wahren Gott in Jesus bezeugt.

– Diese für mich, für uns Christen eine wahre Religion schließt die Wahrheit in *anderen Religionen* keineswegs aus, sondern läßt sie positiv gelten: Die anderen Religionen sind nicht einfach unwahre, aber auch nicht vorbehaltlos wahre, sondern bedingt (»mit Vorbehalt« – oder wie immer) *wahre Religionen*, die, sofern sie der christlichen Botschaft im Entscheidenden nicht widersprechen, die christliche Religion durchaus ergänzen, korrigieren und bereichern können.

Aus diesen langen und komplexen Ausführungen dürfte deutlich geworden sein: Durch eine maximale theologische Öffnung gegenüber den anderen Religionen braucht man weder seine Glaubensüberzeugung noch die Wahrheitsfrage zu suspendieren. Wir sollen ringen – in »brüderlichem Ringen« (Vatikanum II: »fraterna aemulatio«) – um die Wahrheit.

Das Haupt Jesu Christi, um 1200. Die spätromanische Skulptur aus Eichenholz, Höhe 28 cm, stammt von einem Kruzifix und stellt insofern den toten Gottessohn dar. Losgelöst von dem ursprünglichen thematischen Zusammenhang, gewinnt sie den Ausdruck tiefinnerlicher Versenkung und eine besondere Aura.
Löwen, St. Peter.

Aber eine letzte Einschränkung – alle Religionen betreffend – ist zu machen. Es gibt nämlich nicht nur die zwei »horizontalen« Dimensionen (extern-intern), sondern ebenso eine dritte (gleichsam »vertikale«) Dimension: Für mich als Glaubenden, für uns als Glaubensgemeinschaft, ist das Christentum, sofern es von Gott in Christus zeugt, gewiß die wahre Religion. Aber: die ganze Wahrheit hat keine Religion, die ganze Wahrheit hat nur Gott *allein*, da hatte Lessing schon recht. Nur Gott selbst – wie immer genannt – *ist die* Wahrheit!

Und deshalb hier ein Letztes: Auch Christen können nicht beanspruchen, ihn, den Unbegreiflichen zu begreifen, ihn, den Unerforschlichen erfaßt zu haben. Auch im christlichen Glauben erkennen wir nach Paulus die Wahrheit selbst, die Gott ist, nur wie im Spiegel, in rätselhaften Umrissen, bruchstückhaft, facettenhaft, abhängig jederzeit von unserem ganz bestimmten Standpunkt und Zeitpunkt. Ja, auch die Christenheit ist »in via«, auf dem Weg: »Ecclesia peregrinans, homines viatores«. Und wir sind auf dem Weg nicht allein, sondern mit Abermillionen anderer Menschen aus allen möglichen Konfessionen und Religionen, die ihren eigenen Weg gehen, aber mit denen wir je länger desto mehr in einem *Kommunikationsprozeß* stehen, wo man sich nicht um Mein und Dein, meine Wahrheit – deine Wahrheit, streiten sollte; wo man vielmehr, unendlich lernbereit, von der Wahrheit der anderen aufnehmen und von seiner eigenen Wahrheit neidlos mitteilen sollte.

Wohin aber, wird manch einer fragen, wird das alles führen? Die Geschichte ist nach vorne offen, und nach vorne offen ist auch der interreligiöse Dialog, der – anders als der interkonfessionelle – gerade erst begonnen hat. Was die Zukunft der christlichen Religion, die für mich die wahre ist, bringen wird, wir wissen es nicht. Und was die Zukunft den anderen, nichtchristlichen Religionen bringen wird, wir wissen es nicht. Wie die Christologie, Koranologie oder Buddhologie, wie die Kirche, die Umma, der Sangha in hundert Jahren aussehen werden, wer weiß das?

»Thomas sagte zu ihm:
Herr, wir wissen nicht,
wohin du gehst. Wie sollen wir
dann den Weg kennen?
Jesus sagte zu ihm:
Ich bin der Weg und
die Wahrheit und das Leben;
niemand kommt zum Vater
außer durch mich.«

Johannes 14, 5–6

Sicher, was die Zukunft betrifft, ist nur das eine: am Ende sowohl des Menschenlebens wie des Weltenlaufs werden nicht Buddhismus oder Hinduismus stehen, aber auch nicht der Islam und nicht das Judentum. Ja, am Ende steht auch nicht das Christentum. Am Ende wird überhaupt keine Religion stehen, sondern steht der eine Unaussprechbare selbst, auf den alle Religion sich richtet, den auch die Christen erst dann, wenn das Unvollkommene dem Vollkommenen weicht, ganz so erkennen, wie sie selbst erkannt sind: die Wahrheit von Angesicht zu Angesicht. Und am Ende steht so zwischen den Religionen nicht mehr trennend ein Prophet oder ein Erleuchteter, steht nicht Muhammad und nicht der Buddha. Ja, auch der Christus Jesus, an den die Christen glauben, steht hier nicht mehr trennend. Sondern er, dem nach Paulus dann alle Mächte (auch der Tod) unterworfen sind, »unterwirft sich« dann Gott, damit Gott selbst (»ho theos«) – oder wie immer man ihn im Osten nennen mag – wahrhaft nicht nur in allem, sondern *alles in allem* sei (1 Kor 15, 28).

»Wenn ihm dann alles
unterworfen ist, wird auch er,
der Sohn, sich dem unterwerfen,
der ihm alles unterworfen hat,
damit Gott herrscht
über alles und in allem.«

Paulus,
1. Brief an die Korinther 15, 28

JESUS IM ISLAM

Rechte Seite: Geleitet von zwei Engeln, läßt sich Jesus auf dem sog. Jesusminarett in Damaskus nieder, das hier in Gestalt einer Säule wiedergegeben ist. Die Miniatur aus dem 16. Jahrhundert illustriert die muslimische Überlieferung, daß Jesus am Tag des Jüngsten Gerichts nach Damaskus herabsteigt und zum Kampf gegen den Antichrist aufruft. Handschrift des »Zubdet-ut-Tevanh«. Istanbul, Türkisch-Islamisches Museum.

Der Islam verehrt Jesus Christus als einen der größten Propheten der Religionsgeschichte. Der Koran, die Heilige Schrift des Islams, verleiht ihm Titel, die seine hohe Stellung bei Gott verdeutlichen, und erzählt von ihm – seiner Geburt, seiner Sendung und seinem Wirken – Dinge, die seine Bedeutung unterstreichen.

Muhammad hat das Christentum in verschiedenen Formen kennengelernt. In seiner Heimatstadt Mekka befanden sich Christen: Geschäftsleute, Handwerker, Sklaven. Ob jedoch organisierte christliche Gemeinden dort lebten, ist nicht mit Sicherheit auszumachen. Der Koran berichtet selbst von Kontakten zu Personen, die Kenntnis von religiösen Dingen besaßen, und die islamische Tradition weiß sogar die Namen dieser Christen zu nennen. Im südlichen Arabien, im Jemen, lebten christliche Gemeinden, mit denen Muhammad und die Muslime in einer späteren Phase engere Kontakte hatten (vor allem ab 631). Zu Abessinien standen die Muslime in guten Beziehungen, da ja zur Zeit ihrer Anfechtungen in Mekka eine kleine Gruppe von ihnen ins christliche Abessinien auswanderte und dort freundliche Aufnahme fand (im Jahr 615). Im Norden Arabiens trafen Muhammad und die Muslime auf zahlreiche Mönche, die in der Wüste lebten. Der Koran findet für diese Mönche Worte des Lobes und der Anerkennung. Außerdem lebten dort christliche arabische Stämme, die im Grenzgebiet zum Byzantinischen und Persischen Reich umherzogen. Christliches Leben dürfte Muhammad wohl am anschaulichsten in den Gemeinden Syriens und Palästinas erlebt haben, wohin er seine Karawanen jahrelang geführt hatte.

»Als nun der Felsen wieder zutage kam, wurden die herausgebrochenen Stellen sichtbar, und es schnitt in die Herzen, als die Stellen sichtbar wurden. Jetzt liegt er vor Augen mit seinen Einschnitten, bewahrt seine Ehre für alle Tage und ist dem Islam sicher am geschützten und umhegten Ort.«

IMAM AD-DIN,
»DER HEILIGE FELSEN«

Oben: Blick durch ein Fenster im Kuppeltambour in das Innere des Felsendoms, den Kalif Abd al-Malik 687–691 errichten ließ. Auf dem heiligen Felsen soll Abraham die Opferung seines Sohnes Isaak vorbereitet (Gen 22, 1–19) und Muhammad seine Himmelsreise angetreten haben.

حالده در مفصل حدیث مسطوردر بو اسلوب اوزره بو محلده تصویر اولنمشدر

Trotz alledem darf man bei Muhammad keine vertiefte Kenntnis theologischer christlicher Lehren erwarten. Man findet im Koran vor allem einen Widerhall dessen, was die christliche Volkstradition beinhaltete, und ein pauschales Bild einer zerrissenen Christenheit.

DAS LEBEN JESU

Verkündigung und Geburt

»Das ist Jesus,
der Sohn Marias. Es ist
das Wort der Wahrheit,
woran sie zweifeln.
Es steht Gott nicht an,
sich ein Kind zu nehmen.
Preis sei Ihm!
Wenn Er eine Sache
beschlossen hat, sagt Er zu ihr:
Sei!, – und sie ist.
[Jesus spricht:] ›Und Gott ist
mein Herr und euer Herr;
so dienet Ihm.
Das ist ein gerader Weg.‹
Dann wurden die Parteien
untereinander uneins.
Wehe denen, die nicht glauben,
vor dem Erleben
eines gewaltigen Tages!«

Koran, Sure 19, Verse 34–37

Der Koran erzählt (in der Sure 19), daß Gott seinen Geist, der mit dem Engel Gabriel identifiziert wird, zur Jungfrau Maria sandte. Maria erschrak vor der plötzlichen Erscheinung. Der Engel verkündete ihr, Gott wolle ihr »einen lauteren Knaben« schenken, den er zu einem Zeichen seiner Barmherzigkeit für die Menschen machen werde. Maria wandte ein, sie sei eine unverheiratete, reine Jungfrau. Der Engel berief sich auf die Allmacht Gottes; außerdem sei es »eine beschlossene Sache«. Durch einen göttlichen Schöpfungsakt, oder, nach einigen Kommentatoren, durch das Einhauchen des Geistes, empfing Maria das Kind Jesus. Um sich dem verleumderischen Verdacht ihrer Verwandtschaft zu entziehen, beschloß Maria, sich zu einem fernen Ort zu begeben, wo sie mit ihren schweren Sorgen einsam weilte. Da überkamen sie die Wehen. Göttlicher Trost wurde ihr dann durch den Mund eines Engels oder ihres gerade geborenen Kindes gespendet. Sie wurde auf das Wasser aufmerksam gemacht, das für sie zu fließen begann, und auch auf die Datteln einer dürren Palme, an deren Stamm sie sich gelehnt hatte. Gott habe sich ihrer Sache angenommen, er werde dafür sorgen, daß die Geburt ihres Kindes ihr nicht zur Schande, sondern zur Ehre gereiche. Maria solle schweigen und warten, bis Gott ihr seine Hilfe zeige. So kehrte Maria zu ihrer Familie zurück. Als diese ihre Vorwürfe und Verwunderung ausdrückte, wies sie auf das Kind. Da sprach das Kind Jesus vor aller Augen und bestätigte seinen göttlichen Auftrag: »Ich bin der Diener Gottes. Er ließ mir das Buch zukommen und machte mich zu einem Propheten.«

Der Koran hält mit aller Bestimmtheit an der jungfräulichen Geburt Jesu Christi fest. Dies bekräftigt er an mehreren Stellen (21, 91; 66,12; siehe auch 4, 156).

Jesus Christus, der Prophet

Gott hat Jesus Christus, den Sohn Marias, mit dem Geist der Heiligkeit gestärkt (2, 87) und beauftragt, den Kindern Israels das Evangelium zu verkünden, das Rechtleitung und Licht sowie Erleichterung der Bestimmungen des Gesetzes der Tora enthält. Jesus bringt auch mehr Klarheit über manche Glaubensinhalte. Zur Beglaubigung seiner prophetischen Sendung wirkte Jesus verschiedene Zeichen, sagt der Koran: »Und als Gott sprach: O Jesus, Sohn Marias, gedenke Meiner Gnade zu dir und zu deiner Mutter, als Ich dich mit dem Geist der Heiligkeit stärkte, so daß du zu den Menschen in der Wiege und als Erwachsener sprachst; und als Ich

Links: Doppelseite einer im 14./15. Jahrhundert vermutlich im Sultanat Delhi entstandenen Handschrift des Koran (Blattformat 28,5 × 18,5 cm). Aufgeschlagen ist Vers 12 der fünften der insgesamt 141 Suren. Vers 12 beginnt: »Gott nahm die Verpflichtung der Kinder Israels entgegen.« Drei Zeilen auf jeder Seite enthalten in schwarzer Rihani-Schrift den arabischen Text. Eine Interlinear-Übersetzung ins Persische, das den in Indien lebenden Muslimen vertrauter war als Arabisch, ist in zierlichen Naskh-Buchstaben eingefügt. Hinzu kommt am Rand schlichtes Kufi in Blau. Der ornamentale Schmuck in den Ecken besteht aus Flechtmustern in Blau, Rot und Gold. Zürich. Museum Rietberg.

dich das Buch, die Weisheit, die Tora und das Evangelium lehrte; und als du aus Ton etwas wie eine Vogelgestalt mit Meiner Erlaubnis schufest und dann hineinbliesest und es mit Meiner Erlaubnis zu einem Vogel wurde; und als du Blinde und Aussätzige mit Meiner Erlaubnis heiltest und Tote mit Meiner Erlaubnis herauskommen ließest; und als Ich die Kinder Israels von dir zurückhielt, als du mit den deutlichen Zeichen zu ihnen kamst, worauf diejenigen von ihnen, die ungläubig waren, sagten: ›Das ist nichts als eine offenkundige Zauberei‹« (5, 110).

Trotz dieser klaren Beweise glaubten die Juden nicht an Jesus. Nur die Jünger erkannten die göttliche Botschaft und schenkten ihr Glauben. Gegen die Ungläubigen und seine Widersacher wurde Jesus von Gott unterstützt.

Unten: Nach der Eroberung von Konstantinopel ließ Sultan Mehmet II. die Hagia Sophia in eine Moschee umwandeln. Zur osmanischen Ausstattung gehören im Kuppelraum Rundschilde (Durchmesser 7 m) mit den Namen von Kalifen und einem Vers aus dem Koran. Der Tradition zufolge schuf Tekneci Hattat Ibrahim die Kalligraphien um 1678.

Wie endete das irdische Leben Jesu Christi?

Jesus war, wie auch die anderen Menschen, dem Tod unterworfen. Wann und wie sein irdisches Leben endete, ist eine umstrittene Frage. Die mei-

Links: Korankasten aus Ägypten, vermutlich eine Stiftung des Mamelucken-Sultans Nasir ad-Din Muhammad aus dem Jahr 728 des muslimischen Kalenders (1327/28 n. Chr.). Der mit Seide ausgekleidete Holzkasten ist mit tauschierten Bronzeplatten verkleidet. Die Seitenwände zeigen in Tulut-Schrift Vers 255 der Sure 2: »Gott, es gibt keinen Gott außer Ihm, dem Lebendigen, dem Beständigen. Nicht überkommt Ihn Schlummer und nicht Schlaf. Ihm gehört, was in den Himmeln und was auf der Erde ist. Wer ist es, der bei Ihm Fürsprache einlegen kann, es sei denn mit seiner Erlaubnis? [. . .]« Staatliche Museen zu Berlin – Preußischer Kulturbesitz, Museum für islamische Kunst.

»Sprich: Wenn einer dem
Gabriel ein Feind ist –
denn er hat ihn [den Koran] auf
dein Herz herabkommen lassen
mit der Erlaubnis Gottes
als Bestätigung dessen,
was vor ihm vorhanden war
und als Rechtleitung und
Frohbotschaft für die Gläubigen –,
wenn einer ein Feind ist Gott
und seinen Engeln und
seinen Gesandten,
und Gabriel und Michael,
dann ist Gott den Ungläubigen
ein Feind.«

KORAN, SURE 2, VERSE 97–98

Einzelblatt aus einer türkischen Biographie des Propheten Muhammad; die Handschrift entstand vermutlich für Sultan Murat III. (reg. 1574–95). Der türkische Text mit arabischer wörtlicher Rede handelt von der Himmelsreise des Muhammad. Dem entspricht der Schauplatz der Unterredung zwischen Mose, der sich mit einem Redegestus von seinem Thron erhoben hat, und Muhammad, dessen Gesicht verschleiert ist. Beide Propheten zeichnen flammenförmige Heiligenscheine aus. Zwischen ihnen steht, gekrönt und mit zwei Doppelflügeln, der Erzengel Gabriel, der Muhammad auf seiner Himmelsreise begleitet hat. Je ein Flügelpaar tragen die fünf Engel, deren Brustbilder über Wölkchen erscheinen. Die Miniatur setzt sich über das muslimische, jedoch im Koran selbst nicht verankerte Bilderverbot hinweg.
Staatliche Museen zu Berlin – Preußischer Kulturbesitz, Museum für islamische Kunst.

sten Kommentatoren des orthodoxen Islams wollen, daß Jesus nicht am Kreuz starb. In einer Stelle sagt der Koran: »[...] und weil sie [die Juden] sagten: ›Wir haben Christus Jesus, den Sohn Marias, den Gesandten Gottes, getötet.‹ – Sie haben ihn aber nicht getötet, und sie haben ihn nicht gekreuzigt, sondern es erschien ihnen eine ihm ähnliche Gestalt [...] Und sie haben ihn nicht mit Gewißheit getötet, sondern Gott hat ihn zu sich erhoben. Gott ist mächtig und weise« (4, 157–158).

So hat Gott, meinen einige Exegeten, Jesus aus den Händen seiner Widersacher errettet. Erst danach ist er gestorben und nach einer sehr kurzen Zeit wieder von den Toten auferweckt und in den Himmel erhoben worden. Andere meinen, daß die Erhebung in den Himmel ohne vorherigen Tod erfolgt sei; Christus werde aber am Ende der Zeit wiederkommen und erst dann sterben.

Was geschah aber am Kreuz? Die Antwort lautet: Entweder schien es den Juden damals, daß Jesus am Kreuz gestorben sei, es war aber ein Irrtum; Gott hatte ihn in Wirklichkeit zu sich in den Himmel erhoben. Oder, wie die meisten Kommentatoren meinen, gekreuzigt wurde zwar jemand in Jerusalem; dies war aber nicht Jesus Christus, sondern ein anderer Mensch, der wie Jesus aussah.

Die eschatologische Rolle Christi

Über die Rolle Christi in der Endzeit hat die Tradition einiges überliefert. Jesus wird am Ende der Zeit zunächst einmal vom Himmel ins Heilige Land herabkommen. Dort wird er sich als vollkommener Muslim verhalten: Er vernichtet den Antichrist, verrichtet in Jerusalem das vorgeschriebene Morgengebet, indem er sich hinter dem Vorbeter in die Reihen der islamischen Gläubigen einordnet. Er schafft sodann alles ab, was gesetzwidrig ist; er tötet das Schwein, beseitigt Zeichen, Dinge und Gebäude, die nicht in den Rahmen des strengen orthodoxen Islam hineinpassen (Kreuze, Kirchen und Synagogen), legt Zeugnis gegen Juden und Christen ab und tötet sogar alle Christen, die nicht an den Islam glauben. Sodann wird Jesus über ein vollkommen geeintes Reich herrschen, als gerechter König regieren und der ganzen Schöpfung einen vierzig Jahre andauernden Frieden schenken. Damit er den anderen Propheten in allem ähnlich wird, wird er auch heiraten und Kinder zeugen. Dann wird er sterben und in Medina neben Muhammad und den ersten Kalifen, Abu Bakr und Umar, beigesetzt werden.

Schließlich kommt die Stunde des Gerichts. Gott sitzt allein als Weltenrichter zu Gericht, er bestimmt in seiner unbeschränkten Allmacht, wem er erlauben will, für die Menschen Fürsprache einzulegen. Unter diesen begnadeten Menschen befindet sich Jesus, denn der Koran spricht ihm prophetische Sendung auf Erden und Fürsprecherecht am Tag des Gerichts zu. Außerdem wird Jesus bei der Auferstehung und dem Gericht Zeuge über die Besitzer der Schrift sein.

So stellt der Koran die Lebensgeschichte Jesu, seine Sendung und seinen prophetischen Auftrag dar. Er erwähnt mit keinem Wort sein Erlösungswerk. Denn die Menschen benötigen nach islamischer Lehre nicht Erlösung, sondern Gottes Barmherzigkeit. Jeder ist Sünder vor Gott, und er hat nur seine eigenen Sünden zu verantworten. Desgleichen kann keiner stellvertretend für andere auftreten und ihnen Erlösung

Moscheeampel aus Aleppo (Syrien), gestiftet für eine Moschee in Kairo vom Mamelucken-Sultan Nasir ad-Din Muhammad (reg. 1299–1340), dessen Lob die Inschrift am Gefäßkörper verkündet. Die Inschrift am Hals, ebenfalls in der Tulut-Schrift, zitiert den sog. Lichtvers aus dem Koran, der beginnt: »Gott ist das Licht der Himmel und der Erde. Sein Licht ist einer Nische vergleichbar, in der eine Lampe ist« (Sure 24, Vers 35). Die Ampel aus honiggelbem Glas ist mit Ösen für die Ketten versehen, an denen sie aufgehängt wurde. Das Licht spendete eine eingehängte Öllampe. Staatliche Museen zu Berlin – Preußischer Kulturbesitz, Museum für islamische Kunst.

Oben links: Seite in einer Handschrift der Universalgeschichte »Garten der Reinheit« des persischen Historikers Mir Hawand (gest. 1489) aus Schiraz (Iran), Ende des 16. Jahrhunderts. Das Schriftfeld beschreibt das im Bild dargestellte (historische?) Ereignis: Auf den Schultern seines Schwiegervaters Muhammad stehend, entfernt Ali goldene Götzenbilder von der Kaaba. Beide sind mit verschleierten Gesichtern und flammenförmigen Heiligenscheinen dargestellt. Staatliche Museen zu Berlin – Preußischer Kulturbesitz, Museum für islamische Kunst.

Oben rechts: Die Kaaba und der sie umgebende Haram als Mittelpunkt des Universums. Schaubild im Atlas von M. Charfi aus dem 16. Jahrhundert. Paris, Bibliothèque Nationale.

Rechte Seite: Die Kaaba (arab. »Würfel«) als Kultstätte bereits vor dem Islam. Türkische Miniatur des 16. Jahrhunderts. Istanbul, Topkapi-Museum.

bringen. Jesus Christus ist also (nur) einer der größten Propheten der Geschichte, ein Prophet, den Gott mit einer besonderen Gnade und einer wunderbaren Auserwählung ausgezeichnet hat.

DIE PERSON JESU CHRISTI

Die größten Schwierigkeiten in Glaubensfragen zwischen Christentum und Islam beziehen sich auf die Frage: Wer ist Jesus Christus? Der Islam ist eine streng monotheistische Religion, die die Einzigkeit Gottes stark betont. »Ich bezeuge: Es gibt keinen Gott außer Gott«, so lautet der erste Hauptteil des islamischen Glaubensbekenntnisses. Der Monotheismus ist nach der Aussage des Islam auch die Mitte jeder prophetischen Verkündigung und jedes Glaubensinhaltes. So weist der Koran einige Aspekte des christlichen Glaubens zurück, die er als mit dem Monotheismus nicht vereinbar betrachtet.

Die koranische Deutung der Person Jesu Christi ist mit dem Kampf des Korans um die Bestätigung des Monotheismus gegen die polytheistische Vorstellung und Praxis der Altaraber eng verbunden. Daher sollen im folgenden zunächst seine Argumente gegen den Polytheismus dargestellt werden, dann die Argumente gegen das Christentum.

دخي كعبه يي طواف قلالم ددي اندن اوغل وقيز برله جميع
مكّه اهلي يوكروشديلر كلديلر يدي كز كعبه يي طواف
قلديلر وحق تعالى حضرتنه يلوارديلر تضرّع وزاري برله
مناجات وعرض حاجات قلديلر اندن صكره اول ارادن دوندلر

Rechts: *Marokkanische Handschrift (Litanei) des 15. Jahrhunderts von Muhammad Ibn Süleyman el-Djazuli. Die sich in rhythmischem Farbwechsel wiederholenden Schriftzüge preisen die Namen Allahs und Muhammads.*

Unten: Zeitgenössische Darstellung des Sultans Süleyman I. (reg. 1520–66) mit den Beinamen »der Gesetzgeber« und »der Prächtige«. 1529 drang seine Armee bis nach Wien vor. Die Kerntruppe der osmanischen Sultane bildeten die Janitscharen: unter der christlichen Jugend der Balkanprovinz ausgehobene, muslimisch erzogene und zu lebenslangem Dienst verpflichtete Soldaten. Istanbul, Topkapi-Museum.

Gegen den arabischen Polytheismus

Das erklärte Ziel der koranischen Botschaft war, die Araber vom Kult ihrer verschiedenen Götter abzubringen und sie zur Anbetung des einzigen Gottes zu bekehren. In seiner ständigen Auseinandersetzung mit den Polytheisten greift Muhammad immer wieder dieses Thema auf: »Und setzt nicht Gott einen anderen Gott zur Seite. Ich bin euch von Ihm ein deutlicher Warner« (51, 51).

Nur Gott ist der Ewige, der Unvergängliche, bei dem jede Entscheidung über das Schicksal des Menschen liegt und zu dem wir alle unterwegs sind: »Und rufe neben Gott keinen anderen Gott an. Es gibt keinen Gott außer Ihm. Alle Dinge werden untergehen, nur sein Antlitz nicht. Ihm gehört das Urteil, und zu Ihm werdet ihr zurückgebracht« (28, 88).

Polytheistische Vorstellungen – Der arabische Polytheismus wies verschiedene Formen auf. Einige Koranverse präzisieren, daß Teile der Geschöpfe und der Diener Gottes ihm beigesellt werden (43, 15). Diese können Gegenstände oder Personen aus dem Bereich der Erde sein (21, 21), sie können Djinn (Leib-Geistwesen) sein, die mit Gott eine Verwandtschaft verbindet (37, 158) oder die man zu Teilhabern Gottes gemacht hat (6, 100). Sie können aber auch Engel sein (37, 150; 17, 40). Eine Form des Polytheismus ist die Behauptung, Gott habe sich ein Kind zugelegt: »Und sie sagen: ›Der Erbarmer hat sich ein Kind genommen.‹ Ihr habt da eine ungeheuerliche Sache begangen. Die Himmel brechen bald auseinander, und die Erde spaltet sich, und die Berge stürzen in Trümmer darüber, daß sie dem Erbarmer ein Kind zuschreiben« (19, 88–91). Kinder hat Gott, sagen sie, Söhne und Töchter (6, 100), die er gezeugt hat: »Wahrlich, sie sind Lügner« (37, 152).

Argumente des Korans – Die Götter der Polytheisten sind gar keine. Wo sind diese angeblichen Teilhaber Gottes? Sie vermögen doch nichts von dem zu vollbringen, was in Gottes Zuständigkeit liegt. Sie können nicht erschaffen und die Schöpfung ständig wiederholen und erneuern. Sie können auch dem Menschen seinen Lebensunterhalt nicht bescheren. Denn »Gott ist es, der euch erschafft und dann versorgt. Dann läßt Er euch sterben, dann macht Er euch wieder lebendig. Gibt es unter euren Teilhabern einen, der überhaupt etwas von alledem tun kann? Preis sei Ihm, und erhaben ist Er über das, was sie (Ihm) beigesellen« (30, 40). Die Götter können auch keine Entscheidung über Nutzen oder Schaden treffen (10, 18): »Habt ihr denn das, was ihr anstelle Gottes anruft, betrachtet? Wenn Gott für mich Schaden will, können sie denn seinen Schaden beheben? Oder wenn Er für mich Barmherzigkeit will, könnten sie seine Barmherzigkeit zurückhalten? Sprich: Mir genügt Gott« (39, 38). Die Götter der Polytheisten können endlich keine Hilfe am Tage des Gerichts leisten (28, 62–63.74). Gott richtet nach der Wahrheit, die Götzen haben keine Entscheidungsbefugnis (40, 20). Sie dürfen nicht einmal Fürsprache einlegen, denn sie können nichts ausrichten und haben keinen Verstand (39, 43).

Es steht also fest, daß die angeblichen Götter der Polytheisten niemanden rechtleiten können (10, 35) und keine Sorge für die Menschen tragen. In einem Text des Korans unter vielen werden alle diese Motive in eindringlicher und erhebender Weise angesprochen (27, 59–64).

– Gott ist auf niemanden angewiesen, er braucht sich nicht ein Kind zuzulegen, er besitzt die gesamte Schöpfung (10, 68), und »alle sind Ihm demütig ergeben« (2, 116). Gott hat kein Kind gezeugt, er hat keine Gefährtin gehabt (72, 3; 6, 101). So besteht keine Verwandtschaft zwischen ihm und den Djinn oder den Engeln. Wenn Gott etwas erschafft, so tut er es nicht durch Zeugung, sondern durch die Allmacht seines schöpferischen Wortes: »Wenn Er eine Sache beschlossen hat, sagt Er zu ihr: Sei!, und sie ist es« (19, 35).

– Die Vorstellung, daß neben Gott andere Götter existieren, ist auch deswegen unhaltbar, weil sie zu verschiedenen Widersprüchen führt. Denn die Nebengötter würden nach der Macht und der Herrschaft Got-

Gentile Bellini, »Sultan Mehmet II.«, 1480. Als Gesandter der Republik Venedig hielt sich Gentile Bellini 1479/80 in Konstantinopel auf, das der Sultan 1453 erobert hatte. In diesem Zusammenhang entstanden das Porträt Mehmets II. (reg. 1451–81), dessen Original die National Gallery in London besitzt, und ein Bildnismedaillon. Mit dem Titel eines »Bey« geehrt, kehrte Bellini nach Venedig zurück. Istanbul, Topkapi-Museum.

tes trachten (17, 42), oder das Kind Gottes müßte als Teilhaber an seiner Herrschaft auftreten (25, 2). Das aber würde zu einer Konkurrenz zwischen den verschiedenen Göttern führen: »Gott hat sich kein Kind genommen. Und es gibt keinen Gott neben Ihm, sonst würde jeder Gott das wegnehmen, was Er geschaffen hat, und die einen von ihnen würden sich den anderen gegenüber überheblich zeigen. Preis sei Gott, (der erhaben ist) über das, was sie da schildern« (23, 91). Aus der Konkurrenz der Götter entspringt für die Schöpfung nur Unheil (21, 22). Es gibt keine Götter neben Gott, die seine Konkurrenten sein können. Die Engel sind nur Diener Gottes, »Sie kommen Ihm im Sprechen nicht zuvor, und nach seinem Befehl handeln sie« (21, 26–27).

Gegen christliche Lehren

Der Koran polemisiert nicht pauschal gegen die christliche Lehre, er greift, und dies zunächst einmal in milder Art, dann aber immer schärfer, nur das an, was er die Übertreibung der Christen nennt. In der Beurteilung der Person Jesu Christi stimmt er in vielen Punkten mit der Lehre des christlichen Glaubens überein, lehnt jedoch die Lehre von der Gottheit Christi ab.

Die koranischen Titel Jesu Christi – 1. Jesus ist Prophet und Gesandter Gottes. Jesus, der Sohn der Maria, ist der Knecht Gottes. Als neugeborenes Kind bezeugt er selbst: »Ich bin der Diener Gottes« (19, 30), und Gott sagt von ihm: »Er ist nichts als ein Diener [von uns]« (43, 59). Der Koran stellt seinerseits in der Sicherheit, daß er dabei eine unumstrittene Aussage macht, fest: »Christus wird es sicher nicht aus Widerwillen ablehnen, Diener Gottes zu sein« (4, 172).

2. Jesus ist ein Diener Gottes, dem besondere Gnade erwiesen wurde (43, 59), ein lauterer Junge (19, 19), ein Gesegneter (19, 31), den Gott »zu einem Beispiel für die Kinder Israels gemacht« hat (43, 59). Er wird sich großen Ansehens erfreuen im Diesseits und im Jenseits, und er wird zu denen zählen, die Gott nahestehen (3, 45).

Alle diese Auszeichnungen ergeben sich aus der Sendung Christi, denn Gott hat ihn auserwählt, um ihn zum Propheten zu machen (19, 30). Der Koran nennt ihn in einer Liste, auf der nur die Namen der größten Propheten stehen: »Und als Wir von den Propheten ihre Verpflichtung entgegennahmen, und auch von dir und von Noach, Abraham, Mose und Jesus, dem Sohn Marias« (33, 7).

Mehr noch als ein bloßer Prophet, ist Jesus Christus als Religionsstifter von Gott gesandt. Ihm wurde der Auftrag erteilt, zu den Kindern Israels eine Schrift zu tragen: Wie Mose die Thora gebracht hatte und wie später Muhammad mit dem Koran kam, so sollte Christus das Evangelium verkünden. Seine Lehre, seine religiösen Kenntnisse und vor allem seine Offenbarungsschrift hat er unmittelbar von Gott erhalten. So ist Christus nicht nur ein Prophet, sondern darüber hinaus auch ein großer Gesandter Gottes (3, 48–49).

Oben: Aus den Worten »Muhammad ist der Gesandte Gottes« entwickelt das tunesische Hinterglasbild eine symbolische Darstellung der Moschee von Medina. Die Gattung der Piktographie ist eine Sonderform der Kalligraphie, die in der muslimischen Kunst zu hoher Blüte gelangt ist.

Linke Seite: Zu den Wahrzeichen des schiitischen Wallfahrtsortes Samarra (Irak) gehört das Mausoleum des Imams Ali al-Hadi. Am linken der beiden zugehörigen Minarette sind deutlich die Lautsprecher zu erkennen, die den Ruf des Muezzins zum fünfmaligen Gebet weithin ertönen lassen.

»Gott spricht: Wohlan, Prophet!
Sitz' auf zu Rosse!
Schwing auf dich
zu des neunten Himmels Schoße!
Ich will dir nun des Seins
Geheimnis weisen,
wohlan, du sollst
ins Herz der Geistwelt reisen.«

ATTAR,
»DIE HIMMELFAHRT DES PROPHETEN«

Rechts: Muhammad auf seinem Pferd Burak während der nächtlichen Reise in den siebenten und schließlich in den neunten Himmel und vor das Angesicht Gottes. Der Prophet ist verschleiert, sein Roß hat einen Frauenkopf. Zu den verschiedenen Überlieferungen über diese Gottesschau, unter anderem in einem Gedicht des Attar (um 1200), gehört eine Version, derzufolge der Prophet vom heiligen Felsen in Jerusalem aus die Reise unternahm. Ausschnitt aus einer persischen Miniatur des 16. Jahrhunderts. London, British Museum.

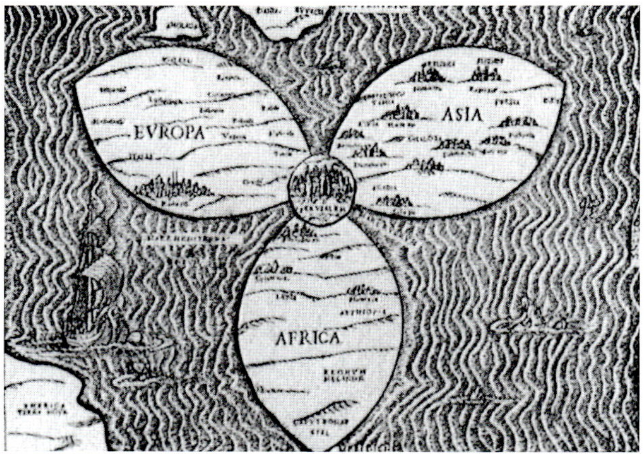

Oben: Der 1585 datierte Holzschnitt zeigt als gemeinsamen Berührungspunkt der drei Kontinente Europa, Afrika und Asien und somit als »Nabel der Welt« Jerusalem. Randerscheinungen im wörtlichen Sinne sind die britische Insel, die Südspitze Skandinaviens sowie als »terra nova« Amerika.

3. Jesus ist der Messias. Der Koran läßt die Engel bei der Verkündigung von Jesu Geburt zu Maria sagen: »O Maria, Gott verkündet dir ein Wort von Ihm, dessen Name Christus (der Messias, der Gesalbte) Jesus, der Sohn Marias, ist« (3, 45). Der Titel Messias, der Gesalbte, bedeutet:

Jesus wurde mit dem Segen Gottes gesalbt.

Gabriel hat ihn mit seinen Flügeln bedeckt, so daß Satan an ihn nicht herankommen und ihn bei seiner Geburt nicht berühren konnte.

Die Salbung Jesu bedeutet seine Sündlosigkeit.

Die Salbung ist der Segen, den er in der Nachkommenschaft Adams erhielt, vor allem aber durch seine wunderbare Geburt aus der Jungfrau Maria, was sogleich eine Ausnahme vom Gesetz der menschlichen Zeugung bedeutet.

Jesus wurde mit der Salbe der Propheten gesalbt.

Im aktiven Sinne ist Jesus der Messias, der Salbende, weil er die Kranken und die Blinden salbte und heilte und weil er die Häupter der Waisen salbte als Opfer für Gott.

4. Jesus Christus ist das Wort Gottes. Wir haben eben einen Vers zitiert, in dem Jesus als ein Wort von Gott bezeichnet wird (3, 45). An einer anderen Stelle sagt der Koran: »Christus Jesus, der Sohn Marias, ist doch nur der Gesandte Gottes und sein Wort, das Er zu Maria hinüberbrachte« (4, 171).

Folgende Doppelseite: Jerusalem, die Stadt der drei Hochreligionen. Das von den deutschen Katholiken gestiftete Kreuz bekrönt seit 1996 die Kuppel der Grabes- und Auferstehungskirche, die sich sechs christliche Konfessionen teilen. Über dem Felsendom ist rechts der Komplex der Hebräischen Universität zu erkennen.

Die christlichen Verteidiger des Glaubens haben immer wieder auf diese Stellen verwiesen, um daraus zu schließen, der Koran habe die Gottheit Jesu, des ewigen Logos, wenn auch indirekt, anerkannt. Daß ein Echo der christlichen Lehre hier zu hören ist, läßt sich nicht bezweifeln. Aber es scheint genauso sicher zu sein, daß Muhammad nur die Vokabel »Wort« übernommen hat, ohne einen dogmatischen Inhalt damit zu verbinden. Darum darf diese vage Erinnerung an das christliche Dogma nicht allzu sehr betont werden; denn der Koran hat an zahlreichen Stellen ausdrücklich verneint, daß Jesus der Sohn Gottes sei.

Wie verstehen aber die islamischen Kommentatoren diese Bezeichnung Jesu als »Wort Gottes«?

Jesus wird ein Wort von Gott genannt, weil er kraft eines schöpferischen Wortes von Gott im Schoße Marias gebildet wurde. Der Koran sagt ja selber: »Mit Jesus ist es vor Gott wie mit Adam. Er erschuf ihn aus Erde, dann sagte Er zu ihm: Sei!, und er war« (3, 59). Im gleichen Sinne antworten die Engel auf die Frage Marias nach dem Wie einer jungfräulichen Geburt: »So ist es: Gott schafft, was Er will. Wenn Er eine Sache beschlossen hat, sagt Er zu ihr nur: Sei!, und sie ist« (3, 47).

Ohne sich auf bestimmte koranische Stellen zu berufen, meinen andere Kommentatoren, daß Jesus das Wort Gottes ist, indem er durch das prophetische Wort, das von Gott ausging und von den vorangegangenen Propheten verkündet wurde, vorhergesagt worden ist.

Jesus hat zu den Menschen das Wort Gottes getragen. Als Verkünder dieser Botschaft wird er als Wort Gottes bezeichnet. Das ist die dritte Erklärung.

Jesus ist auch in seiner eigenen Person eine Frohbotschaft von Gott an die Menschen.

5. Jesus Christus ist Geist von Gott. Die Gottheit Jesu folgt auch nicht aus dem Titel »Geist von Ihm (Gott)«, den der Koran Jesus verleiht (4, 171). Die Muslime sagen dazu, Jesus ist durch das Einhauchen des göttlichen Geistes von Maria empfangen worden: »Da bliesen Wir in sie von Unserem Geist, und Wir machten sie und ihren Sohn zu einem Zeichen für die Weltenbewohner« (21, 91). In dieser Hinsicht ist Jesus wiederum dem ersten Menschen Adam gleich, der durch die Einhauchung des Geistes Gottes erschaffen wurde (vgl. 15, 29).

Die Gottheit Jesu Christi – »Christus wird es sicher nicht aus Widerwillen ablehnen, Diener Gottes zu sein, und auch nicht die in die Nähe [Gottes] zugelassenen Engel« (4, 172), das ist die dezidierte Haltung des Korans. Er erhebt sich gegen die Übertreibung der Christen und fordert von ihnen, sie sollen nur die Wahrheit sagen und Jesus, dem Sohn der Maria, keine Eigenschaften zuschreiben, die ihm nicht zustehen (4, 171). Denn alle Menschen stehen vor Gott wie Sklaven da, das ist die ihnen allen gehörige Haltung: »Niemand in den Himmeln und auf der Erde wird zum Erbarmer anders denn als Diener kommen können« (19, 93).

Alle Argumente, die der Koran den Polytheisten entgegenhält und oben dargestellt wurden, können hier Anwendung finden: Gott ist auf

Oben: In Jerusalem vergegenwärtigt ein Modell den Neubau des Tempels, mit dessen Errichtung Herodes der Große im Jahr 19 v. Chr. begonnen hat.

Oben: Der Felsendom (früher irreführend auch Omar- bzw. Umarmoschee genannt) auf dem Tempelplatz, erbaut unter Abd al-Malik 687–691. Der Kalif erhob damit Jerusalem nach Mekka und Medina zur dritten heiligen Stadt des Islam. Ein Blick ins Innere des Felsendoms bietet ein Foto auf S. 156.

niemand angewiesen (10, 68; 2, 116), und wenn er etwas will, so erschafft er es durch sein schöpferisches Wort (2, 117) und nicht durch einen Akt der Zeugung (112, 3). So hat er kein Kind und auch keine Gefährtin (72, 3; 6, 101). Der Koran sagt das auch deutlich in bezug auf Christus: »Es steht Gott nicht an, sich ein Kind zu nehmen. Preis sei Ihm! Wenn Er eine Sache beschlossen hat, sagt Er zu ihr: Sei!, und sie ist« (19, 35).

So verwirft der Koran die christliche Lehre, die Jesus Christus als Gottes Sohn betrachtet. Durch verschiedene zusätzliche Argumente versucht er, den Irrtum dieser Lehre nachzuweisen. Er stellt fest, daß Jesus und Maria, seine Mutter, doch wie gewöhnliche Sterbliche »pflegten, Speise zu essen« (5, 75). Im übrigen hat Jesus selbst in seiner Botschaft, wie sie der Koran wiedergibt, immer wieder betont: »Und Gott ist mein Herr und euer Herr; so dienet Ihm« (19, 36; 5, 72). Das habe er auch selbst vor Gott im Himmel bezeugt, und zwar in feierlicher Form: »Und als Gott sprach: O Jesus, Sohn Marias, warst du es, der zu den Menschen sagte: ›Nehmt euch neben Gott mich und meine Mutter zu Göttern?‹ Er sagte: ›Preis sei Dir! Es steht mir nicht zu, etwas zu sagen, wozu ich kein Recht habe. Hätte ich es gesagt, dann wüßtest Du es. [...] Ich habe ihnen nichts anderes gesagt als das, was Du mir befohlen hast, nämlich: Dienet Gott, meinem Herrn und eurem Herrn‹« (5, 116–117).

Der Koran stellt in diesem Zusammenhang fest: »Es steht keinem Menschen zu, daß Gott ihm das Buch, die Urteilskraft und die Prophetie zukommen läßt und daß er dann zu den Menschen sagt: Seid meine Diener anstelle Gottes« (3, 79).

Wenn die Christen auf ihrer falschen Lehre beharren, so sind sie den Ungläubigen gleich: »Ungläubig sind diejenigen, die sagen: Gott ist Christus, der Sohn Marias, wo doch Christus gesagt hat: ›O ihr Kinder Israels, dienet Gott, meinem Herrn und eurem Herrn.‹ Wer Gott (andere) beigesellt, dem verwehrt Gott das Paradies« (5, 72). – »Und die Christen sagen: Christus ist Gottes Sohn. Das ist ihre Rede aus ihrem eigenen Munde. Damit reden sie wie die, die vorher ungläubig waren. Gott bekämpfe sie! Wie leicht lassen sie sich doch abwenden! Sie nahmen sich ihre Gelehrten und ihre Mönche zu Herren neben Gott, so wie auch Christus, den Sohn Marias. Dabei wurde ihnen doch nur befohlen, einem einzigen Gott zu dienen. Es gibt keinen Gott außer Ihm. Preis sei Ihm! Erhaben ist Er über das, was sie (Ihm) beigesellen« (9,30–31).

Ähnliche und noch schärfere Töne vernimmt man im folgenden Vers der fünften Sure: »Ungläubig sind gewiß diejenigen, die sagen: ›Gott ist Christus, der Sohn Marias.‹ Sprich: Wer vermag denn gegen Gott überhaupt etwas auszurichten, wenn Er Christus, den Sohn Marias, und seine Mutter und diejenigen, die auf der Erde sind, allesamt verderben lassen will?« (5, 17).

Für den Islam ist Jesus nicht Gottes Sohn. Er ist aber ein großer Prophet und ein Gesandter Gottes, der durch eine besondere Gnade ausgezeichnet wurde. Er ist und bleibt in seiner Botschaft, in seinem Leben und in seiner Person ein Zeichen der Barmherzigkeit Gottes für die Menschen in aller Welt.

Der Kuppelbau mit seiner Symbolik der Himmelskuppel ist eine Gemeinsamkeit der christlichen, insbesondere der byzantinischen, und der islamischen Sakralarchitektur. Das hier abgebildete Weihrauchgefäß aus dem 12. Jahrhundert ist als Modell einer Kreuzkuppelkirche gestaltet: Um eine Hauptkuppel gruppieren sich über den Kreuzarmen vier Nebenkuppeln. Vier Turmspitzen überdachen die Räume zwischen den Kreuzarmen. Venedig, Schatzkammer des Markusdomes.

Linke Seite: Die Himmelfahrt Jesu. Bildseite in einer Handschrift der Marienpredigten des Mönches Jakobos von Kokkinobaphos, Konstantinopel, erste Hälfte des 12. Jahrhunderts. Als Rahmen dient die Projektion einer Kreuzkuppelkirche, wie sie Kaiser Justinian I. nach der Hagia Sophia zu Ehren der Apostel errichten ließ. Hieran erinnert die (auch als Pfingstbild zu betrachtende) Darstellung der zwölf Apostel im Bogenfeld unter der Hauptkuppel. Im mittleren Bildfeld tragen vier Engel Jesus, dessen Gestalt eine Mandorla umschließt, zum Himmel empor, begleitet von den Blicken Marias und der Jünger. In den beiden Seitenfeldern flankieren ein Prophet und König David die Szene. Biblioteca Apostolica Vaticana, Vat. gr. 1162, fol. 2v.

JESUS UND DIE FRAUEN

Rechte Seite: Die Miniatur im Perikopenbuch Heinrichs II., um 1007–12, zeigt den Besuch Jesu bei Maria und Marta (Lk 10, 38–42). Jesus weist die geschäftige Marta, die ihrer Schwester Untätigkeit vorwirft, zurecht. Der Reichenauer Maler hat bei der Gestalt Marias, die Jesus zu Füßen sitzt, auch jene Frau im Auge, die Jesu Füße salbt und mit ihrem Haar trocknet (Lk 7, 38), was von Petrus getadelt wird. München, Bayerische Staatsbibliothek, Clm. 4452, fol. 162r.

Der Mann Jesus im Kreis von zwölf Männern – ein vertrautes Bild aus vielen Darstellungen durch die Kirchengeschichte hindurch. Selbstverständlich kommen auch Frauen im Neuen Testament vor; sie werden geheilt, dienen als Beispiel in einigen Gleichnissen, sind Anlaß zu manchen Streitgesprächen, versorgen gelegentlich Jesus und seine Jünger. Im Bewußtsein der meisten Menschen spielen sie aber eine untergeordnete Rolle, wenn sie sich das Leben Jesu vorstellen.

Auch ich habe erst vor etwa 20 Jahren umlernen müssen und können, für meine Theologie und meinen Glauben. Ich habe begriffen, wie einseitig männlich, patriarchal Theologie und Glaubensvermittlung bisher ausgerichtet waren. Frauen spielten keine besondere, keine eigene Rolle für mich in der Theologie und Kirche, schon gar nicht im Urchristentum und in der Kirchengeschichte.

»Jesus sagte zu ihr: Maria! Da wandte sie sich ihm zu und sagte auf hebräisch zu ihm: Rabbuni!, das heißt: Meister. Jesus sagte zu ihr: Halte mich nicht fest, denn ich bin noch nicht zum Vater hinaufgegangen.«

JOHANNES 20, 16–17

Oben: Maria aus Magdala erkennt im Auferstandenen ihren Herrn Jesus. In den Goldgrund sind die Worte »Noli me tangere« eingraviert, mit denen Jesus die Jüngerin daran hindert, ihn zu berühren oder festzuhalten (Joh 20, 17). Durch die unterschiedliche Benennung trennen wir heute zwischen der Jüngerin Maria aus (von) Magdala und Maria Magdalena als Gestalt der Legende. Chantilly, Musée Condé, Ms. 9, fol. 29r.

Die Erkenntnis, daß dies ein verzerrtes Bild ist, daß Frauen im Leben Jesu und für Jesus aller historischen Wahrscheinlichkeit nach große Bedeutung besaßen, ist wesentlich das Verdienst der Feministischen Theologie. In ihrem Vorhaben, alle Bereiche der Theologie auf ihre Wirkung für das Leben von Frauen zu befragen, hat sie schon früh die Beziehung Jesu zu Frauen und seine Bedeutung für Frauen herausgearbeitet.

Zwei unterschiedliche Fragerichtungen können dabei unterschieden werden. Zum einen hat die Feministische Theologie den für seine Zeit außergewöhnlichen Umgang des Menschen Jesus mit Frauen herausgearbeitet. Zum anderen hinterfragt sie die traditionelle Christologie, zugespitzt in der Frage: Kann ein männlicher Erlöser Frauen erlösen? Die beiden »Naturen« Jesu Christi, die menschliche und die göttliche, bringen

also unterschiedliche feministische Ansätze, Arbeitsweisen und Erkenntnisse hervor. Bei der ersten Fragerichtung zeigen sich dabei sehr schnell befreiende Elemente für Frauen, während die zweite zunächst Probleme aufzeigt, die erst in einem zweiten Schritt gelöst werden können. Zunächst aber zum Umgang Jesu mit Frauen, soweit er sich aus den Quellen mit Hilfe entsprechender Methoden rekonstruieren läßt.

Oben und rechte Seite: Zwei Details aus den Mosaiken im Mittelschiff von Sant' Apollinare Nuovo in Ravenna, geweiht 504. Im mittleren Bildstreifen streben zwei Prozessionen aus weiblichen und männlichen Glaubenszeugen zu den einander gegenüberliegenden Thronbildern der Madonna und Jesu.

FEMINISTISCHE ZUGÄNGE ZUR PERSON JESU

Insgesamt lassen die Evangelien einen im Vergleich zu den damaligen gesellschaftlichen Verhältnissen erstaunlich freien und gleichberechtigten Umgang Jesu mit Frauen erkennen. Dies erscheint um so erstaunlicher, wenn man berücksichtigt, daß auch die Evangelien, wie alle Texte der Bibel, in einem patriarchalen Umfeld entstanden sind – patriarchal im Sinne einer ungleichen Machtverteilung zwischen den Geschlechtern, welche die Sicht von Männern zur dominanten macht.

Bereits innerhalb der biblischen Überlieferung, erst recht dann in der weiteren Geschichte der christlichen Tradition, wird die Hierarchie zwischen Männern und Frauen wieder wesentlich stärker. Der Vergleich zwischen den vier Evangelien zeigt, daß das älteste Evangelium, nämlich das nach Markus, noch frauenfreundlicher berichtet als die jüngeren, vor allem das Lukasevangelium. Denn auch die Evangelisten waren daran interessiert, den Umgang Jesu mit Frauen entsprechend seiner patriarchalen Gesellschaft zu schildern. Daß sich dennoch so deutliche Hinweise auf eine frauenfreundliche Einstellung Jesu erhalten haben, belegt die Bedeutung dieser Haltung Jesu. Sie war offensichtlich so stark und so bekannt, daß die Überlieferung sie nicht verleugnen, sondern nur reduzieren und verschleiern konnte. Wenn wir heute Erkenntnisse über die Einstellung und das Verhalten Jesu gegenüber Frauen gewinnen wollen, müssen wir davon ausgehen, daß die Informationen der Bibel über Frauen den Charakter einer Spitze des Eisbergs besitzen. Sowohl in den biblischen Quellen selbst als auch in ihrer Auslegungsgeschichte durch die Jahrhunderte, die auch unser heutiges Bewußtsein noch prägt, gab es ein Interesse, die Rollen von Frauen herunterzuspielen oder zurückzudrängen. Dies aufzuzeigen und zu belegen, war eines der ersten Ergebnisse der Feministischen Theologie.

Der erste methodische Schritt war schlicht die Aufmerksamkeit für die Thematik. Es ist erstaunlich, wieviel schon ein aufmerksames Lesen der Bibel hinsichtlich der Geschlechterthematik erkennen läßt, was in der traditionellen Exegese vernachlässigt wurde. Aufmerksamkeit für die Thematik allein genügt jedoch an den Stellen nicht, an denen die Überlieferung die Rolle von Frauen zurückgedrängt hat. Um die unter der Wasseroberfläche verborgenen Teile des Eisbergs zu entdecken, wurde eine feministische Hermeneutik entwickelt. Diese gibt es in unterschiedlichen Variationen; ihre bekannteste und wohl am stärksten ausgefeilte Fassung wurde von Elisabeth Schüssler Fiorenza erarbeitet und nennt sich »Hermeneutik des Verdachts«. Sie geht aus von dem »Verdacht«, daß sowohl die Auslegung als auch die Bibel selbst auf das männliche Geschlecht ausgerichtet und von patriarchalen Interessen bestimmt sind und daher tendenziell weniger oder weniger Bedeutendes von Frauen berichtet wird. Bis zum Beweis des Gegenteils wird hinter den Texten tendenziell eine frauenfreundlichere Wirklichkeit vermutet. So sind z.B. normative Aussagen wie »das Weib schweige in der Gemeinde« nicht als Tatsachenbeschreibung zu lesen, sondern als Hinweis auf eine Auseinandersetzung über eine umstrittene Praxis. Ebenso sind alle in maskuliner Sprache beschriebenen Gruppen bis zum Beweis, daß Frauen nicht beteiligt waren, als beide Geschlechter umfassend zu lesen. Dies kritisiert die Praxis der traditionellen Exegese, bei der gleichen grammatischen Form des Maskulinums Plural von einer gemischten Gruppe auszugehen, wenn diese unwichtige oder untergeordnete Funktionen einnimmt, und bei höher in der Hierarchie stehenden Gruppen die Übersetzung nur auf Männer zu beziehen.

Durch ein Lesen hinter den Texten und auch hinter dem Schweigen über die Frauen soll also vergessene Frauengeschichte wiedergewonnen werden. Für diese detektivische Suche gibt es Anhaltspunkte, die z.B. die Sozialgeschichte erkennen läßt. Auf dieser Grundlage ist dann durchaus auch Phantasiearbeit erlaubt und geboten. Die »Hermeneutik der kreativen Aktualisierung« erzählt die rekonstruierte biblische Frauengeschichte weiter und macht sie als Inspiration und Kraftquelle für heute fruchtbar.

Bei dem Versuch, die frauenfreundliche Einstellung Jesu herauszuarbeiten und zu betonen, kann sich allerdings ein Problem ergeben, gegenüber dem die Feministische Theologie in ihren ersten Jahren nicht aufmerksam genug war. Die ersten euphorischen Entdeckungen der Frauenfreundlichkeit Jesu beruhten vor allem auf Vergleichen mit der Stellung von Frauen im Judentum, die sich v.a. auf rabbinische Literatur stützten. Jesus wurde dabei in einen Gegensatz zu einer jüdischen Umwelt gesetzt, der das Judentum zu einer Negativfolie machte und den frauenfreundlichen Jesus (und das Urchristentum) um so heller erstrahlen ließ. Das hat der feministischen Exegese zu Recht den Vorwurf des Antijudaismus eingebracht. Um diesem Vorwurf zu entgehen, kann natürlich nicht der feministischen Forschung verboten werden, patriarchale Strukturen auch im Judentum zu benennen. Aber dabei muß zum einen berücksichtigt werden, daß Jesus selbst Jude war und daß frauenbefreiende Elemente seines Wirkens damit dem Judentum entstammen. »Nicht ob Jesus das Patriarchat gesprengt hat oder nicht, ist der springende Punkt, sondern ob das Judentum Elemente kritisch-feministischer Impulse in sich barg, die in Vision und Dienst Jesu zum Zuge kamen. [...] Praxis und Vision Jesu sind am zutreffendsten als innerjüdische Erneuerungsbewegung zu verstehen, die eine innerjüdische Alternative zu den herrschenden patriarchalen Strukturen darstellt, und nicht als eine oppositionelle Gruppe, die jüdische Werte und jüdische Praxis verwarf« (Schüssler Fiorenza).

Zum anderen müssen feministische Forscherinnen dem Judentum die gleiche Differenzierung zukommen lassen, um die sie sich für das Urchristentum bemühen. Statt unhinterfragt frauenfeindliche jüdische und

Folgende Doppelseite: Die Verklärung Jesu, eine »rein männliche« Szene. Durch griechische Inschriften kennzeichnet das Mosaik aus dem 6. Jahrhundert zu beiden Seiten Jesu die Propheten Elija und Mose, darunter die Jünger Johannes und Jakobus; zu Füßen Jesu liegt Petrus am Boden hingestreckt.

Ⳁ ΗΛΙΑϹ
Ⳁ ΙΩΑΝΝΗϹ

+ΜΩΥϹΗϹ
+ΙΑΚΩ ΒΟϹ
+ΠΕΤΡΟϹ

frauenfreundliche urchristliche Texte einander gegenüberzustellen, ist die »Hermeneutik des Verdachts« auf die jüdische Gesellschaft ebenfalls anzuwenden – auch hier sind z.B. Gesetzesvorschriften und die gelebte Praxis nicht unbedingt identisch. Wesentliches hat hier Bernadette Brooten geleistet, die z.B. anhand archäologischer Funde gezeigt hat, daß es im 1. Jahrhundert n. Chr. keine Trennung von Männern und Frauen in den Synagogen gab, oder Synagogenvorsteherinnen mit Hilfe von Grabinschriften nachgewiesen hat.

Auf der Basis dieser Methodik und der Aufmerksamkeit gegenüber dem Judentum hat die feministische Exegese nun wichtige Entdeckungen über das Verhältnis Jesu zu Frauen gemacht.

Oben: Goldkreuz mit Emailplatten aus dem Pontifikat Pasqualis' I. (817–824). Die senkrechte Szenenfolge (nach Lukas) führt von der Verkündigung an Maria und der Heimsuchung über die Geburt zur Darbringung im Tempel und endet mit der Taufe Jesu, der hier als Kind dargestellt ist. Die beiden Kreuzarme zeigen (nach Matthäus) die Anbetung der Könige und die Flucht nach Ägypten.

Rechte Seite: Jesu Abschied von Maria. Die Geste der Umarmung erinnert an Verse im Hohenlied (Hld 8, 3). Passionale der Äbtissin Kunigunde des Benediktinerinnenklosters St. Georg in Prag, um 1320. Prag, Universitätsbibliothek, Cod. XIV A 17, fol. 16r.

ENTDECKUNGEN DER FEMINISTISCHEN THEOLOGIE

Jesus lebte in einer Gemeinschaft von Frauen und Männern

Nicht erst die Feministische Theologie hat herausgearbeitet, daß der aus zwölf Männern bestehende Jüngerkreis die zwölf Stämme Israels und damit das Volk Gottes symbolisieren soll. Sozialgeschichtliche Forschungen haben ergeben, daß Jesus mit einer größeren Gruppe von Menschen durch das Land zog. Zu dieser Gemeinschaft gehörten auch Frauen, die Jüngerinnen Jesu. Am deutlichsten wird dies in Markus 15, 40f., wo davon berichtet wird, daß Frauen bei der Kreuzigung zusahen, »die ihm nachgefolgt waren, als er in Galiläa war« – das griechische Wort *akoluthein* für »nachfolgen« ist der typische Ausdruck für die Jünger Jesu.

Die jüngeren Evangelien des Matthäus und des Lukas enthalten diese Notiz nicht mehr. Lukas nimmt darüber hinaus noch eine wichtige Änderung in einer Passage vor, die Bedingungen für die Nachfolge Jesu nennt. In Matthäus 10, 37 heißt es: »Wer Vater und Mutter mehr liebt als mich, ist meiner nicht wert, und wer Sohn oder Tochter mehr liebt als mich, ist meiner nicht wert.« Bei Lukas hingegen wird daraus: »Wenn jemand zu mir kommt und haßt nicht seinen Vater, Mutter, *Frau*, Kinder, Brüder, Schwestern und dazu sich selbst, der kann nicht mein Jünger sein« (Lk 14, 26). So sind implizit Frauen als Jüngerinnen ausgeschlossen.

An anderer Stelle läßt aber auch Lukas erkennen, daß er von Jüngerinnen Jesu weiß. Im Gegensatz zu den anderen Evangelien berichtet er sogar einige Namen. Maria aus Magdala dürfte wohl die bekannteste sein, eine Jüngerin, die von Jesus geheilt wurde (Lk 8, 2) und sich seinem Kreis anschloß. Neben ihr werden in der gleichen Notiz auch Johanna genannt, die als Frau eines Verwalters des Herodes bezeichnet wird, sowie eine Frau namens Susanna. Sie scheinen vermögend gewesen zu sein und stellten ihr Geld ihrer neuen Gemeinschaft zur Verfügung. Möglicherweise bedeutete dies eine Basis, auf der das Wirken Jesu in dieser Form überhaupt erst möglich war. Ansonsten wissen wir über die Jüngerinnen wesentlich weniger als über die Jünger Jesu.

Für diese Gemeinschaft ging die traditionelle Exegese – sofern sie Frauen im Umkreis Jesu überhaupt wahrnahm – davon aus, daß Frauen untergeordnete und dienende Funktionen übernahmen. Mit der Methode der »Hermeneutik des Verdachts« wird es jedoch äußerst wahrscheinlich, daß dies nicht zutrifft.

Die Kontroverse um unterschiedliche Aufgaben von Frauen und Männern kann besonders gut an der unterschiedlichen Auslegung des Wortes *diakonein* (»dienen«) gezeigt werden. Dieses Wort wird in den Evangelien tatsächlich einige Male im Zusammenhang mit Frauen, nicht aber mit Männern benutzt: Die Schwiegermutter des Petrus dient Jesus nach ihrer Heilung (Mk 1, 31; Mt 8, 15; Lk 4, 39), die Frauen in der Gemeinschaft dienen mit ihrer Habe (Lk 8, 3), und Markus 15, 41 erwähnt ebenfalls das Dienen der Frauen im Rückblick. Während die traditionelle Exegese dies im Sinne von »sie versahen den Tischdienst und bedienten die Männer bei Tisch« deutete, zeigte die feministische Exegese, daß das gleiche Wort (Mk 10, 45) auf Jesus bezogen wird und die Sendung Jesu insgesamt bezeichnet. Das Wort bezeichnet damit auch das ideale Verhältnis der Christen und Christinnen untereinander. »Dienen ist das charakteristische Verhalten in der neuen Gemeinschaft, ist Absage an Herrschaft und hierarchische Ordnung« (Moltmann-Wendel). Wenn aufgrund dieses Wortes also ein Unterschied zwischen den Geschlechtern festgestellt werden soll, dann kann es gerade kein Unterordnungsverhältnis sein, sondern die Beobachtung, daß die Lebensweise, die Frauen gesellschaftlich übernehmen, eher dem idealen menschlichen Umgang entspricht als die der männlichen Rolle.

So waren es denn auch Frauen, die Jesus bis zum Schluß begleiteten und – im Gegensatz etwa zu Petrus – zu ihm standen. Auch hier scheint die Überlieferung von den Frauen unter dem Kreuz so stark gewesen zu sein, daß sie nicht zu tilgen war. Lukas fügt jedoch die Männer zu den Frauen hinzu (Lk 23,49). Bei ihm heißt es plötzlich »auch die Frauen« – offensichtlich war ihm die Flucht der Jünger vor Kreuz und Tod doch zu ehrenrührig für die für das Christentum so wichtigen Gestalten.

Frauen begleiteten Jesus aber nicht nur bis zu seinem Tod, sondern sie waren auch die ersten Zeuginnen seiner Auferstehung. Bei Markus gehen drei Frauen – Maria aus Magdala, Maria, die Mutter des Jakobus, und Salome – morgens zum Grab, um den Leichnam Jesu zu salben – und finden es leer (Mk 16, 1–8). Der Engel gibt ihnen den Auftrag, das Geschehen den Jüngern zu verkündigen. Die Frauen fliehen zunächst voll Entsetzen und sagen niemandem etwas. Der spätere Schluß des Markusevangeliums berichtet dann, daß Jesus zunächst Maria aus Magdala erschien – und ihr wiederum den Auftrag gab, den Jüngern von seiner Auferstehung zu erzählen. Jetzt erfüllt sie den Auftrag – aber niemand glaubt ihr, bis er den Jüngern selbst erscheint (Mk 16, 11).

Bei Matthäus sind es Maria aus Magdala und eine weitere Maria, bei Lukas zusätzlich noch Johanna (Lk 24, 10), die seinen Leichnam salben wollen. Während die Evangelisten sich also in den Namen nicht ganz einig sind, sehen bei allen Frauen als erste das leere Grab und erhalten den Auftrag, von der Auferstehung zu berichten. Die Bemerkung in Markus 16, 11 und Lukas 24, 11, »es erschienen ihnen diese Worte, als wär's

»Auch einige Frauen sahen
von weitem zu, darunter
Maria aus Magdala, Maria, die
Mutter von Jakobus dem Kleinen
und Joses, sowie Salome;
sie waren Jesus schon
in Galiläa nachgefolgt und
hatten ihm gedient. Noch viele
andere Frauen waren dabei,
die mit ihm nach Jerusalem
hinaufgezogen waren.«

MARKUS 15, 40–41

DAS JESUSKIND

Links: Das »Prager Jesulein« in der Kirche Panny Marie Vítězné stammt aus Spanien und war ein Geschenk von Polyxenia (1628) an die Karmeliterkirche.

Befragen wir die Bildwelt der christlichen Kunst nach ihren biblischen Grundlagen, so zeigt sich häufig, daß eine Randbemerkung die künstlerischen Vorstellungskräfte in hohem Maße beschäftigt hat. Ein Beispiel ist das Bild der Geburt Jesu. Einen Hinweis auf die äußeren Umstände enthält allein das Lukas-Evangelium: »Sie wickelte ihn [den Erstgeborenen] in Windeln und legte ihn in eine Krippe, weil in der Herberge kein Platz für sie war« (Lk 2, 7).

Diese Krippe, ein Futtertrog, wurde zum Kristallisationspunkt des Weihnachtsbildes als Gemälde, Graphik, Relief und schließlich in jener Form figurenreicher Arrangements, die wir im weiteren Sinne als »Weihnachtskrippe« bezeichnen. Ihre Vorgeschichte reicht zurück bis ins frühe 13. Jahrhundert.

Der Besucher der Oberkirche von San Francesco in Assisi entdeckt unter den Fresken der Franziskus-Legende, die Giotto und seine Werkstatt um 1300 geschaffen haben, eine seltsame Szene: Der Heilige kniet, umgeben von seinen Ordensbrüdern, vor einer Krippe und legt seinen Arm um ein halb aufgerichtetes Kind. Zugrunde liegt die Legende von der Feier der Weihnachtsmesse im Jahr 1223: Franziskus hatte in der Kirche von Greccio eine Krippe aufgebaut, in der ein Kind schlummerte, während über der Krippe die Messe zelebriert wurde. Diese Vergegenwärtigung des Stalls von Betlehem diente einerseits dem Bekenntnis zum Glauben an die leibhaftige Gegenwart Jesu im Brot und Wein der eucharistischen Opfergaben, die acht Jahre zuvor das 4. Laterankonzil als Lehre von der Transsubstantiation festgeschrieben hatte. Andererseits veranschaulichte Franziskus diese Lehre nicht durch das Bild Jesu als Schmerzensmann, sondern durch die liebevolle Zuwendung zum Kind in der Krippe.

Verfolgen wir, ausgehend von dieser Weihnachtsmesse des Jahres 1223, die weitere Entwicklung der Krippe, so begegnen wir im 15. Jahrhundert dem bereits weitverbreiteten Brauch, zur Weihnachtszeit in der Kirche eine Krippe aufzustellen. Im

Unten: Neapolitanische Krippe aus der Mitte des 18. Jahrhunderts. Maria und Josef werden dem Bildhauer Giuseppe Sanmartino zugeschrieben.

Die Krippenfiguren Maria und Josef mit dem in ein Körbchen gebetteten Jesuskind gehören zur Weihnachtskrippe aus dem Röttimann-Bell-Haus. Zweite Hälfte des 18. Jahrhunderts. Luzern, Historisches Museum.

Rechts: Giotto, »Die Weihnachtsmesse in Greccio«, um 1300. Fresko in der Oberkirche von San Francesco in Assisi.

17. Jahrhundert fand sie auch Eingang in die Privathäuser. In diesem Zusammenhang steht auch die Einzelfigur des Jesuskindes wie das »Prager Jesulein«, dessen Entstehung mit folgender Legende verbunden ist: Ein spanischer Mönch träumte vom Jesuskind und modellierte nach dem Erwachen die Traumerscheinung in Wachs. Kaum hatte er sein Werk vollendet, erschien ein Kind bei ihm, das der modellierten Figur vollkommen glich, wies auf diese und sagte: »Das bin ich.« Historisch verbürgt ist lediglich, daß die 45 cm hohe, kostbar gekleidete Statuette im 16. Jahrhundert als Mitgift der spanischen Braut eines tschechischen Aristokraten nach Prag gelangte und 1627 der Kirche »Unsere siegreiche Jungfrau« gestiftet wurde.

Repräsentiert die Einzelfigur die äußerste Verknappung der Weihnachtskrippe, so entfaltete sich das Thema als entgegengesetztes Extrem zu einem barocken *theatrum mundi* des Weihnachtsgeschehens. Die Gestaltungsaufgabe erstreckte sich von der zentralen Darstellung des Stalls von Betlehem über die Verkündigung an die Hirten auf dem Felde mit ihren Tieren bis zur Karawane der Heiligen Drei Könige. Hier gelangte die religiöse Volkskunst zu einem Reichtum an künstlerischen Gestaltungsmitteln, der Weihnachtskrippen den Werken der christlichen »Hochkunst« vielfach ebenbürtig macht.

Ein Beispiel für die kunsthandwerkliche Sorgfalt und kostbare Ausstattung ist die neapolitanische Krippe aus der Mitte des 18. Jahrhunderts. Die Köpfe der Figuren sowie die Putten insgesamt sind handmodellierte und farbig bemalte Terrakotten, die Körper sind handgeschmiedet und mit Hanf umwickelt, die Hände aus Holz geschnitzt. Die Heiligenscheine bestehen aus Silber, die Gewänder aus Seide, die Geschenke der Hirten und der Heiligen Drei Könige aus Silberfiligran. Um den Augen einen lebendigen Blick zu verleihen, sind sie als rückseitig bemalte Glaskugeln eingesetzt. Die Beispiele aus Frankreich und Peru belegen die lebendige Tradition und stilistische Vielfalt der Weihnachtskrippen.

Unten: Typische provenzalische Gehöftkrippen entstehen seit 1935 in der Werkstatt des Marcel Carbonel in Marseille. Krippen dieser Art werden aus Ton in Serie hergestellt und farbig bemalt. Abgeleitet vom provenzalischen »santoun« (»Kleine Heilige«), werden die Figuren als Santons bezeichnet.

Unten: Krippenretabel (Altaraufsatz) der Familie Ochante aus Ayacucho, Peru. Darunter: Die Heilige Familie (Figurengröße ca. 120 cm) aus einer Krippe der Familie Mendivil aus Cuzco, Peru. Beide Krippen stammen aus der Mitte des 20. Jahrhunderts. Bamberg, Sammlung Erik W. Baumann.

»Maria von Magdala ging zu den Jüngern und verkündete ihnen: Ich habe den Herrn gesehen.«

Johannes 20, 18

Michelangelo, Die Jungfrau mit dem Jesusknaben, sog. »Brügger Madonna«. Die lebensgroße Marmorskulptur ist eine Stiftung des flämischen Kaufmanns Jan Mouscron aus dem Jahr 1506. Das Gegenstück bildet Michelangelos Pietà in der Peterskirche. In beiden Bildwerken verkörpert Maria eine im antiken Sinne göttliche Jungfräulichkeit, deren äußeres Kennzeichen die unvergängliche Jugend bildet. Brügge, Liebfrauenkirche.

Geschwätz, und sie glaubten ihnen nicht«, dürfte dabei ziemlich realistisch gewesen sein. Bis heute ist es ökumenisch umstritten, ob Frauen überhaupt den Auftrag zur Verkündigung erhalten dürfen – trotz dieses eindeutigen biblischen Befundes.

Im Johannesevangelium ist Maria aus Magdala die alleinige Erstzeugin für die Auferstehung Jesu (Joh 20, 11–18). Die Szene der Begegnung mit Jesus, in der sie ihn für den Gärtner hält, läßt eine enge Beziehung zwischen Jesus und Maria deutlich werden. Ob dies eine Liebesbeziehung war, wie immer wieder vermutet und auch im Musical »Jesus Christ Superstar« angenommen wird, läßt sich wohl nie klären und trägt für das Verständnis des Verhältnisses Jesu zu Frauen wenig bei.

Jesus hatte Frauen gegenüber keine Berührungsängste

Auch außerhalb seiner Gemeinschaft hatte Jesus wenig Berührungsängste mit Frauen. Wie in orientalischen Gesellschaften bis heute üblich, lebten in seiner Gesellschaft die Geschlechter wesentlich stärker in getrennten Sphären als bei uns. Als eine wichtige Begründung dafür galt, daß Männer sich nicht durch den Kontakt mit Frauen verunreinigen sollten, weil diese mit gesellschaftlichen Tabus wie Menstruation oder Schwangerschaft identifiziert wurden. Zwei Geschichten zeigen besonders deutlich, daß Jesus sich über solche Tabus hinwegsetzte und den direkten Kontakt zu Frauen zuließ und suchte.

Die Geschichte, die meist als Heilung der »blutflüssigen Frau« (Mk 5, 25–34; Mt 9, 20–22; Lk 8, 43–48) bezeichnet wird, berichtet gerade von solch einem weiblichen Tabu; vermutlich litt die Frau an ständigen Menstruationsblutungen. Die Frau wird geheilt, indem sie Jesus berührt. Jesus spürt, daß eine Kraft von ihm ausgeht, kritisiert die Frau aber für diese Berührung nicht, sondern sagt: »Dein Glaube hat dich gesund gemacht.« Damit heißt er es gut, daß die Frau das Tabu gebrochen und ihn berührt hat, und er erklärt sich auch für solche »Frauenleiden« zuständig.

Die Samaritanerin am Brunnen (Joh 4, 1–42) wundert sich zu Recht aus mehreren Gründen darüber, daß Jesus mit ihr redet (Joh 4, 9): nicht nur, weil sie einer anderen religiösen Gruppierung, sondern auch, weil sie einem anderen Geschlecht angehört. Jesus bittet sie um etwas zu trinken; er sucht den Kontakt und stellt zunächst die Bitte, daß sie ihm etwas gibt – bevor er ihr etwas geben will.

Frauen waren in der Beziehung zu Jesus aktiv und kompetent

Jesus gestattete Frauen aber nicht nur Gemeinschaft, heilte sie nicht nur, hatte nicht nur Umgang mit ihnen – das alles ließe sich auch als Geste der Großmut verstehen, die eine klare Hierarchie wahrt. Auffällig ist vielmehr, daß die Aktivität der Begegnung und/oder Heilung in vielen Fällen von den Frauen ausgeht und daß Frauen sich gegenüber Jesus gerade in religiösen Fragen als sehr kompetent zeigen – und daß Jesus diese Aktivität und Kompetenz akzeptiert.

So wird die samaritanische Frau als sehr kompetent für die religiösen Unterschiede zwischen Juden und Samaritanern dargestellt. Sie erkennt und akzeptiert Jesus als Messias und wird zur Verkündigerin für die samaritanische Gemeinschaft, die sich aufgrund dessen zu Jesus bekehrt (Joh 4, 42). Sie übt also missionarische Tätigkeit aus. (Daß in der Apostelgeschichte, Kap. 8, Philippus als erster Missionar Samariens bezeichnet wird, gehört in das patriarchal überarbeitete Kirchenbild des Lukas.)

Die Evangelien enthalten zwei Messiasbekenntnisse: eines aus dem Munde des Mannes Petrus (Mt 16, 16), eines aus dem Munde der Frau Marta (Joh 11, 27). Dabei ist es wohl kaum Zufall, daß das Petrusbekenntnis einen wesentlich größeren Bekanntheitsgrad erlangt hat als das der Marta, obwohl dieses dem ersteren an Gehalt nicht nachsteht.

Die »blutflüssige Frau« ergreift sehr deutlich die Initiative zu ihrer Heilung (Mt 9, 20–22). Die »heidnische Frau« aus Syrophönizien muß Jesus erst dazu überreden, daß er ihre Tochter heilt (Mk 7, 24–30; Mt 15, 21–28). Maria weist Jesus erst auf die leeren Weinkrüge bei der Hochzeit zu Kana hin (Joh 2, 3). Und Jesus muß durch Marta zur Auferweckung ihres Bruders Lazarus gedrängt werden (Joh 11, 3.22). Erst recht ist die Salbung durch eine Frau eine fast schon ungeheuerliche Aktivität: Die Frau dringt in die geschlossene Gesellschaft ein und tut etwas, das wir heute als ganz und gar nicht *political correct* bezeichnen würden: Sie verschwendet viel Geld für die Salbung Jesu – und Jesus heißt es gut. Sie hat seine Sendung erkannt, und er bestätigt ihre Erkenntnis (Mk 14, 3–9; Lk 7, 35–50).

Michael Pacher, Wolfgangsaltar. Bei der ersten Wandlung (geöffnete Außenflügel) schildern acht Bilder das Leben Jesu zwischen Kindheit und Passion. Der Zyklus beginnt – wie das Markusevangelium – mit der Vorbereitung des öffentlichen Wirkens (Taufe und Versuchung), gefolgt von Jesu »erstem Zeichen«, der Verwandlung von Wasser in Wein bei der Hochzeit zu Kana (Joh 2, 1–12), und der Speisung der Viertausend. Die Szenen der unteren Reihe folgen alle dem Johannes-Evangelium: die versuchte Steinigung Jesu (8, 59), die Tempelreinigung (2, 13–22), Jesus und die Ehebrecherin (8, 1–11) und die Auferweckung des Lazarus (11, 17–44). St. Wolfgang (Salzkammergut).

Diese Beobachtung der Feministischen Theologie, daß vor allem Frauen selbst aktiv werden, wenn sie etwas von Jesus wollen, besitzt auch über die Geschlechterfrage hinaus Bedeutung für unser Bild von und unser Verhältnis zu Jesus. Das Bild eines übermächtigen Wundertäters hat verdeckt, daß Menschen für ihre Heilung selbst aktiv werden müssen – und das Bild vom sündigen Menschen hat verdeckt, daß dies auch möglich ist. Dabei verwandelt die Kraft, die Menschen sich holen, auch den, von dem die Kraft ausgeht. Das Verhältnis zwischen Jesus und den Frauen ist geprägt von Beziehung und Gegenseitigkeit. Keine Person gibt sich auf oder löst sich auf im »Helfersyndrom«. Dies heißt aber auch, daß Jesus in Beziehungen lebte und Beziehungen brauchte und nicht nur autonomer, unberührbarer und unberührter Held war. Er nahm und bekam etwas von anderen Menschen, von Männern wie von Frauen.

Tintoretto, »Jesus bei Maria und Marta« (Lk 10, 38–42), um 1580. Die Hauptfigur bildet die »passive« Maria im rechten unteren Teil der Komposition. Ihr wenden sich Jesus und Marta auf gegensätzliche Weise zu: lehrend der Gast, belehrend die Schwester. Um die eigene Lehre zu ziehen, muß der Betrachter die Worte Jesu im Ohr haben: »Maria hat das Bessere gewählt, das soll ihr nicht genommen werden« (Lk 10, 42). München, Alte Pinakothek.

Jesus lernte von Frauen

Aufgrund der Aktivität und Kompetenz von Frauen änderte sich Jesus, er lernte von ihnen. Der aufmerksame Blick für das, was Frauen für Jesus tun und was sie für ihn sind, zeigt, daß Jesus offensichtlich nicht von Anfang an in vollem Maße um seine Sendung und seine Aufgabe gewußt hat. Die christliche Dogmatik hat schon immer das wahre Menschsein Jesu betont – aber häufig war dies ein sehr souveränes, überlegenes Menschsein in unseren Vorstellungen. Daß Jesus gelernt hat – und besonders von Frauen gelernt hat –, ist ein wichtiges Korrektiv dazu.

Besonders eklatant ist der Lernprozeß Jesu in der Geschichte seiner Begegnung mit der syrophönizischen Frau (Mk 7, 24–30; Mt 15, 21–28; Lukas erscheint die Erzählung offensichtlich so anstößig, daß er sie nicht überliefert). Als sie ihn bittet, ihre Tochter zu heilen, weigert er sich zunächst mit dem Argument, daß seine Sendung sich nur auf Israel bezieht. Sein Satz »Es ist nicht recht, daß man den Kindern das Brot wegnimmt und es vor die Hunde wirft«, ist nicht anders als als beleidigend zu bezeichnen. Die Frau läßt sich aber weder entmutigen noch kleinmachen, sondern entgegnet schlagfertig: »Ja, Herr, aber doch fressen die Hunde unter dem Tisch von den Brosamen der Kinder.« Der knappe und karge Stil der Evangelien berichtet auch hier nichts von einem erstaunten Gesichtsausdruck Jesu, einem nachdenklichen Schweigen und einer Veränderung seines Gesichtsausdrucks aufgrund seiner Erkenntnis. So oder ähnlich muß man sich die Szene aber wohl vorstellen, denn die Worte der Frau haben den Meister offensichtlich so überzeugt, daß er der Frau zusagt, der böse Geist sei schon aus ihrer Tochter ausgefahren – und zwar aufgrund des Satzes, mit dem sie ihm widersprochen und ihn überzeugt hat. Dieser Geschichte zufolge lernt Jesus also von einer Frau, daß seine Sendung größer ist, als er ursprünglich selbst dachte; er dankt ihr für ihre Schlagfertigkeit und ihren Widerspruch. Auch historisch reflektiert die Erzählung vermutlich den Lernprozeß des Urchristentums von der Juden- zur Heidenmission. Dieser für das Christentum entscheidende Schritt wird mit der Überzeugungskraft einer Frau verbunden.

Auch der letzte Schritt seiner Sendung, das Leiden bis zum Kreuz, wird nach dem Bericht des Markusevangeliums durch eine Frau vorbereitet (Mk 14, 3–9). Eine Frau stört ihn und seine Jüngerinnen und Jünger bei einer Essenseinladung, zerbricht ein Gefäß mit kostbarem Salböl und salbt ihm damit seinen Kopf. Kein Wunder, daß andere diese Verschwendung kritisieren. Jesus aber schützt sie nicht nur vor dem Zorn der anderen (»Laßt sie in Frieden! Was betrübt ihr sie?«), sondern versteht ihr Handeln als vorweggenommene Totensalbung im Blick auf seine Kreuzigung. Damit wird deutlich, daß die Frau im Gegensatz zu den Jüngern begriffen hat, wer Jesus ist und wohin sein Weg führt. Die Kopfsalbung erinnert an die Salbung Davids zum König und symbolisiert damit das Königtum Jesu über Israel. Gleichzeitig aber wird dieser König nicht für königlichen Ruhm, sondern für seine Kreuzigung gesalbt: Es scheint, als ob nach dem Markusevangelium Jesus die endgültige Tragweite des Geschehens und seinen nahen Zeitpunkt erst mit der Salbung der Frau begriffen hätte, denn erst als Antwort auf die Salbung spricht er so konkret aus, was ihm geschehen wird.

Bereits im Lukasevangelium wird wiederum die Bedeutung der Handlung zurückgedrängt und bekommt einen ganz anderen Akzent, der die traditionellen Geschlechterverhältnisse wiederherstellt. Bei Lukas eröffnet die Salbung nicht die Passionsgeschichte, sondern findet mitten im Wirken Jesu statt, wodurch ihre Bedeutung erheblich relativiert wird. Die Kopfsalbung wird bei ihm zur Fußsalbung. Damit wird die Anspielung auf die davidische Königssalbung gelöscht.

Vor allem aber wird die Frau bei Lukas zur »großen Sünderin«, also zu einer Prostituierten. Mit der Einfügung des Gleichnisses von den Schuldnern, das darin gipfelt, daß der Frau ihre vielen Sünden vergeben sind, weil sie viel geliebt habe, wird aus der christologisch bedeutsamen Geschichte eine Moral- und Vergebungsgeschichte. Aus einer Frau, die die Sendung des Messias begriffen hat und den König salbt, wird eine, die Vergebung empfängt und dies wesentlich nötiger hat als die sie kritisierenden Männer. In der christlichen Tradition wird diese Geschichte mit dem Bericht des Johannes von der Salbung Jesu durch Maria aus Magdala so versponnen, daß im christlichen Bewußtsein »Maria Magdalena« mit der »großen Sünderin« identifiziert wurde – die sieben bösen Geister, von denen Jesus sie geheilt hatte, werden als sexuelle Besessenheit gedeutet. Indem man die wichtige Jüngerin Jesu zur Prostituierten machte, hatte man ihre Bedeutung erheblich heruntergespielt und in einen für die Bewertung von Frauen typischen negativen Zusammenhang gestellt – die Verhältnisse zwischen den Geschlechtern waren damit erneut geklärt.

Jesus benutzte Metaphern aus dem Bereich von Frauenarbeit

Frauen und Männer lebten weitgehend in getrennten Sphären und arbeiteten in unterschiedlichen Bereichen. Erst recht galt in der damaligen Gesellschaft, was sich bis heute erhalten hat: Arbeiten, die den klassischen Rollen von Frauen entsprechen, gelten weniger, werden schlechter

»Er richtete sich auf und sagte zu
ihr: Frau, wo sind sie geblieben?
Hat dich keiner verurteilt?
Sie antwortete: Keiner, Herr.
Da sagte Jesus zu ihr: Auch ich
verurteile dich nicht.«

Johannes 8, 10–11

Max Beckmann, »Jesus und die Sünderin« (Joh 8, 1–11), 1917. Beckmanns Thema ist: Verfolgung. Sie trifft die Ehebrecherin, die sich in blindem Vertrauen an Jesus klammert, und diesen selbst: Von rechts deutet der spöttische Hohn auf ihn, von links dringen die bewaffneten Häscher vor. Tödliche Bedrohung symbolisieren auch die Steine, die im Vordergrund bereitliegen. Saint-Louis, Art Museum.

JESUS: GOTT UND MENSCH

Miniatur in einem flämischen Stundenbuch mit der Darstellung der Marienkrönung, um 1500. Biblioteca Apostolica Vaticana, Vat. lat. 10293, fol. 133v.

Seit ihren Anfängen ringt die christliche Theologie um das Verständnis der Verbindung zwischen Gott und Mensch in Jesus Christus. Als häretisch wurden Lehrmeinungen ausgegrenzt, die jeweils nur die eine »Natur« anerkannten. So bekämpfte der aus Kleinasien stammende Bischof Irenäus von Lyon mit seiner Schrift »Gegen die Häresien« (um 180/90) insbesondere die Gnostiker, die lehrten: »Leidensunfähig aber war er und konnte nicht leiden, da er unbesiegbar und unsichtbar war.« Dem entsprach die (nach Irenäus) gnostische Auffassung: »Er ging durch Maria hindurch, wie Wasser durch die Rinne läuft.«

Dieser Vorstellung einer gleichsam »neutralen« Beziehung zwischen Jesus und seiner Mutter Maria widerspricht die christliche Kunst, insbesondere des Mittelalters. Zum einen gipfelt die Deutung des alttestamentlichen Hohenliedes als typologische Vorausdeutung auf die Beziehung zwischen dem »Bräutigam« Christus und der »Braut« Maria bzw. Kirche im Bild der Marienkrönung. Zum anderen entstand, ebenfalls im 14. Jahrhundert, das Bild der Beweinung des vom Kreuz abgenommenen Jesus durch seine schmerzerfüllte Mutter: die Pietà, im Deutschen auch Vesper- oder Erbärmdebild genannt.

Matthias Grünewald, »Maria mit dem Jesuskind«, Ausschnitt aus dem Weihnachtsbild des »Isenheimer Altars«, 1512–15. Colmar, Unterlindenmuseum.

Die vier hier zusammengestellten Werke unterscheiden sich nicht nur in zeitlicher und stilgeschichtlicher Hinsicht, sondern bringen auch die jeweilige Auffassung der Mutter-Sohn-Beziehung zum Ausdruck. Deformierung und Disproportion, wie wir sie als Gestaltungsmittel des modernen Expressionismus kennen, vergegenwärtigen in der spätgotischen Skulptur den tiefen Schmerz der Mutter Maria. Die Bezeichnung als Vesperbild leitet sich von der Gliederung des Tages in acht Gebetszeiten, dem »Stundengebet«, her, beginnend bei Tagesanbruch.

Die »Vesper« wurde als fünfte Gebetseinheit am frühen Abend mit einer Andacht begangen, die der Kreuzabnahme und Beweinung Jesu gewidmet war. Als Ausdruck der Leiden, die der Frau und Mutter Maria auferlegt sind, fand das Vesperbild als Skulptur vor allem in Nonnenklöstern Verbreitung.

Der Vergleich mit dem Gemälde Matthias Grünewalds (Abb. rechts) verdeutlicht einerseits die Gemeinsamkeit in der expressiven Darstellung des geschundenen Körpers Jesu, andererseits die Aufhebung der Mutter-Sohn-Thematik. Die offensichtlich auf das schmale Querformat einer Predella beschnittene Tafel (mit den Wappen des Erzbischofs von Mainz und Albrechts von Brandenburg zu beiden Seiten des hingestreckten Leichnams) läßt über Jesu dornengekröntem Haupt noch die Hände Marias erkennen. Grünewalds Gestaltung des Mutter-Kind-Motivs auf dem »Isenheimer Altar« (Abb. links außen) kann als Gegenbild zur Beweinung betrachtet werden, enthält jedoch in Form der »Lumpen«, in die das Jesuskind gewik-

Rechts: Michelangelo, »Pietà«, 1498–1500. Vatikanstadt, Petersdom.

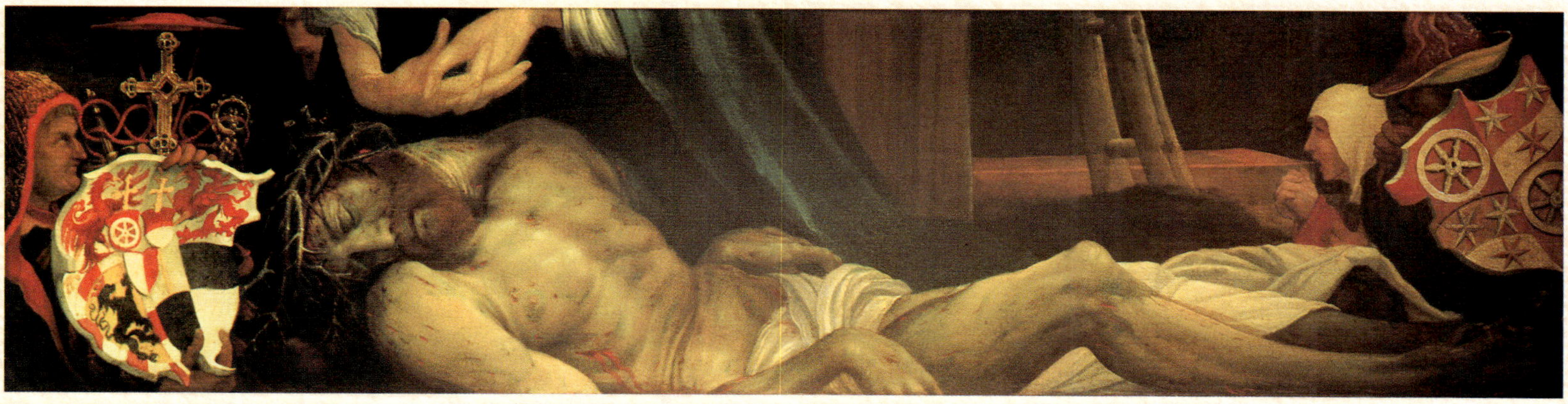

Matthias Grünewald, »Beweinung Christi«, um 1524/25. Aschaffenburg, Stiftskirche.

kelt ist, ein Symbol der Menschwerdung und damit der Bestimmung zum Leiden.

Michelangelos Pietà im Petersdom gewinnt ihre Ausdruckskraft durch den Kontrast zwischen dem entseelten Körper Jesu und der beseelten Gestalt Marias, deren Jugendlichkeit die Jungfräulichkeit der Gottesmutter symbolisiert.

Formsymbolisch hat der Bildhauer Fritz Koenig die Pietà in der Berliner Gedenkkirche Maria Regina Martyrum gestaltet: Maria und Jesus bilden gemeinsam das Zeichen des Kreuzes. Gewidmet ist die Kirche den Opfern des Nationalsozialismus. »Die äußerste Entblößung von aller Schönheit und das Zusammengefügtsein der Gestalten von Mutter und Sohn zum Zeichen des Kreuzes: das sind die beherrschenden und erschreckenden Merkmale dieser Bronzegruppe. Dieser ausgemergelte Leib des Herrn, seine abgemagerten eckigen Gliedmaßen! Der zu erbarmungswürdiger Kleinheit zusammengeschrumpfte Kopf mit dem kahlgeschorenen Schädel, der wie abgeknickt von den Schultern zur Seite fällt, diese wie mit schweren Gewichten beladenen, hilflos herabhängenden dünnen Beine! Eine Gestalt, die kaum noch eine Menschengestalt ist – erinnert uns das nicht an etwas? Wir haben Christus als den Menschenbruder vor uns, entwürdigt, verachtet, hingemordet im Konzentrationslager!« (Hilde Herrmann).

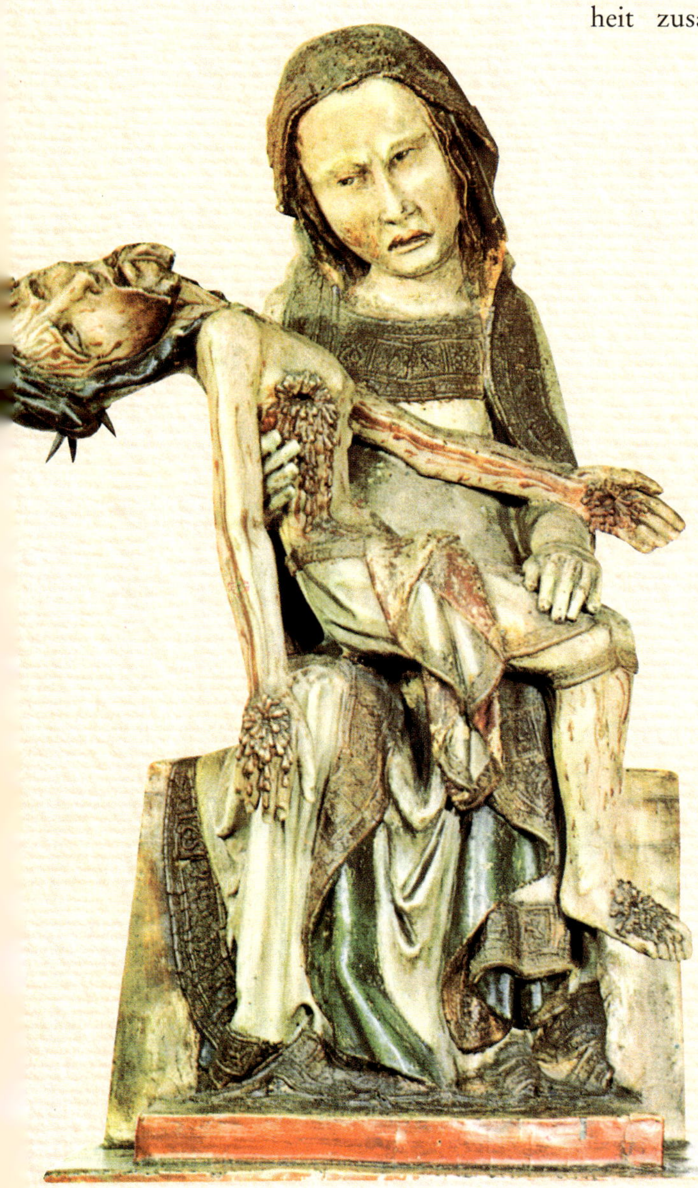

Unten links: Spätgotisches Vesperbild, 14. Jahrhundert. Bonn, Rheinisches Landesmuseum.

Unten rechts: Fritz Koenig, »Pietà«, 1963. Berlin-Charlottenburg, Gedenkkirche Maria Regina Martyrum.

Giovanni Bellini, »Pietà« (Detail), um 1470. Der venezianische Renaissancemaler greift ein Motiv der byzantinischen Kunst auf: die innige Berührung Wange an Wange zwischen der von stummem Schmerz erfüllten Mutter Maria und ihrem leblosen, aufrecht an ihre Schulter gelehnten Sohn Jesus. Mailand, Pinacoteca di Brera.

(Hausarbeit gar nicht) bezahlt und tendenziell ignoriert. Daß Jesus in seinen Gleichnissen auch Frauenarbeit erwähnt, ist ungewöhnlich, es macht Arbeit von Frauen sichtbar und wertet sie auf.

Das Gleichnis vom Sauerteig erzählt, daß das Reich Gottes einem Sauerteig gleicht, den eine Frau nimmt und damit eine große Menge Mehl durchsäuert (Mt 13, 33; Lk 13, 20f.). In der Parallele zum Senfkorngleichnis, wo die Männerarbeit des Säens im Mittelpunkt steht, ist die Frauenarbeit des Backens deutlich markiert.

War Jesus also Feminist?

»Oder wenn eine Frau
zehn Drachmen hat und eine
davon verliert, zündet sie dann
nicht eine Lampe an, fegt
das ganze Haus und sucht
unermüdlich, bis sie das
Geldstück gefunden hat?«

LUKAS 15, 8

Die ersten Entdeckungen dieser Art ließen Frauen – und auch manche Männer – Jesus euphorisch als Feministen bezeichnen, der für die Befreiung von Frauen gekämpft hatte. Aber abgesehen davon, daß es immer problematisch ist, Bezeichnungen aus dem einen Kulturkreis in einen anderen zu übertragen, ist dieser Ausdruck für Jesus auch inhaltlich nicht zutreffend. »Feministisch« meint das Engagement für eine politische Veränderung der Verhältnisse zwischen den Geschlechtern. Die biblischen Geschichten lassen jedoch deutlich erkennen, daß Jesus nicht für die gesellschaftspolitische Veränderung und Befreiung unterdrückter Gruppen gekämpft hat – genausowenig für Frauen wie für Sklaven und Sklavinnen und Fremde überhaupt. Er war geprägt von der Naherwartung – der Erwartung, daß sehr bald das Reich Gottes anbricht und alle Verhältnisse grundlegend verändert. Dies war seine Botschaft, und daher lag sein Interesse nicht primär bei einer Veränderung der gesellschaftlichen Verhältnisse. Hier hat sich Jesus offensichtlich geirrt, denn bis heute ist die neue Erde noch nicht erschienen. Damit stehen wir vor anderen sozialen Gestaltungsaufgaben des Zusammenlebens als er und seine Gemeinschaft.

Und noch etwas hat sich verändert: Wir haben eine zweitausendjährige Geschichte des Christentums hinter uns, in der Jesus noch eine ganz andere Rolle gespielt hat als die des Wanderpredigers mit einer Gemein-

»Ist die negative Wirkungsgeschichte für Frauen
nicht schon im Christussymbol angelegt?«

Doris Strahm, »Aufbruch zu neuen Räumen«

schaft von Frauen und Männern um sich. Er wurde als Christus, als Erlöser der Menschheit geglaubt – einer Menschheit, die es aber immer nur als Frauen und Männer gibt mit einem für Frauen tendenziell ungünstigen Geschlechterverhältnis. An dieser Stelle ergab sich das Problem der Feministischen Theologie mit Jesus als dem Christus.

KANN EIN MANN FRAUEN ERLÖSEN?

Um die hinter dieser Frage stehende Problematik voll zu erfassen, ist ein Blick in die Geschichte notwendig. Denn das Problem eines Unterschieds zwischen Männern und Frauen hinsichtlich der Erlösung durch Jesus Christus wird nicht erst von der Feministischen Theologie der Gegenwart aufgeworfen, sondern es bezieht sich gerade darauf, daß es jahrhundertelang von Männern zu Ungunsten von Frauen aufgeworfen wurde.

Arnold Böcklin, »Trauernde Maria Magdalena an der Leiche Christi«, 1867. Das Bild macht die Theatralisierung religiöser Themen im 19. Jahrhundert deutlich. Hinzu kommt, daß Böcklin auf die Überlieferung einer Liebesbeziehung zwischen Jesus und Maria Magdalena anspielt, die in Bühnenstücken wie »Jesus Christ Superstar« erneut dargestellt wird. Basel, Öffentl. Kunstsamml., Kunstmuseum.

Bereits in den späten Schriften der Bibel wird die Erlösung für die Geschlechter unterschiedlich beschrieben. Demnach wird die Frau nur dann erlöst, wenn sie ihre Aufgabe erfüllt, Kinder zu gebären und diese im christlichen Glauben zu erziehen (1 Tim 2, 15). Die Herrschaft von Männern über Frauen wurde parallelisiert mit dem Verhältnis Christi zu seiner Gemeinde, die er erlöst hat (Eph 5, 22–24). Die Eigenschaft der Männlichkeit Jesu wurde wesentlich stärker zur Begründung menschlicher Verhältnisse herangezogen als andere individuelle Eigenschaften

DAS SCHWEISSTUCH DER HL. VERONIKA

Den Kreis der Frauen um Jesus, von denen die Evangelien berichten, hat die Legendendichtung um die hl. Veronika erweitert. Ihr Name leitet sich vom Begriff *vera icon,* dem »Wahren Bild (des Herrn)« her, das in Form des »Schweißtuchs der hl. Veronika« seit dem 14. Jahrhundert zum künstlerischen Thema wurde.

In ihrer ursprünglich bis ins 4. Jahrhundert zurückreichenden Fassung berichtet die Legende von einer Jüngerin namens Beronike. Da sie Jesus nicht von Ort zu Ort folgen konnte, wollte sie, um Jesu Bild stets bei sich zu haben, ein Porträt von einem Maler anfertigen lassen. Als sie sich mit diesem Ziel auf den Weg machte, begegnete ihr Jesus und drückte sein Antlitz in das Tuch, das Beronike dem Maler zu bringen gedachte. Das auf dem Tuch festgehaltene Bild Jesu erweist sich als wundertätig: Von einem Boten des kranken Kaisers Tiberius nach Rom geleitet, gelingt es Beronike, den Herrscher mit Hilfe ihres kostbaren Tuches zu heilen.

Diese ursprüngliche Legende erfuhr eine völlige Umformung, die sich am Münchner Tafelgemälde des »Meisters der hl. Veronika« ablesen läßt: Das Antlitz ist mit gesenkten Augen wiedergegeben, dornengekrönt und mit Blutspuren. Es ist das Gesicht Jesu auf dem Weg zur Kreuzigung. Hier tritt Veronika an ihn heran und trock-

Links: Albrecht Dürer, »Die hl. Veronika mit den Aposteln Petrus und Paulus«, aus der »Kleinen Holzschnittpassion«, erschienen 1511.

Unten: Otto Dix, »Kreuztragung (Christus und Veronika)«, 1943. Vatikan.

Rechts: Meister der hl. Veronika, »Die hl. Veronika mit dem Schweißtuch Christi«, um 1420. München, Alte Pinakothek.

net sein schweißüberströmtes Haupt, dessen Abdruck in diesem »Schweißtuch« erhalten bleibt. Insofern ist die Veronika-Legende nun ein Bestandteil der Passionsgeschichte. Aus diesem Grund fügte Dürer in seiner »Kleinen Holzschnittpassion« das Veronika-Blatt, stellvertretend für die Kreuztragung, zwischen die Handwaschung des Pilatus und die Kreuzigung ein. Eine moderne szenische Darstellung der Begegnung zwischen Jesus und Veronika hat Otto Dix geschaffen; sie befindet sich in der Sammlung moderner religiöser Kunst des Vatikans. Eine engelhafte Veronika bildet den Kontrast zur brutalen Gewalt der (modernen) Schergen vor dem Hintergrund einer schweigenden Menschenmauer.

Blicken wir nochmals zurück auf das Werk des »Meisters der hl. Veronika«. Es gelangte, vermutlich aus der Kölner Kirche St. Severin, in die Kunstsammlung der Brüder Melchior und Sulpiz Boisserée. Hier lernte Johann Wolfgang von Goethe die Tafel kennen und vermutete hinter der Tatsache, daß der Maler »dem auf dem Tuch Veronikas abgedruckten Heilandsgesicht [...] eine Mohrenfarbe gegeben«, denselben ägyptischen Einfluß wie bei den »braunen Madonnen« (»Über Kunst- und Altertümer in den Rhein- und Maingegenden«, 1816). Über die ursprüngliche Verwendung der Tafel (78,1 × 48,2 cm) lassen sich nur Vermutungen anstellen: Sie könnte als Tür eines Tabernakels oder Reliquienschreins gedient haben, als Mitteltafel eines Flügelaltars oder als selbständiges Andachtsbild. Diesem Typus entspricht Dürers Holzschnitt insofern, als die flankierenden Apostel Petrus und Paulus das Schweißtuch-Thema aus dem erzählerischen Zusammenhang lösen.

Die links wiedergegebene Veronika-Figur aus einer Kreuzigungsgruppe betont dagegen jenen Zusammenhang, während das Bild eines Engels mit dem gleichsam verselbständigten Tuch auf die Legende hindeutet, derzufolge Nikodemus eine Skulptur des vom Kreuz abgenommenen Jesus geschnitzt hat. Er führte jedoch nur den Körper aus, dem ein Engel das Haupt *(Volto Santo)* hinzufügte.

Die Veronika- bzw. Beronika-Legende gründet sich auf die Tradition des »nicht von Menschenhand geschaffenen Jesusbildes«, über die Johannes Damascenus in seiner Schrift »Vom Bilde« berichtet: »Man erzählt aber auch eine Geschichte: Als Abgar, König von Edessa, einen Maler absandte, um ein Bildnis des Herrn zu machen, und der Maler es wegen des strahlenden Glanzes seines Antlitzes nicht vermochte, habe der Herr selbst sein Oberkleid auf sein göttliches, lebenspendendes Antlitz gelegt und sein Bild im Kleide abgeprägt und es so dem danach verlangenden Abgar geschickt.«

Oben: Engel mit dem Schweißtuch Christi, datiert 1609. Wil (Kanton St. Gallen), Stadtmuseum. Das Tafelgemälde auf Holz gehörte offensichtlich zu einem Heiligen Grab.

Links: Schnitzfigur der hl. Veronika aus einer Kreuzigungsgruppe des 16. Jahrhunderts. Kapuzinerinnenkloster Maria der Engel, Wattwil (Kanton St. Gallen).

wie ethnische Zugehörigkeit, Beruf o.ä. »Unkritisches Denken folgert: Wenn Jesus ein Mann und als solcher Gottes Offenbarung ist, dann muß dies auf das Mannsein als ein essentielles Merkmal des göttlichen Wesens selbst hindeuten. Es weist, wenn nicht auf seine Identifizierung, so doch zumindest auf eine größere Affinität zwischen Männlichsein und Göttlichsein hin, als es beim Weiblichen der Fall wäre« (Johnson).

Erst recht gilt dies für die Kirchengeschichte. Im Thomasevangelium (114) »sprach Simon Petrus: Maria soll von uns gehen! Denn die Frauen sind des Lebens nicht wert. Jesus sprach: Siehe, ich werde sie ziehen, daß ich sie männlich mache, damit sie auch zu einem lebendigen Geist wird, der euch Männern gleicht. Denn eine Frau, die sich zum Manne macht, wird eingehen ins Reich der Himmel«. So war auch Thomas von Aquin der Meinung, daß Christus das vollkommene Geschlecht habe annehmen müssen. Die Folgerung, daß nur Männer Christus repräsentieren könnten, lag dann nahe – nur wer dem vollkommenen Geschlecht angehört, ist dessen Repräsentation würdig. Mit diesem Argument wurde lange die Ordination von Frauen verweigert, und bis heute wird es von Gegnern der Priesterinnenweihe angeführt.

Diese für Frauen unselige Geschichte läßt sich nun nicht einfach auslöschen mit dem Hinweis, daß wir mittlerweile erkannt und auch theologisch begründet hätten, daß das Geschlecht für die Erlösung irrelevant ist. Selbstverständlich muß die Person Jesu Christi nicht zwingend in dieser Weise interpretiert werden, aber sie läßt diese Interpretation zu.

Das Problem der Feministischen Theologie mit der Christologie ist nicht der Mann Jesus, sondern seine theologische Interpretation als der Christus, als die letztgültige Offenbarung Gottes, die allein die Menschheit erlöst. Wenn diese – für beide Geschlechter lebensentscheidenden – Qualitäten nur in einem Mann erscheinen, wird dies zumindest in der gegenwärtigen Gesellschaft zur religiösen Bestätigung des Mannseins als Norm des Menschseins und führt weiter zur Marginalisierung und Abwertung von Frauen. Da die Erlösung durch Jesus Christus zu den Grundlagen des christlichen Glaubens gehört, befindet sich die Feministische Theologie (sofern sie das Christentum nicht gerade aufgrund dieses Punktes als so tiefgreifend sexistisch erkennt, daß sie sich davon nur trennen kann) in einem Dilemma. Dieses kann auf zwei unterschiedliche Weisen gelöst werden.

Die erste Möglichkeit feministischer Christologie orientiert sich daran, Erlösung dynamischer zu verstehen als in der traditionellen Christologie. Die exklusive Inkarnation Gottes in einem Mann wird relativiert. Jesus wird nach wie vor als Inkarnation Gottes verstanden, aber nicht mehr als die einzige. Er wird in Beziehung gesetzt zu anderen messianischen Gestalten und nicht zuletzt zu uns selbst, »die wir herausgefordert sind, durch unsere Praxis aufzuzeigen, daß seine Lebenspraxis und die darin offenbar gewordene Menschwerdung Gottes (für uns) von bleibender Gültigkeit ist/sein kann« (Strahm). Damit ist der Gedanke einer fortlaufenden Menschwerdung Gottes verbunden. Menschwerdung Gottes vollzieht sich »überall dort [...] wo Befreiung aus Unterdrückung

Die Miniatur steht am Ende einer um 1250 in Verona entstandenen Handschrift des Neuen Testamentes dem auf der rechten Seite wiedergegebenen Bild der Madonna gegenüber. Dargestellt ist der trinitarische Gnadenstuhl: Gottvater und der gekreuzigte Erlöser, verbunden durch die Taube des Heiligen Geistes. Biblioteca Apostolica Vaticana, Vat. lat. 39, fol. 171v.

und Unrecht, wo Erlösung aus entfremdeter und verkümmerter Menschlichkeit geschieht und Zerbrochenes geheilt wird; wo wir tun, was Jesus getan hat, nämlich Liebe und Gerechtigkeit in dieser Welt verwirklichen und damit Gott inkarnieren« (Strahm). Die Erlösung der Menschheit hat also in der Praxis Jesu begonnen, ihre Vollendung steht aber noch aus und wird von Gott und Mensch gemeinsam verwirklicht.

Die zweite Möglichkeit einer feministischen Christologie bemüht sich ebenfalls, die Problematik des Mannseins Jesu wahr- und ernstzunehmen, sie möchte dann aber darüber hinausgelangen im Rahmen einer Relativierung der grundlegenden Bedeutung des Geschlechts für das Menschsein.

Dieses Modell geht von einer Anthropologie aus, die die immense Bedeutung des Geschlechts in unserer Gesellschaft überwinden möchte zugunsten einer Vielfalt von Möglichkeiten, Mensch zu sein. Es sieht andere Faktoren wie Alter, Rasse, historischer Zeitpunkt des Lebens oder soziale Lage als mindestens ebenso wichtig für die menschliche Identität an wie das Geschlecht. Diese Betrachtung des Menschseins möchte den Dualismus männlich-weiblich überwinden. Dies ist aber nur möglich, nachdem sie die Situation und ihre Problematik besonders für Frauen analysiert und ernstgenommen hat.

Auf dieser Grundlage wird ein neues Verständnis des Mannseins Jesu möglich: »Eine mehrpolige Anthropologie erlaubt der Christologie, das Mannsein Jesu dadurch zu integrieren, daß sie die Interdependenz der Verschiedenheit als Hauptkategorie verwendet, statt die Sexualität ideologisch und verzerrt hervorzuheben. Unter einer Vielzahl von Unterschieden wird Jesu Mannsein als an sich wichtig für seine eigene historische Identität und die historische Herausforderung seines Dienstes eingeschätzt, aber weder als theologisch bestimmend für seine Identität als Christus noch als normativ für die Identität der christlichen Gemeinschaft betrachtet« (Johnson).

Beide Richtungen einer feministischen Christologie versuchen demnach, die wesentlichen Gehalte des Erlösungsgedankens in der christlichen Tradition festzuhalten, aber sie auf ihre Bedeutung für das Leben von Frauen zu hinterfragen. Sie halten daran fest, daß der Gott, an den Christinnen und Christen glauben, ein Gott der Befreiung aller Menschen ist und daß Erlösung als ein Modell gedacht werden kann, das für alle Menschen ohne Unterschied der Geschlechter gilt – so wie auch der irdische Jesus in einer Gemeinschaft von Frauen und Männern gelebt hat, die einander gleichgestellt waren.

Es bleibt von entscheidender Bedeutung, wie die Kirchen sich diesen alt-neuen Fragen stellen. Ob sie bereit sind, von Frauen zu lernen und sich von der Feministischen Theologie verändern zu lassen; ob sie den unpatriarchalischen Jesus und Christus wieder entdecken wollen, der durch die neutestamentlichen Texte und durch die Glaubenserfahrungen der Kirchengeschichte immer wieder hindurchdringt.

»Für wen halten mich die Leute?« – diese Frage Jesu an seine Jünger wird auch uns gestellt.

Als Pendant zum Gnadenstuhl (linke Seite) stellt diese Darstellung der gekrönten Madonna mit dem Jesuskind die Frage nach der Mitwirkung der Frau am Heilsgeschehen. Offenkundig ist es die Absicht des Malers, durch formale Analogien ein »Gleichgewicht« herzustellen. Die Grundlage bildet die Marienverehrung im Hochmittelalter. Biblioteca Apostolica Vaticana, Vat. lat. 39, fol. 172r.

»HERR, WO WOHNST DU?«

Rechte Seite: Rembrandt, »Christus«, um 1650. Die porträthafte Darstellung eines sinnenden Mannes gehört zu einer Werkgruppe, die Rembrandt dem Thema eines durch Menschlichkeit verklärten Jesusbildes gewidmet hat. Als Anregung diente Rembrandt, dem Zeugnis seines Schülers Samuel van Hoogstraten zufolge, der apokryphe Brief des Lentullus mit der Schilderung des Erscheinungsbildes Jesu. Staatliche Museen zu Berlin – Preußischer Kulturbesitz, Gemäldegalerie.

Der biblische Gott ist ein naher Gott, ein Gott der Kommunion und des Bundes mit dem Menschen. Gottes aktive Gegenwart inmitten seines Volkes gehört zu den ältesten und bleibenden biblischen Verheißungen: »Ich gehe in eurer Mitte; ich bin euer Gott, und ihr seid mein Volk« (Lev 26, 12). Der Berg und dann das Zelt, das die Israeliten bei ihrer Wüstenwanderung begleitete, die Bundeslade drükken diese familiäre Nähe Gottes aus, d. h. die *Shekinah*, die Wohnstätte Gottes. Aber die Heilige Schrift sagt uns auch, daß Gott keineswegs gefangen bleibt an den Orten, die er zu seiner Residenz erkoren hat. Die Propheten bringen dies energisch in Erinnerung, besonders wenn das jüdische Volk nach dem Bau eines Tempels, also nach so etwas wie der bleibenden Wohnstätte Jahwes, verlangt. Nichts kann Gott gefangen halten. Seine Wohnstätte ist im Himmel, dort gibt es keine Grenzen; seine Gegenwart überschreitet jede Grenzziehung. Im selben Augenblick, in dem der Tempel geweiht wird, erkennt Salomo unter dem prophetischen Druck, daß die Wohnstätte Jahwes der Himmel ist. Er betet: »Höre sie im Himmel, dem Ort, wo du wohnst. Höre sie und verzeih!« (1 Kön 8, 30). Der Tempel wird zwar als Ort der Gottesbegegnung nicht in Abrede gestellt, aber man vermeidet den Gedanken, daß die menschliche Hand Besitz von Gott ergreifen kann. Dies ist in der Tat die häufige Versuchung des Gläubigen.

Oben: Mehrfach hat der mexikanische Maler José Clemente Orozco (1883–1949) die Rebellion Jesu gegen sein Kreuz dargestellt: Er fällt das religiös überhöhte Symbol menschlichen Leidens. Die gestürzte Buddhastatue deutet die allegorische Szene als Rebellion gegen die Religion überhaupt. Hanover NH, Dartmouth College, Hood Museum of Art.

In diesem Rahmen sollten wir auch die privilegierte Gegenwart des Sohnes Gottes in der Kirche verstehen. Jesus beruft die Menschen zur *ecclesia* (Gemeinschaft) und verheißt uns, daß er mitten unter uns sein wird (vgl. Mt 18, 20). Diese Verheißung ist Quelle tiefer Hoffnung und Freude für diejenigen, die in ihm ihren Lebensmeister sehen. Man darf sich aber nicht täuschen, Jesus Christus ist größer als seine Kirche. Die Schrift sagt uns, daß in ihm alles erschaffen und erlöst wurde: Christus »ist das Ja zu allem, was Gott verheißen hat« (2 Kor 1, 20). Nichts und niemand entgeht seinem Erlösungswerk, seine befreiende und barmherzige Gegenwart kennt keine Grenzen. Die Gemeinschaft der Gläubigen sollte gegenüber der Frage, die der Herr jenseits ihrer historischen Grenzen an sie richtet – d. h. von den »Fernen«, denen wir uns nähern sollen, um ihre Nächsten zu werden (vgl. das Beispiel vom barmherzigen Samariter: Lk 10, 25–37) –, sensibel bleiben. Darin steht die Echtheit unserer Begegnung mit Jesus auf dem Spiel. Betrachten wir, ausgehend von bestimmten biblischen Texten, einige Dimensionen dieser Begegnung.

»Selig, die hungern und dürsten nach der Gerechtigkeit.«

MATTHÄUS 5, 6

Jesus heilt den Gelähmten in Kafarnaum (Mk 2, 1–12). Die Miniatur im Evangeliar Heinrichs III. aus Echternach, um 1043–46, verbindet zwei Szenen: Die Tragbahre des »paralyticus« wird durch das abgedeckte Dach ins Haus gesenkt, und der Geheilte folgt der Aufforderung Jesu, die in der Inschrift auch mit Worten wiedergegeben ist: »Steh auf, nimm deine Tragbahre, und geh nach Hause!« (Mk 2, 11; Mt 9, 6; Lk 5, 24). Den wie Jesus mit einem Nimbus versehenen Jünger am linken Bildrand kennzeichnet das Attribut des Schlüssels als Petrus. Escorial, Biblioteca Real, Cod. Vitr. 17, fol. 65r.

KOMMT UND SEHT!

Dem Herrn zu begegnen bedeutet zuallererst, daß wir von ihm gefunden wurden: »Nicht ihr habt mich erwählt, sondern ich habe euch erwählt und dazu bestimmt, daß ihr euch aufmacht und Frucht bringt und daß eure Frucht bleibt« (Joh 15, 16). In dieser Begegnung entdecken wir, wo der Herr wohnt und welche Sendung er uns anvertraut. Das Hier und Jetzt gibt dieser Erfahrung stets sein Gepräge und ist der Ausgangspunkt eines Zeugnisses und einer Botschaft: »Halte mich nicht fest«, sagt Jesus zu Maria aus Magdala, nachdem sie ihn erkannt hat, »denn ich bin noch nicht zum Vater hinaufgegangen. Geh aber zu meinen Brüdern, und sag ihnen: Ich gehe hinauf zu meinem Vater und zu eurem Vater, zu meinem Gott und zu eurem Gott. Maria von Magdala ging zu den Jüngern und verkündete ihnen: Ich habe den Herrn gesehen. Und sie richtete aus, was er ihr gesagt hatte« (Joh 20, 17–18). Das Zeugnis des endgültigen Lebens des Auferstandenen verleiht der Gabe der Gotteskindschaft ihren vollen Sinn. Diese entstammt der Liebe des Vaters, wie sie Jesus verkündigt hat, und stellt so den letzten Grund der menschlichen Geschwisterlichkeit dar. Diese Geschwisterlichkeit kennt keine Grenzen, denn sie gründet auf Jesus Christus.

Die Speisung der Fünftausend, dargestellt im Evangeliar Heinrichs III. aus Echternach, um 1043–46. Der golden leuchtende Halbkreis enthebt Jesus einerseits der irdischen Sphäre, in die er andererseits handelnd einwirkt: Er sorgt auf wunderbare Weise für das Wohl der Menschen, wobei die leibliche Nahrung zugleich das »Brot des Lebens«, die geistliche Nahrung, symbolisiert. Eine weitere Botschaft des Bildes ist die Mitwirkung der Jünger, deren Gestalten – ebenso wie die »fest auf der Erde« stehenden Füße Jesu – jenen Halbkreis überschneiden. Escorial, Biblioteca Real, Cod. Vitr. 17, fol. 38r.

Die Evangelien enthalten verschiedene Berichte von Begegnungen mit Jesus. Johannes erzählt von einer besonders bedeutsamen: »Am Tag darauf stand Johannes wieder dort, und zwei seiner Jünger standen bei ihm. Als Jesus vorüberging, richtete Johannes seinen Blick auf ihn und sagte: Seht, das Lamm Gottes! Die beiden Jünger hörten, was er sagte, und folgten Jesus. Jesus aber wandte sich um, und als er sah, daß sie ihm folgten, fragte er sie: Was wollt ihr? Sie sagten zu ihm: Rabbi – das heißt übersetzt: Meister –, wo wohnst du? Er antwortete : Kommt und seht! Da gingen sie mit und sahen, wo er wohnte, und blieben jenen Tag bei ihm; es war um die zehnte Stunde« (Joh 1, 35–39). Diese Begegnung mit Jesus – wahrscheinlich ist die Begegnung des Evangelisten Johannes selbst gemeint – verwandelt sie in ein Paradigma für die vielen anderen Begegnungen, die im Leben der Christen aller Zeiten weiterhin stattfinden.

Johannes der Täufer läßt Jesus den Vortritt und fordert seine Jünger auf, dem nachzufolgen, dem er selbst den Weg bereitet hat. Das Verb »nachfolgen« wird in den Evangelien verwendet, um die Bewegung der Jünger auf den Spuren des Meisters zu bezeichnen. Es legt nahe sowohl die demütige Annahme des Rufes des Herrn als auch die für den neuen Weg geforderte Kreativität. Jesus bricht das Schweigen seiner Jünger und fragt: »Was wollt ihr?« Direkte, unausweichliche Anfrage. Mit ihr will

DER »SCHWARZE JESUS«

Paul Gauguin, »Ia orana Maria« (Wir grüßen dich, Maria), 1891. New York, Metropolitan Museum of Art.

Als Paul Gauguin Europa den Rücken kehrte, um auf Tahiti einer ursprünglichen, naturverbundenen Lebensweise teilhaftig zu werden, diente ihm ein christliches Thema als Brücke: Sein Gemälde »Wir grüßen dich, Maria« (1891) zeigt zwei Frauen, die sich Maria und dem Jesuskind nähern. Alle vier Gestalten zeigen das Erscheinungsbild der Inselbewohner. Es mag sein, daß Gauguin mit dieser Einkleidung des religiösen Motivs das Wohlwollen der Missionare auf Tahiti gewinnen wollte – missionarische Absichten verfolgte er sicher nicht. Sein eigener künstlerischer Weg führte ihn auf die Suche nach der mythischen Überlieferung der Südsee. Dennoch ist sein Gemälde ein Beispiel für den Versuch, sich der Bildsprache einer zunächst fremden Kultur anzunähern. Vergleichbar ist die sprachliche Übersetzung, deren Qualität sich vor allem an der Fähigkeit bemißt, der Idiomatik der Fremdsprache gerecht zu werden.

Außer Frage steht, daß die christliche Weltmission längst den eurozentrischen Standpunkt überwunden hat, mit der christlichen Botschaft zugleich die »allein menschenwürdige« Kultur zu verbreiten, auch in künstlerischer Hinsicht.

Oben: Die Missionarin Katharina G. Kraus unterstützte ihre Verkündigung bei den Massai durch selbst angefertigte Bilder, auf denen die Akteure der biblischen Geschichten als Mitglieder dieses in Tansania und Kenia lebenden Volkes dargestellt sind.

Links: Passionskreuz aus Stein mit dem Haupt Jesu, den Marterwerkzeugen, dem Christusmonogramm und dem Kelch der Eucharistie, 17. Jahrhundert. Atzacoalco, Mexiko.

An einer grundlegenden Revision dieser Einstellung hat seit der Jahrhundertwende auch die moderne Kunst mitgewirkt, indem sie in der »primitiven« Kunst der »Naturvölker« Afrikas eine neue, das eigene Schaffen befruchtende Gestaltungsweise entdeckte.

Dennoch bildete das koloniale Bewußtsein eine Barriere, Mission nicht nur als ein Geben, sondern auch als ein Empfangen, als Dialog zu verstehen. Eurozentrik paarte sich mit der Sorge um die »Reinheit« der

Rechts: Die Skulptur verbindet die Tradition der afrikanischen Maske mit Sternenkranz, Nimbus und Kreuz.

Unten: Der Typus des indianischen Totempfahls mit ausgebreiteten Adlerschwingen ist hier umgedeutet zum Kruzifix.

Lehre, um die Vermeidung synkretistischer Mischformen, zumal die eigene Kirchengeschichte, etwa in Gestalt der Heiligenverehrung, ja selbst des Festkalenders, die Aneignung heidnischer Elemente belegt. Kann ein »schwarzer Jesus« nicht Mißdeutungen hervorrufen? Die Frage findet ihre Antwort in der Praxis. Ein Beispiel sind die Erzählbilder der »Massai-Bibel« von Katharina G. Kraus, die 1985 als Buchausgabe erschienen sind. Zugleich gibt die Frage Anlaß, über die kulturellen Voraussetzungen und Botschaften der »eigenen« christlichen Kunst nachzudenken. Über die Divergenzen, ja unversöhnlichen Gegensätze zwischen Jesusbildern in der zählebigen Tradition der popularisierten »Nazarener«-Kunst des 19. Jahrhunderts und der religiösen Volkskunst, zwischen ost- und westkirchlicher Bilderfrömmigkeit.

Wenn heute eine stärkere Unbefangenheit in der missionarischen Praxis vorherrscht, so entspricht dies jener künstlerischen Erfahrung der Jahrhundertwende: Hatte sich hier, zumindest bei der Avantgarde, das Bewußtsein einer »Weltkunst« gebildet, so besitzen heute die christlichen Kirchen eine ökumenische Perspektive, die zunächst den weltweiten christlichen Dialog meint. Darüber hinaus zeichnet sich ein Verständnis von Ökumene ab, das sich auf die Bereitschaft zum Dialog zwischen den Religionen gründet. Sie betrifft auch den Dialog über die Beziehung zwischen Kunst und Religion.

Oben Mitte: Die Darstellung der Kreuzabnahme Jesu, entstanden um 1944, bedient sich der Bildsprache der schwarzen Bevölkerung in den Vereinigten Staaten. Washington DC, Museum of American Art.

Links: »Der Gute Hirte«, 1993. Druck des 1913 in Tokio geborenen japanischen Künstlers Sadao Watanabe.

Die linke Hälfte des Elfenbein-Diptychons, nach 1300, ist der Muttergottes gewidmet: Der Marienkrönung folgen die Verkündigung und die Christgeburt, der Kindermord und die Flucht nach Ägypten, dann erst die Anbetung der Könige. Kunstsammlung der Biblioteca Apostolica Vaticana.

Jesus die Qualität des ersten Anschlusses messen, den die Jünger des Johannes vollzogen hatten, als sie ihm nachfolgten. Jesus fordert sie von Anfang an heraus, sich zu entscheiden. Ihm nachzufolgen genügt nicht. Es gibt in der Tat Formen der Gefolgschaft, die nicht zuverlässig sind (vgl. Joh 2, 23–25); andere gehen zu Bruch bei den ersten Anforderungen an den Jünger (vgl. Lk 9, 61; 18, 18–23). Die Frage Jesu ist an alle gerichtet, die ihm nachfolgen wollen, gleich in welcher Zeit sie auch leben.

Die Jünger des Täufers antworten mit einer Frage: »Wo wohnst du?« Auf diese Art laden sie sich selber zur Gemeinschaft mit Jesus ein. Die Frage drückt ihren Wunsch aus, belehrt zu werden, indem sie das Leben Jesu teilen. Die Absicht, die sie haben, als sie ihm nachfolgen, wird nun deutlich. Die Beziehung wird hergestellt. Auf eine Frage hat eine andere Frage geantwortet; der Dialog ist kurz und konkret gewesen. Jesus beendet ihn mit einem ausdrücklichen Ruf zur Nachfolge. Er schlägt ihnen vor, sich auf sein Terrain einzulassen; er lädt sie ein, mitzukommen und zu sehen, wo er wohnt. Dieser Schritt wird Folgen mit sich bringen, die sie von nun an bereitwillig annehmen sollten. Der Text erwähnt indes nicht die Wohnstätte Jesu, denn der Wanderprediger aus Galiläa hatte keine. Er selbst sagt es im Evangelium des Matthäus: »Die Füchse haben ihre Höhlen und die Vögel ihre Nester; der Menschensohn aber hat keinen Ort, wo er sein Haupt hinlegen kann« (Mt 8, 20). In der Tat, seine Sendung hat ihn dazu geführt, die Grenzen seiner Wohnstätte und seiner Familie zu erweitern und der Zugehörigkeit zu der Gemeinschaft, zu der er auffordert, konsequenterweise den Vorrang zu geben: »Denn wer den Willen meines himmlischen Vaters erfüllt, der ist für mich Bruder und Schwester und Mutter« (Mt 12, 50).

Johannes gibt uns dennoch einen Hinweis auf die Wohnstätte Jesu. Im Prolog zu seinem Evangelium sagt er uns: »Und das Wort ist Fleisch geworden und hat unter uns gewohnt« (Joh 1, 14). Das ist der Ort der Wohnstätte Jesu: das Zelt, das er mitten unter uns aufschlug, im Zentrum der Weltgeschichte. Jesus »wohnt« in seiner Sendung, das Evangelium allen Menschen zu verkünden; dort ist auch die »Wohnstätte« seines Vaters (vgl. Lk 2, 49). Gerade dies haben die zwei ersten Jünger Jesu wahrgenommen. Sie entscheiden sich für die Hingabe an diese Sendung und dafür, von jenem Tag an bei Jesus zu bleiben. Der Text schließt, indem er uns von der Entstehung einer christlichen Gemeinschaft erzählt. Jesus und die zwei Jünger – andere werden bald folgen – teilen eine Lebensaufgabe. Die Nachfolge Jesu bedeutet für alle, dem Weg der Sendung zu folgen; und dafür ist es – wie beim Meister – nötig, sein Zelt, sein Haus mitten in der Menschheitsgeschichte aufzuschlagen.

Johannes, der Anreger, wenn nicht Verfasser seines Evangeliums, vergaß nicht die Stunde, in der er Jesus begegnete: »Es war um die zehnte Stunde« – d.h. um vier Uhr nachmittags. Wie jedes Ereignis, das unser Leben prägt, bleibt in ihm die Erinnerung an diese Begegnung mit allen Einzelheiten lebendig und hinterläßt unauslöschliche Spuren. Die genaue Zeitangabe scheint als solche keine Bedeutung für uns zu haben; es ist für uns in der Tat gleichgültig, ob dieses Ereignis um zehn Uhr mor-

Die rechte Hälfte des Elfenbein-Diptychons, nach 1300, ist Jesus gewidmet: Der Deesis (Maria und Johannes der Täufer als Fürbitter) folgen Kreuzigung (mit dem Lanzenstich des Longinus), Kreuzabnahme und Grablegung. Kunstsammlung der Biblioteca Apostolica Vaticana.

gens oder um zwei Uhr nachmittags stattgefunden hat. Aber für denjenigen, der es erfuhr, ist es nicht gleichgültig, sondern hinterläßt in ihm einen sehr persönlichen Eindruck. Davon gibt der Text Zeugnis. In seiner Einfachheit enthält dieser Hinweis eine tiefe Botschaft. Wir alle haben in unseren Leben Augenblicke wie diesen »um die zehnte Stunde«, starke und entscheidende Augenblicke von Begegnungen mit dem Herrn, aus denen unsere Spiritualität Kraft schöpft und zu denen wir immer wieder zurückkehren.

Die Begegnung mit dem Herrn macht bei den Jüngern nicht halt. Die Beschaffenheit eines solchen Ereignisses führt von selbst zur Mitteilung, zum Zeugnis. Die Nachfolge Jesu ist nicht eine bloß individuelle Frage. Es handelt sich um ein kollektives Wagnis. Der Weg des messianischen Volkes, der Kirche, hat als Ausgangspunkt die direkte Begegnung mit dem Herrn. Es handelt sich um ein Ereignis, das in der Gemeinschaft stattfindet: »*Wir* haben den Messias gefunden« (Joh 1, 41), sagen Andreas und Johannes. Gehen wir einen weiteren Schritt in dieser Begegnung.

SAGT, WAS IHR GEHÖRT UND GESEHEN HABT

Matthäus und Lukas berichten von einem Ereignis, das viele Berührungspunkte mit dem oben in Erinnerung gebrachten enthält und uns zugleich wichtige Hinweise auf die Wohnstätte Jesu gibt. Nehmen wir die Version nach Matthäus: »Johannes hörte im Gefängnis von den Taten Christi. Da schickte er seine Jünger zu ihm und ließ ihn fragen: Bist du der, der kommen soll, oder müssen wir auf einen andern warten? Jesus antwortete ihnen: Geht und berichtet Johannes, was ihr hört und seht: Blinde sehen wieder, und Lahme gehen; Aussätzige werden rein, und Taube hören; Tote stehen auf, und den Armen wird das Evangelium verkündet« (Mt 11, 2–5; vgl. Lk 7, 18–22).

Jesu Antwort bleibt hier, wie in der oben betrachteten Stelle aus dem Evangelium des Johannes, auf der Ebene des Konkreten und des Zeugnisses. Seine Werke werden die Frage nach seiner Identität beantworten. Sie sind Teil der Frohen Botschaft, die den Armen verkündet werden soll. Jesaja 61, 1–2, ein alttestamentlicher Text von zentraler Bedeutung für die Evangelien, wenn es um die Sendung des Messias geht, ist zweifelsohne die Inspirationsquelle der zitierten Stellen aus den Evangelien des Matthäus und des Lukas. Darauf spielt auch Lukas 4, 16–20 an, um das vorzustellen, was man die »erste messianische Erklärung« Jesu genannt hat. »Der Menschensohn aber hat keinen Ort, wo er sein Haupt hinlegen kann«; er wohnt in diesen Werken, die den Anbruch des Reiches Gottes in der gegenwärtigen Zeit ausdrücken. Dieses Reich ist vorrangig den Armen gewidmet und durch sie allen Menschen.

Die Heilungen, von denen Matthäus und Lukas berichten, sind Vorwegnahme und Unterpfand dieses Reiches. Die Linderung des Leidens einiger weniger Bedürftiger zur Zeit Jesu ist feste Verheißung dessen, was die Frohe Botschaft von Gottes Herrschaft für alle Armen der Geschichte bedeutet. Diese Ankündigung geschieht durch befreiende Worte und

JESUS AUF DER BÜHNE UND IM FILM

Es ist anzunehmen, daß mancher Buchhändler die Bibel als »Buch zum Film« ins Schaufenster gestellt hat und stellt, solange einer der zahlreichen Versuche, Teile der Bibel auf die Leinwand zu bringen, im heimischen Lichtspielhaus geboten wurde. Tatsächlich ist ein Großteil dieser Versuche bemüht, die Dialoge so textgetreu wie möglich zu gestalten.

Dies gilt für den Passionsfilm »Das Kreuz von Golgatha« (1935) des Regisseurs Julien Duvivier. Er schildert die Ereignisse vom Palmsonntag bis zu Jesu Himmelfahrt und verzichtet laut Vorspann darauf, an das Mysterium der Passion zu rühren.

Von Duviviers Historienfilm unterscheidet sich Pier Paolo Pasolinis Matthäus-Verfilmung »Das 1. Evangelium«, die 1964 mit dem Spezialpreis der Jury des Filmfestivals in Venedig ausgezeichnet wurde, diametral: Inszeniert in den armen Regionen Italiens, verfolgt der Film das Leben Jesu von der Geburt bis zur Auferstehung und legt den Schwerpunkt auf Jesu soziale Botschaft.

Als »beachtliches Medienereignis« bewertete die katholische Filmkritik Franco Zeffirellis Filmepos »Jesus von Nazareth« (Spieldauer 4 Stunden) auf der Grundlage des Johannes-Evangeliums, ergänzt durch

Oben Mitte: »Jesus von Nazareth« von Franco Zeffirelli (1977) mit Robert Powell in der Titelrolle.

Ganz oben: »Jesus von Montreal« von Denys Arcand (1989) mit Lothaire Bluteau als Gekreuzigtem.

Oben: Die Kreuzaufrichtung in Pier Paolo Pasolinis Verfilmung des Matthäus-Evangeliums (1964).

frei erfundene Szenen und Dialoge. Die deutsche, vierteilige Fernsehversion nahm in »geschmacklich fragwürdigen« Szenen, wie der Auferweckung des Lazarus nach Johannes 11, Kürzungen vor.

Den Vorwurf der Blasphemie zog sich 1982 der Autor, Regisseur und Schauspieler Herbert Achternbusch zu: In seinem Film »Das Gespenst« steigt er in einem bayerischen Kloster vom Kreuz, wandelt übers Wasser und zieht zusammen mit der Oberin des Klosters durch eine Welt, die er nicht versteht.

Versuche, diesen Film von der Leinwand zu verbannen, blieben ebenso erfolglos wie drei Jahre zuvor beim englischen Streifen »Monty Python's Life of Brian«. Er handelt von einem fiktiven Zeitgenossen und parodistischen Zerrbild Jesu.

Sofern die Filmleinwand und der Fernsehschirm als Bühne des 20. Jahrhunderts gelten können, stehen Jesus-Filme in der Tradition der Geistlichen Spiele des Mittelalters, insbesondere der Mysterien- und der Passionsspiele, deren Tradition in Oberammergau aufgrund eines Gelübdes seit 1634 bis heute gepflegt wird. Doch auch die zeitgenössische Theaterbühne nimmt sich des Themas Jesu und seiner Passion an. Zur Zeit der Bewegung der »Jesus People« brachte der englische Komponist Andrew Lloyd Webber, nach dem Erfolg seines »Love-Rock-Musicals« mit dem Titel »Hair« (1967), eine »Rock Opera« auf die Bühne, die »Jesus Christ Superstar« gewidmet ist. Die Songs thematisieren die Erwartungen an Jesus als Anführer im Kampf gegen die Römer und als Wundertäter, Jesu eigenen Zweifel an seiner Sendung als Erlöser, die Mutlosigkeit, ja Feigheit der Jünger (Verleugnung Petri), und schließlich ist es erneut Judas, der die Frage an den »Superstar« richtet, weshalb er nicht gehandelt habe, als sich noch die Gelegenheit geboten hatte.

Die »Rock Opera« ließ es sich nicht entgehen, eine Liebesgeschichte einzuflechten. Es ist Maria Magdalena, die Jesus in

»Jesus Christ Superstar«. Die »Rock Opera« des Komponisten Andrew Lloyd Webber hatte 1971 am Broadway Premiere; 1972 folgten die amerikanische Filmversion und auch die deutsche Erstaufführung in Münster/Westfalen.

seinen Selbstzweifeln zu trösten versucht. Sie gehört auch zu den Akteuren in »Jesu Hochzeit«, der 1980 gegen kirchlichen Protest uraufgeführten »Mysterienoper« des Komponisten Gottfried von Einem und der Schriftstellerin Lotte Ingrisch. Maria Magdalena ist eine der Verkörperungen der Versuchung, der Jesus ausgesetzt ist; diese trägt zum anderen die Maske des Judas und schließlich der »Tödin«, die über Jesus zu triumphieren scheint.

Unten links: Die Szene der Kreuzigung in der Inszenierung des Oberammergauer Passionsspiels im Jahr 1990. Die älteste erhaltene Textfassung des erstmals 1634 von den Dorfbewohnern aufgeführten Spiels stammt aus dem Jahr 1662 und folgt dem Vorbild Augsburger Passionsspiele. Die heutige Textfassung geht im Kern auf das Jahr 1750 zurück und wird durch Chorgesänge und alttestamentliche Rückblenden gekennzeichnet.

Unten: »Jesu Hochzeit«, Oper des Komponisten Gottfried von Einem und der Schriftstellerin Lotte Ingrisch. Das Szenenfoto aus der Wiener Inszenierung der Uraufführung (1980, Theater an der Wien) zeigt Per Arne Wahlgreen in der Rolle Jesu; links Elisabeth Steiner als Maria Magdalena.

Diese und die auf der gegenüberliegenden Seite wiedergegebene Zeichnung befinden sich in einer um 1450 entstandenen kirchenkritischen Schrift. Sie ist im Geist der Reformbestrebungen des 1415 in Konstanz hingerichteten Jan Hus illustriert. Die Schriftbänder enthalten in alttschechischer Sprache Zitate aus der Bibel. Jesus verkündet: »Steckt nicht Gold, Silber oder Kupfermünzen in euren Gürtel« (Mt 10, 9) und »Bleibt in diesem Haus, eßt und trinkt, was man euch anbietet« (Lk 10, 7). Petrus hält die Schriftbänder »Silber und Gold besitze ich nicht« (aus der Erzählung von der Heilung eines Gelähmten im Tempel durch Petrus, Apg 3, 5) und »Du weißt, wir haben alles verlassen und sind dir nachgefolgt. Was werden wir dafür bekommen?« (Mt 19, 27).

Taten. Den Armen wird das Evangelium verkündet durch konkrete Taten: sehen, gehen, hören können, d. h. Leben geben, das ist das Beispiel, das Jesus zu seiner Zeit gibt, und das ist auch eine Weisung an die christliche Gemeinschaft in der Geschichte. Es gibt keine echte Verkündigung ohne Werke, vor allem nicht ohne Werke zugunsten der Armen. Die berichteten Heilungen verleihen der an die Armen gerichteten Frohen Botschaft, die Jesaja verheißen hatte und die im messianischen Handeln Jesu ihre Erfüllung findet, ihren vollen Sinn; in diesem messianischen Handeln hat der Herr seine Wohnstätte, den Ort eines Kultes »im Geist und in der Wahrheit« (Joh 4, 23). Von diesem Handeln muß auch das Zeugnis der Jünger Jesu ausgehen; denn auch ihr Zeugnis muß ein Zeugnis für das Leben sein.

Aus diesem Grund gilt: wenn Jesus, nachdem er seine Jünger ausgesandt hat, sie fragt: »Für wen halten mich die Menschen?« (Mk 8, 27), so möchte er damit nicht einfach der zweiten Frage den Weg ebnen: »Ihr aber, für wen haltet ihr mich?« (Mk 8, 29). Die erste Frage ist vielmehr schon eine eindringliche Frage nach dem Glauben seiner Jünger. In der Tat, ein wichtiger Aspekt unseres Glaubens besteht in dem, was andere von ihm wahrnehmen. Die Meinung über Jesus hängt damals wie heute im großen Maße von dem ab, was die Menschen an denen ablesen, die sich als seine Jünger ausgeben. Die Frage will also auch folgendes in Erfahrung bringen: Welchen Eindruck habt Ihr von mir vermittelt? Das Erkennen Jesu als Messias beschränkt sich nicht auf den Kreis seiner Jünger; die Gegenwart des Herrn überschreitet die sichtbaren Grenzen der Gemeinschaft der Christen, der Kirche. Noch mehr: diese Gegenwart, die das Bekannte und Beruhigende überschreitet, muß ein Bestandteil des Glaubens sein, eines Glaubens, der immer unterwegs ist zu jenem »von Angesicht zu Angesicht« (1 Kor 13, 12), das Paulus bezeugt.

Es ist bestimmt nicht ohne Bedeutung, daß das Glaubensbekenntnis des Petrus (Mt 16, 16) außerhalb der Grenzen Israels stattfindet, nämlich in Cäsarea Philippi oder im Heidenland. Diese Überschreitung der Grenzen gilt auch für unsere Tage. Wir Christen sind nicht die Privateigentümer des Herrn. Dies nimmt dem Wesen und Handeln der Kirche nicht seinen Sinn weg, stellt es vielmehr in den universalen Heilshorizont als Ausdruck des Geheimnisses der göttlichen Liebe.

DEIN REICH KOMME

Das Reich Gottes ist Gabe, aber auch Aufgabe. Es ist eine unverdiente Gabe Gottes, und es bedeutet auch die Aufgabe, in Einklang mit seinem Willen und Lebensbeispiel zu leben. Das Leben des Jüngers verläuft zwischen Gabe und Aufgabe. Wir empfangen die Gabe der Gotteskindschaft, wenn wir eine echte Geschwisterlichkeit unter den Menschen aufbauen. Als Johannes XXIII. das Konzil einberief, stellte er ihm als Hauptaufgabe die Beantwortung folgender Frage: Wie können wir heute sagen, »daß dein Reich komme«? Aus diesem Grund hat er als Themen die Öffnung zur modernen Welt, den Dialog mit anderen christlichen

Konfessionen und, einen Monat vor Konzilsbeginn, die Kirche der Armen empfohlen. Letzteres tat er in überraschender Form, mit einem Satz, der in der Kirche und jenseits der Kirche bis heute Echo gefunden hat: »Vor den unterentwickelten Ländern stellt sich die Kirche wie sie ist und sein will vor, nämlich als die Kirche aller, vor allem aber als die Kirche der Armen« (Ansprache vom 11. September 1962).

Für viele Konzilsteilnehmer war es nicht leicht, die Tragweite dieser Zielsetzung des Papstes zu verstehen. Eine ihm nahe und beim Konzil sehr einflußreiche Persönlichkeit hat die Stafette übernommen und die in der erwähnten Ansprache angeschnittene christologische Perspektive vertieft. Es war Kardinal Lercaro, der Erzbischof von Bologna. Am Ende der ersten Sitzungsperiode schlug er vor, daß die Armut in der Welt und die Verkündigung an die Armen nicht »ein neues Thema« sein sollten, »sondern vielmehr das Bewußtwerden des allgemeinen und zusammenfassenden Themas des Konzils«. Ein anderes Mal sagt er, daß es sich um »das einzige Thema des gesamten Zweiten Vatikanischen Konzils« handelt. Was auf dem Spiel steht, ist die Begegnung mit Christus; der Anregung Johannes' XXIII. folgend, sieht Kardinal Lercaro deutlich, daß »das Christus-Geheimnis in der Kirche schon immer das Christus-Geheimnis in den Armen war – heute aber mehr denn je« (Lercaros Konzilsrede vom 6. Dezember 1962). Ein Echo davon ist in *Lumen gentium* Nr. 8 geblieben: »In den Armen und Leidenden erkennt« die Kirche »das Bild dessen, der sie gegründet hat und selbst ein Armer und Leidender war«.

Wir stehen vor einer theologischen Behandlung der Armutsfrage, die ihre sozialen und wirtschaftlichen Dimensionen nicht vergißt, die aber weit über diese hinausführt. Dies ist vielleicht der Grund, warum die erwähnte Perspektive vom Konzil letztlich nicht ausführlich genug rezipiert wurde; das Konzil lenkte seine Aufmerksamkeit – und das ist angesichts der damaligen Umstände auch verständlich – auf andere, nicht weniger dringende Fragen. Aber die Saat, die der Papst und Kardinal Lercaro ausstreuten, hat schließlich ihre Früchte getragen. Sie haben uns einen zentralen Punkt der biblischen Offenbarung in Erinnerung gebracht: die Begegnung mit Christus im anderen, vor allem im Armen (vgl. Mt 25, 31–46). Wenn wir »Arme« sagen, so denken wir an die heutigen Massen der Ausgeschlossenen und Unterprivilegierten, die in ihrer erdrückenden Mehrheit aus Menschen bestehen, die Christus nicht kennen, anderen Religionen angehören oder von allen verlassen werden »wie Schafe, die keinen Hirten haben« (Mt 9, 36), um es in der Sprache des Evangeliums zu sagen. Im Armen begegnen wir Jesus, der uns auch jenseits der uns vertrauten Welt in Frage stellt. Daher spricht die oben zitierte Stelle aus dem Evangelium des Matthäus vom Erstaunen derjenigen, denen der Herr sagt, daß sie ihn aufgenommen oder zurückgewiesen haben. Die Erklärung »das habt ihr mir getan« (Mt 25, 40) bringt die Identifikation Jesu mit den Armen zum Ausdruck, seine Wohnstätte in den Verlassenen der Erde. Zu ihnen müssen wir uns aufmachen, um Christus zu finden, auch wenn wir dabei die Grenzen des uns vertrauten Raumes überschreiten müssen. »Die Züge des Antlitzes Christi müssen im Ant-

Das Gegenbild zur Darstellung Jesu mit Petrus und dem Bekenntnis zur apostolischen Armut (gegenüberliegende Seite) zeigt einen thronenden Papst mit Tiara und einer Börse. Unter dem Thron befindet sich das in einen Psalmvers gekleidete Urteil: »Seine Untat kommt auf sein eigenes Haupt, seine Gewalttat fällt auf seinen Scheitel zurück« (Ps 7, 17). Gleichsam als Schutzwall gegen Jesus und Petrus erheben sich vor dem Papst Schriftbänder mit Zitaten aus dem Kirchenrecht, die sich mit den materiellen

Voraussetzungen für den Empfang der höheren kirchlichen Weihen befassen. So wird etwa bestimmt, daß eine Weihe, die nicht einen Besitztitel zur Grundlage hat, ungültig wird. Göttingen, Niedersächsische Staats- und Universitätsbibliothek.

Folgende Doppelseite: Unter dem monumentalen Brustbild Jesu mit der Inschrift »Jesus Christus, an dich glaube ich« zelebriert Johannes Paul II. in Havanna auf dem Platz der Revolution eine Messe. Die Aufnahme entstand während der Kubareise des Papstes im Januar 1998.

JESUCRISTO EN TI

NFIO
M

»Geht durch das enge Tor!
Denn das Tor ist weit,
das ins Verderben führt,
und der Weg dahin ist breit,
und viele gehen auf ihm.
Aber das Tor, das zum Leben
führt, ist eng, und der Weg dahin
ist schmal, und wenige
finden ihn.«

Matthäus 7, 13–14

Unten: Die Holzskulptur (Höhe 150 cm) des Schnitzers Dragiša Stanisavljević aus dem Jahr 1967 kennzeichnet die Erlösungstat Jesu am Kreuz durch die seitlich zugeordneten Figuren, mit Adam und Eva zu beiden Seiten der Füße.

litz der Letzten dieser Welt erkannt werden« (Schlußdokument der III. Vollversammlung des lateinamerikanischen Episkopats in Puebla, 1979, Nr. 31). Die Fragen des Herrn werfen uns ständig aus der Bahn, sie entziehen uns unsere Sicherheiten, selbst solche, die wir für religionskonform halten. Jesus, der uns verheißen hat, inmitten der sichtbaren Gemeinschaft seiner Jünger zu sein, ruft uns auch zu ihm von außerhalb dieser Gemeinschaft.

Im Hause des Herrn wohnen zu wollen, indem wir zu beten lernen, »daß dein Reich komme«, kann uns auf unbekannten Wegen zur Begegnung mit Christus führen. Wir haben noch nicht alle Folgerungen aus diesem Thema der Evangelien gezogen, das uns Johannes XXIII. und Lercaro (und andere auch, wohlgemerkt) zu Beginn des Zweiten Vatikanischen Konzils so eindrücklich in Erinnerung gebracht haben.

EIN ÖSTERLICHER WEG

Jesus zu erkennen und ihm nachzufolgen ist kein leichter Weg; er führt uns vielmehr durch unwirtliche und unerwartete Gegenden. Die Evangelien geben uns zahlreiche Zeugnisse von der Schwierigkeit der Jünger, den Weg zu verstehen, auf den die Nachfolge des Herrn sie führte. In ihm den Messias zu erkennen, fiel ihnen nicht leicht; aber noch schwerer fiel ihnen, bereit zu sein, den Preis der Nachfolge zu bezahlen, um es mit Dietrich Bonhoeffer auszudrücken. Oben zitierten wir eine Schlüsselstelle bei Markus. Angesichts der Frage Jesu antwortet Petrus richtig aus Überzeugung: »Du bist der Messias!« (Mk 8, 30). Aber im selben Augenblick, in dem der Meister ihnen sagt, daß seine Sendung von den Großen ihres Volkes abgelehnt werden und daß dies ihn zum Tod führen wird, so will Petrus es nicht wahrhaben. Dies bedeutet nicht, wie oft zu hören ist, daß derjenige, der einen politischen Messianismus erwartete, nun einen spirituellen Messianismus ablehnte. Nichts im Text scheint darauf hinzudeuten. Was für Petrus anstößig ist – und mit ihm wohl auch für uns –, ist der Konflikt mit den Mächten dieser Welt und der Leidensweg, der notwendigerweise dazugehört. Die Ankündigung der unverdienten Liebe des Vaters zu allen Menschen und seiner vorrangigen Liebe für die Letzten der Gesellschaft ruft den Widerstand und die Feindseligkeit gegen die Person Jesu und gegen seine Jünger hervor. Was ihn zu seinem Tode führt, ist *der* Kern seiner Botschaft selbst.

Die Lehre aus dem Text ist klar: Es genügt nicht, mit dem Munde zu bekennen, so wichtig das auch sein mag, daß Jesus der Christus ist. An Christus zu glauben bedeutet, auch seine Praxis zu übernehmen; ein Glaubensbekenntnis ohne gelebte Nachfolge bleibt unvollendet. Gerade dies kann man bei Matthäus lesen: »Nicht jeder, der zu mir sagt: Herr! Herr!, wird in das Himmelreich kommen, sondern nur, wer den Willen meines Vaters im Himmel erfüllt« (Mt 7, 21). Die Orthodoxie, die rechte Lehre, verlangt nach Orthopraxie, das bedeutet: nach einem Handeln im Einklang mit der vertretenen Lehre. Zwischen beiden gibt es eine fruchtbare Wechselbeziehung.

Links: Gustave Moreau, »Christus der Erlöser«, um 1895. Das Aquarell des französischen Symbolisten entwickelt aus dem Motiv der Kreuzigung eine gleichsam erblühende Gestalt, die aus dem »Blütenkelch« aus Engelsflügeln hervorwächst. Zwar fließt aus den Händen der wie zum Flug ausgebreiteten Arme Blut, doch gewinnt dieses in Zusammenhang mit den seitlichen kugelförmigen Gestirnen kosmische Bedeutung. Paris, Musée Gustave Moreau.

Unten: Drei Hausaltäre des polnischen Schnitzers Józef Sobota aus den Jahren 1972/73. Die konisch zugespitzten Holzstelen gipfeln jeweils in einem Kruzifix, das figürliche Szenen überragt. Stern- und Blütenornamente deuten über den dekorativen Zweck hinaus auf die lebenspendende Bedeutung des Passionsgeschehens hin. Privatbesitz.

Die Nachfolge Jesu ist der sichere Boden, auf dem man ein theologisches Nachdenken über Jesus als dem Christus aufbauen kann, eine Christologie (vgl. Jon Sobrino, »La fe en Jesucristo. Ensayo desde las víctimas«, 1998). Andernfalls wird die Theologie auf Sand gebaut, und auf diesem Fundament kann selbst das schönste Gebäude nicht bestehen bleiben. Die Nachfolge führt uns auf unvorhersehbare Pfade, die selbst innerhalb der christlichen Gemeinschaft schwer zu erkennen sind. Dies ist Teil des Preises, den wir entrichten müssen, um einem Jesus zu begegnen, der uns in jenen Wirklichkeiten in Frage stellt, die unserer Alltagswelt fremd sind, aber in denen der Herr anwesend ist, auch wenn seine Kirche vielleicht noch nicht zu ihnen vorgedrungen ist. Die Erfahrung des Blutzeugnisses, die in Lateinamerika gelebt wird, hat uns dies ganz stark spüren lassen. Der Weg, den ein Oscar Romero oder ein Juan Gerardi – beide Bischöfe, die wegen ihrer tätigen Liebe zu den Armen ermordet wurden, aber auch so viele andere, die dem Reich der Liebe und der Gerechtigkeit und den Armen, seinen Bevorzugten, treu waren – als privilegierte Zeugen des christlichen Glaubens eröffnet haben, ist das Ergebnis der Befolgung jener Aufforderung »Kommt und seht!«, die der Herr an sie richtete und die ihnen dazu half, seine Wohnstätte zu finden.

BILD UND INKARNATION

Oben: Mandylion-Ikone des 16. Jahrhunderts in der Tradition der Acheiropoieta, der »nicht von Menschenhand gemachten« Darstellungen des Antlitzes Jesu. Athos, Kloster Chilandar.

Rechte Seite: Alexej von Jawlensky, »Meditation ›Im Gebet‹«, 1922. In den beiden letzten Jahrzehnten seines künstlerischen Schaffens bis zur vollständigen Lähmung 1938 widmete sich Jawlensky ausschließlich einem Thema: dem Gesicht. Es verdichtet sich zuletzt zum Zeichen des orthodoxen Kreuzes mit drei Querbalken. Der gemeinsame Titel dieser Werkgruppe lautet »Meditation«. Das Werk deutet bereits die strenge Kreuzform an, wird jedoch durch deren Schrägstellung und durch seitliche »Locken«, vor allem aber durch die zarte Farbgebung belebt. Die weitere Entwicklung bringt die spirituelle Rückbesinnung auf die Ikonenmalerei immer deutlicher zur Geltung. München, Städtische Galerie im Lenbachhaus.

Was ich Ihnen in diesem Beitrag vorlegen möchte, sind vier kurze Betrachtungen zu einem weiten, großen Thema, das mich seit mehr als 25 Jahren theologisch, geistesgeschichtlich und spirituell anzieht: die Bedeutung des Bildes für den christlichen Glauben, das christliche Leben. Diese Frage stellt sich mir nicht unabhängig von den Fragen, die der Status des Bildes in der heutigen Gesellschaft aufwirft: Bilderflut der Medien, Banalisierung und Brutalisierung des Bildes, gleichzeitig aber die Bildarmut, fast Bildlosigkeit der kirchlichen Kunst unserer Tage. Die vier kurzen Betrachtungen versuchen, nach einer einleitenden Besinnung auf die Zwiespältigkeit des Bildes, die drei Zeitdimensionen des christlichen Bildverständnisses anzusprechen: als Memoria des einmal Geschehenen; als Gegenwart des Dargestellten; als Vorgeschmack des Himmels.

VON DER ZWIESPÄLTIGKEIT DES BILDES

Das grundsätzliche Ja zum Bild in der Kirche ist unumstritten, und doch gab es Perioden in der Kirchengeschichte, in denen der Platz der Bilder im Gotteshaus, in der Liturgie und im christlichen Leben in Frage gestellt oder abgelehnt wurde. Professor Günter Rombold spricht von der heutigen Zeit als der Periode des dritten Bilderstreits, nach dem byzantinischen des 8. bis 9. Jahrhunderts und dem protestantischen des 16. Jahrhunderts. Die heutige, dritte Krise des Verhältnisses der Kirche zum Bild hat teils innerkirchliche, teils allgemein-gesellschaftliche Ursachen. So mag es hilfreich sein, diesen Ursachen nachzugehen beziehungsweise positiv nach der Bedeutung des Bildes für Kirche und Kult zu fragen, um von da aus Wege zur Erneuerung des christlichen Bildes zu finden.

Hans Urs von Balthasar schreibt auf den ersten Seiten seiner großen theologischen Ästhetik, der byzantinische Bildersturm mit seinen theologischen Argumenten gegen das Bild in der Kirche sei ein warnendes »Korrektiv«, das »bedacht werden will«: Nicht nur der scharfe Bildersturm in Byzanz, sondern auch die bilderkritischen Strömungen bei den Karolingern, später bei den Zisterziensern (die gegen Auswüchse von Cluny reagieren und das Bild fast vollständig aus dem strengen Kirchenraum verbannen) seien solche Mahnungen. Auch heute mache sich, sagt Balthasar, dieses Korrektiv in der Kirchenbaukunst und in der kirchlichen Bildkunst bemerkbar. In diesen Strömungen, die zur Bildaskese tendieren, tut sich eine stets und heute besonders berechtigte Sorge kund: Das Bild ist für uns nicht ohne Gefahr, denn es ist nicht eindeutig; es genügt sich daher auch nie selber.

Das Bild hat zwei Seiten: Es zeigt, doch verhüllt es auch. Es kann offenbaren, aber auch täuschen. Ein Maler kann im Porträt schmeichlerisch verschönen, aber auch schonungslos entlarven. Nicht nur die sichtbaren, äußeren Bilder sind zwiespältig, auch die inneren, die seelischen Bilder sind dergestalt: Sie können helfend führen oder täuschend irreleiten.

Es genügt, ein wenig über diesen Zwiespalt nachzudenken, um sich bewußt zu machen, daß der Umgang mit Bildern, inneren wie äußeren, gar

Rechts: Raffael, »Kreuzigung mit Heiligen«, 1503. Die traditionelle Gruppe aus Maria und dem Jünger Johannes unter dem Kreuz Jesu erweitern der hl. Hieronymus und Maria aus Magdala. Dem Halbkreis der vier Figuren entspricht der obere bogenförmige Bildabschluß, den die beiden verehrenden Engel zum Kreis ergänzen. Weitere Kreisformen bilden Sonne und Mond. Mehr noch als die edle Wiedergabe der Figuren veredelt die formale Harmonie den Gegenstand der Darstellung. London, National Gallery.

Oben: Segnender Christus. Frankreich, 13. Jahrhundert. Die Emailplakette rahmt die Figur Christi, die auf dem Regenbogen thront, mit der Mandorla zu einem gestreckten Vierpaß, dessen seitliche Bögen als Kreise die Mandorla überschneiden. Selbst dieses kleine Schmuckstück läßt die mittelalterliche Freude an Formsynthesen erkennen. Nantes, Musée Dobrée.

nicht selbstverständlich gelingt. Es bedarf offensichtlich einer Arbeit im Annehmen oder Abweisen von Bildern, im rechten Gestalten und im rechten Aufnehmen der Bilder. Wir können dieser Arbeit nicht dadurch ausweichen, daß wir auf das Bild verzichten: Unsere Sprache ist auf Bilder angewiesen, ebenso unser Denken, ganz abgesehen vom Sehen, das uns ständig eine Flut von Bildern beschert, die unser Vorstellen und Denken prägen und die in den weiten Räumen unseres Gedächtnisses lagern, jederzeit bereit, gefragt, oft auch ungefragt, in uns wieder aufzutauchen und aus der Vergangenheit in die Gegenwart hineinzuwirken.

Angesichts der Flut von Bildern, die täglich auf uns eindringen, ist es verständlich, daß viele Menschen den Weg der Bildlosigkeit suchen, den die östlichen Religionen lehren: frei werden von allen Vorstellungen und Darstellungen, um die reine, ungegenständliche Meditation zu erreichen. Die christlichen Meister lehren einen anderen Weg: Es geht nicht um die Beseitigung der Bilder, sondern um den rechten Umgang mit ihnen. Der erste und fundamentalste Grund für die positive Einstellung zum Bild (wie auch zur Musik!) ist der Glaube an den Schöpfer des Himmels und der Erde. Alles, was Sein und Dasein hat, existiert, weil es von Gott geschaffen und somit von Gott erdacht und »gebildet« ist. Der Schöpfer hat alle seine Geschöpfe nach seinem Willen und Plan gebildet, so daß alle Geschöpfe Ausdruck, Spur und Bild göttlicher Planung sind. In dem Maße, wie unser Herz rein wird, wird es fähig, die Dinge als solche Bilder wahrzunehmen.

Die frühen christlichen Meister sprechen von dieser Sehfähigkeit als der *physikè theoria*, der »Schau der Natur«. Darunter verstehen sie jenes Transparentwerden der Wirklichkeit, durch das die Dinge sich zeigen können als das, was sie sind. Dazu bedarf es aber einer tiefen Läuterung unserer Phantasie, unserer Vorstellungen und Gedanken. Erst durch den Weg der Reinigung wird es möglich, daß die Gedanken Gottes, der schöpferische Funke, der in allen Dingen brennt, uns aufleuchtet.

Das erfordert zuerst die Reinigung der Gedanken, des Gedächtnisses und der Vorstellung. Vielleicht ist die Askese der Bilder heute eine der wichtigsten Formen der Askese. Sollen wir während der Fastenzeit nicht auch das »Bilderfasten« üben, indem wir deutlich den Bildkonsum einschränken? Vielleicht war der Trend zur kargen, kahlen Kirchengestaltung auch aus dem Gespür erwachsen, daß wir heute eine Beruhigung der Wahrnehmung brauchen, um vor lauter Bildern nicht die Wirklichkeit zu verlieren.

Doch ist dieser Weg der Reinigung nur Vorbedingung. Nicht um die schiere Leere geht es, sondern um die neue Kraft der Wahrnehmung des geläuterten Herzens. Erstaunlich, mit welcher Entschiedenheit eine hl. Teresa von Avila empfiehlt, wir sollten möglichst immer ein Bild Christi, Mariens oder der Heiligen vor Augen haben. Wir werden, was wir schauen. Teresa von Avila hat ihre entscheidende Bekehrung erhalten durch den Blick auf Christus, den Schmerzensmann, den eine Statue ihres Klosters darstellte. Dieses Bild hat sie getroffen, es hat ihre Vorstellungen und Gedanken umgewandelt, hat sich ihrem Gedächtnis eingeprägt. Der stete Blick auf den, der sie in diesem Bild anblickt, hat ihr Herz verwandelt. Aus solchem Schauen sind die großen Werke der christlichen Kunst hervorgegangen. Deshalb berührt ihre Schönheit bis heute. Sie führen zum Gebet, weil sie aus betendem Schauen erwachsen sind. Kunst wird hier zu lauterem Gotteslob.

Arnulf Rainer, »Kruzifikation«, 1979. Die Technik der Übermalung scheint einem ikonoklastischen (bilderfeindlichen) Impuls zu entsprechen. Statt dessen verneint sie lediglich das als naiv und insofern irreführend empfundene Zutrauen zur unmittelbar zu reproduzierenden Wirklichkeit. Dies gilt erst recht für die Darstellung einer Glaubens-Wirklichkeit. Linz, Sammlung Günter Rombold.

BILDERSTREIT UND BILDERSTURM

Links unten: Ikonoklasten übertünchen eine Ikone. Randillustration im »Psalter des Theodoros aus dem Studioskloster (Konstantinopel)«, 1066. London, British Library, Ms. 19 353, fol. 27v.

Um das Jahr 200 verfaßte ein in Rom tätiger, zum Christentum bekehrter Anwalt namens Marcus Minucius Felix eine als Streitgespräch gestaltete Schrift, den Dialog »Octavius«. Darin höhnt der Verteidiger des Christentums: »Viel richtiger beurteilen die Tiere eure Götter infolge ihres natürlichen Instinkts. Die Mäuse, Schwalben und Geier wissen wohl, daß jene keine Empfindungen haben. Sie nagen daran, treten sie mit Füßen, setzen sich darauf, und wenn ihr sie nicht verjagt, nisten sie sogar im Munde eures Gottes.«

Tertullian, ein Zeitgenosse des Minucius, führt in seiner Schrift »De idololatreia« (Vom Götzendienst, um 198) nicht nur die bloße Materialität gegen jegliche Form des Kultgegenstandes ins Feld; auch das alttestamentliche Bilderverbot ist letztlich nicht ausschlaggebend. Vielmehr schließt

Unten: Seite des »Cludov-Psalters«, um 858–68, mit der Gleichsetzung von Kreuzigung und Bildersturm: Wie Jesus der Essigschwamm gereicht wird, so übertünchen Bilderstürmer ein Christusbild. Moskau, Historisches Museum.

Ein dramatisches Lehrstück über Konflikte, die im »christlichen Bild« enthalten sind, bildet der sog. Bilderstreit im Byzantinischen Reich, der den Staat zutiefst erschütterte. Ausgelöst wurde die erbittert geführte Auseinandersetzung zwischen den »Ikonophilen« bzw. »Ikonodulen« (Bilderfreunde, -verehrer) und den »Ikonoklasten« (Bilderfeinde) durch Kaiser Leon III., der 729 die Zerstörung aller Werke befahl, die in Zusammenhang mit dem religiösen Kult standen. Machtpolitische Motive wie die Rivalität zwischen Kaisertum und Mönchtum, dessen Autorität sich auf den Bilderkult in den Klöstern stützte, spielten ebenso eine Rolle wie die Theologie und die Konkurrenz des konsequent bilderlosen Islam. Über ein Jahrhundert lang verschaffte sich der »Ikonoklasmus«, die Bilderfeindlichkeit, in Phasen des Bildersturms Geltung, bis ein Edikt der Kai-

Als wundertätig verehrte Ikone der »Muttergottes von Wladimir«, 1328. Moskau, Tretjakow-Galerie.

»unsere heilige Glaubenslehre« die bildhafte Darstellung der Glaubensinhalte rigoros aus.

Die Kritik am »christlichen Bild« setzt voraus, daß Anlaß zur Kritik bestanden hat. Und in der Tat ist die Geschichte der christlichen, oder genauer: der kirchlichen Kunst zugleich die Geschichte ihrer Verneinung.

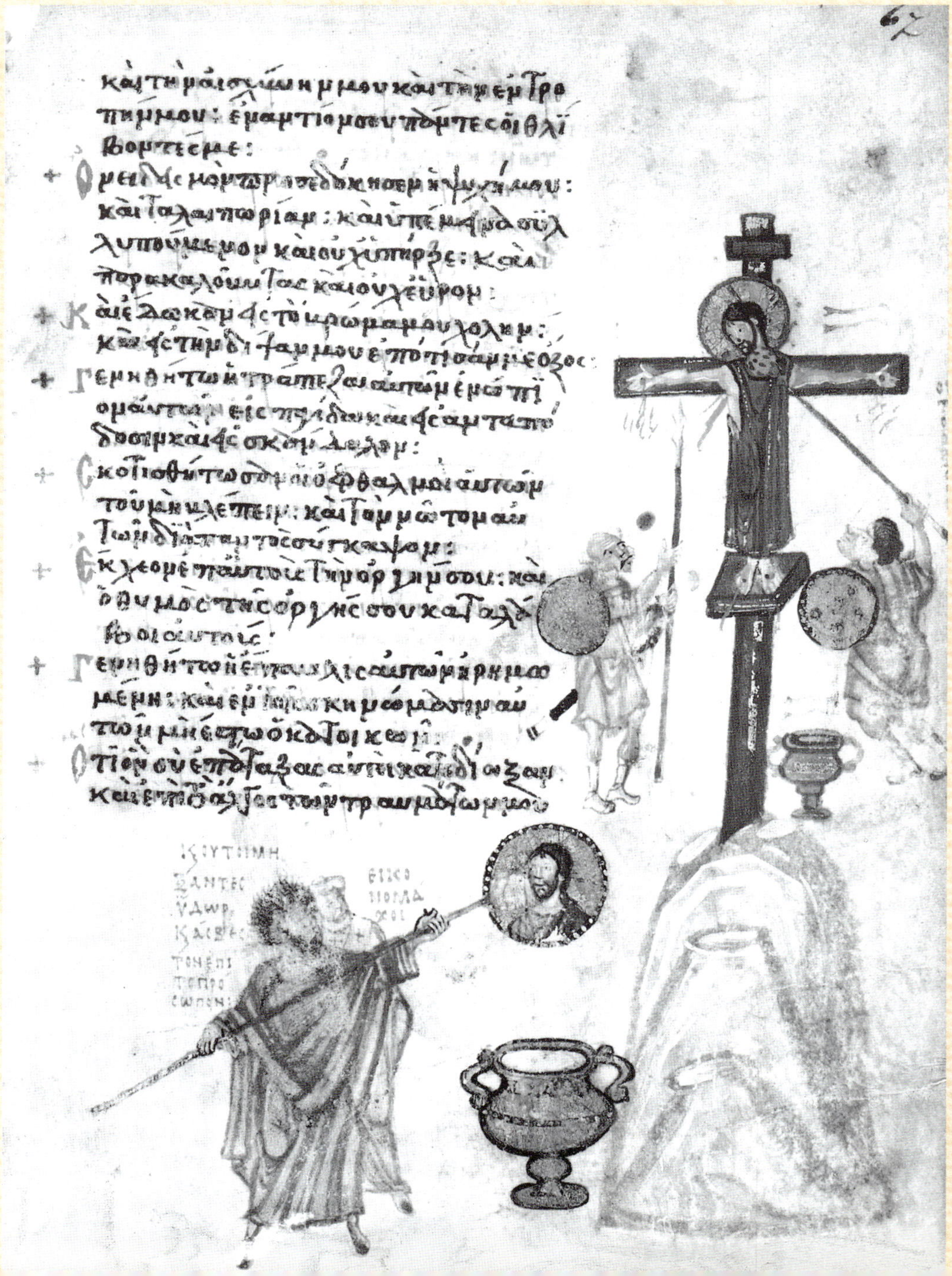

Ganz oben: *Calvinistischer Bildersturm in den Niederlanden im Jahr 1566. Kolorierter Stich von Nicolaus Hogenbart, um 1605.*

serin Irene im Jahr 843 die Bilderverehrung neu legitimierte. Ausgeschlossen blieben die stets der Nähe zu heidnischen »Götzenbildern« verdächtigen Werke religiöser Skulptur.

Die beiden Darstellungen in byzantinischen Psalterien belegen die »bilderverehrende« Auffassung, daß im Abbild das Urbild gegenwärtig ist: Bilderstürmer, die das Bild Jesu zerstören, verhalten sich wie jener Kriegsknecht, der Jesus am Kreuz dadurch verhöhnte und quälte, daß er dem Durstigen den Essigschwamm reichte (Joh 19, 29).

Eine vergleichbare »bilderfreundliche« Sicht aus den Anfängen des reformatorischen Bilderstreits und Bildersturms enthält der rechts wiedergegebene Holzschnitt: Wer die Kirchen ihrer Kultbilder in Form von Reliquienbehältern beraubt, ist »blind«: Er sieht in Armreliquiaren lediglich abgehackte Gliedmaßen und in Kopfreliquiaren Esels- und Narrenköpfe. Um welchen Menschenschlag es sich handelt, verdeutlicht der affengesichtige Wüterich auf dem Kirchendach.

Das Selbstverständnis der »Bilderfeinde« deutet der Blick in das Zürcher Fraumünster an. Der Stich ist in einer französischen Ausgabe (1752) von Johannes Calvins Schrift über die (reformierten) Kirchengebräuche enthalten.

Besaß der Bilderstreit im Frühmittelalter und in der Reformationszeit zumindest auch theologische Beweggründe, so ist der Bildersturm im Zuge der Französischen und der Russischen Revolution ein Ausdruck radikaler Säkularisierung. Eine kircheninterne Form des Bildersturms im Dritten Reich war die Entfernung »entarteter Kunst« aus den Kirchen durch die Kirchenbehörden selbst.

Oben: *»Kommunion im Zürcher Fraumünster«, 1752.*

Links: *Bilderstürmer aus der Sicht ihrer Gegner in Thomas Murners Streitschrift »Wider den großen Lutherischen Narren«, Straßburg 1522.*

Romanische Elfenbeintafel des 12. Jahrhunderts mit der Darstellung des segnenden Christus mit Kreuznimbus in der von Engeln und Heiligen umgebenen Mandorla. Das Buch trägt die lateinische Inschrift: »Ich bin die Auferstehung und das Leben.« Vom unteren Rand aus stemmt ein Engel, einem antiken Atlanten vergleichbar, die materiell vorgestellte Mandorla in die Höhe. Murano, Kloster San Michele.

GOTT IM MENSCHENGESICHT – DIE CHRISTUS-IKONE

Max Picard schreibt in seinem Buch »Das Menschengesicht«: »Gott wollte den Menschen nicht schrecken. Darum erschien er bei ihm auf menschliche Art. So wie ein Freund in das Haus des Freundes kommt: ohne Lärm, kaum wird an die Tür geklopft, man merkt es nicht, daß der Freund auf einmal am Tische sitzt, wie ein Selbstverständlicher, einer, der immer schon da war – so, als Freund des Menschen, ist Gott fast unbemerkt und ohne zu schrecken in der Gestalt des Menschen und im Menschengesicht darin. Und wie ein Reicher den Reichtum in seinem Hause zurückläßt, bevor er sich in das Haus des armen Freundes begibt, und wie er dort gering neben dem Geringen sitzt, so hat Gott seine Macht zurückgelassen, ehe er in die menschliche Gestalt sich begab.«

Spricht der Schweizer Philosoph vom Menschengesicht hier im allgemeinen, oder meint er das bestimmte, einmalige Menschenantlitz, in dem Gott sich als Mensch gezeigt hat, das Antlitz Jesu Christi?

Er denkt wohl an beides, denn beide gehören untrennbar zueinander, das gottmenschliche Gesicht Jesu und das Gesicht des Menschen, der nach Gottes Ebenbild geschaffen ist. Es besteht ein unlösbarer innerer Zusammenhang zwischen der Gottebenbildlichkeit des Menschen und dem Kunstverständnis. Die Sicht der Kunst und die Sicht des Menschen bedingen sich gegenseitig. Genauer: das Verständnis des Verhältnisses zwischen Gott und Mensch, zwischen Gott und Welt, prägt auch das Verständnis der Kunst, insbesondere der Sakralkunst.

Im Buch Genesis heißt es: »Dann sprach Gott: Laßt uns Menschen machen als unser Abbild, uns ähnlich« (Gen 1, 26). Die beiden hebräischen Begriffe »Abbild« und »Ähnlichkeit« erinnern an die Bildwerke der heidnischen Kulte. Freilich, nicht die Götterbilder stellen Gott dar, sondern der Mensch, Gottes lebendiges Ebenbild. Der Mensch repräsentiert Gott. Sein Antlitz ist Widerschein Gottes.

Wieso dann das Bilderverbot des Alten Bundes? Wieso das Gebot: »Du sollst dir kein Gottesbild machen und keine Darstellung von irgend etwas am Himmel droben, auf der Erde unten oder im Wasser unter der Erde« (Ex 20, 4)? Nicht wir sollen uns ein Bild von Gott machen, sondern Gott selber hat uns von sich ein Bild gegeben: den nach seinem Bilde geschaffenen Menschen. Die strenge Pädagogie des Alten Bundes mußte immer neu den Versuchungen der Idolatrie, der Götzenbilder wehren. Der Abfall Israels mit dem Goldenen Kalb (Ex 32) zeigt die ständig lauernde Gefahr, selber ein Gottesbild produzieren zu wollen und sich vor ihm niederzuwerfen. So sind vorerst alle Abbildungen von Lebewesen verboten. Doch wird Gott selber gewisse Bilder gestatten, so die Eherne Schlange (Num 21, 4–9) oder die Kerubim über die Bundeslade (Ex 25, 10–22). Diese »Ausnahmen« sind Vorahnungen des Kommenden.

»Denn alle, die er im voraus erkannt hat, ›hat er auch im voraus dazu bestimmt, an Wesen und Gestalt seines Sohnes teilzuhaben‹ (Röm 8, 29). Gott verbietet dem Menschen den Versuch, den Steg der Götzenbilder zu ihm zu schlagen, weil er selbst zwischen sich und den Menschen die

Brücke der Menschwerdung schlagen will. Das wahre Abbild Gottes wird Gott selbst sein, der Mensch wird, um die ganze Menschheit zu verherrlichen« (D. Barthélemy).

Christus »ist das Ebenbild des unsichtbaren Gottes« (Kol 1, 15). Er kann von sich sagen: »Wer mich gesehen hat, hat den Vater gesehen« (Joh 14, 9). Die Menschwerdung Gottes ist die tiefste Begründung für die Möglichkeit, Gott in Menschengestalt, im Menschenantlitz darzustellen. Deshalb hat sich in der christlichen Tradition, trotz gelegentlicher Einsprüche, von früher Zeit an die bildliche Darstellung Christi, seines Lebens und Sterbens, seiner Heiligen und deren Leben durchgesetzt. Mit dem Verweis auf die Inkarnation hat dann auch das Konzil von Nizäa 787, das 7. ökumenische Konzil, den Gebrauch und die Verehrung der heiligen Bilder gutgeheißen.

Wie sehr die christlich-abendländische Kunsttradition von dieser theologischen Grundlegung der Bilder geprägt ist, zeigt ein kurzer Vergleich mit dem Islam. Der Islam kennt zwar im Koran kein ausdrückliches Bilderverbot. Auch kennt er im profanen Bereich eine Vielfalt von weltlichen Bildthemen, die Menschendarstellungen nicht ausschließen. Was der Islam jedoch strikt ablehnt, ist die Darstellung Gottes in Menschengestalt.

Oben links: Das Haupt des verspotteten, dornengekrönten Jesus. Ausschnitt aus einer »Ecce Homo«-Darstellung des flämischen, ab 1632 endgültig in England tätigen Barockmalers Anthonis van Dyck, um 1625/26. University of Birmingham, Barber Institute of Fine Arts.

Oben rechts: Das Antlitz Jesu Christi. Ausschnitt aus einer Deesis (Maria und Johannes der Täufer als Fürbitter zu beiden Seiten Christi) des flämischen Malers Jan Gossaert, gen. Mabuse, aus dem Jahr 1510. Neben der Orientierung des »Romanisten« Gossaert an der italienischen Renaissance in der Gestaltung antiker Themen steht seine religiöse Malerei in der altniederländischen Tradition eines Jan van Eyck und Rogier van der Weyden. Madrid, Prado.

DAS TURINER GRABTUCH

Im Dom zu Turin wird eine Reliquie aufbewahrt, die als Grabtuch Jesu mit dem Abdruck des Gekreuzigten verehrt wird. Das 4,36 Meter lange und 1,10 Meter breite Leinentuch ist seit dem 14. Jahrhundert verbürgt und kam 1578 durch die damaligen Besitzer, die Herrscherfamilie von Savoyen, nach Turin, wo es zu bestimmten Anlässen im Familienpalast ausgestellt wurde. 1978 bestaunten und verehrten mehr als drei Millionen Besucher die Reliquie, als sie für sechs Wochen auf dem Hochaltar des Domes gezeigt wurde. 20 Jahre später entging sie einem Brand des Gotteshauses.

Der seit langem geführte Streit um die Echtheit der Reliquie als Grabtuch Jesu Christi schien 1988 endgültig zugunsten der Skeptiker entschieden worden zu sein: Unabhängig voneinander hatten Institute in Zürich, Oxford und Arizona mit Hilfe der Radiokarbondatierung ermittelt, der beim Weben des Tuches verwendete Flachs stamme aus der Zeit zwischen 1260 und 1390. Diese Eingrenzung des frühestmöglichen Entstehungszeitraums stimmte mit einer schriftlichen Quelle überein: 1389 berichtete der Bischof von Troyes, Pierre d'Arcis, in einem Brief an Papst Klemens VII., das in Livrey bei Troyes verehrte Grabtuch sei, wie er gehört habe, die geschickte Fälschung eines Künstlers, der den Körper Jesu auf das Leinen gemalt habe.

Oben: Georges Rouault, »Das hl. Grabtuch von Turin«, 1933. Paris, Musée d'Art Moderne.

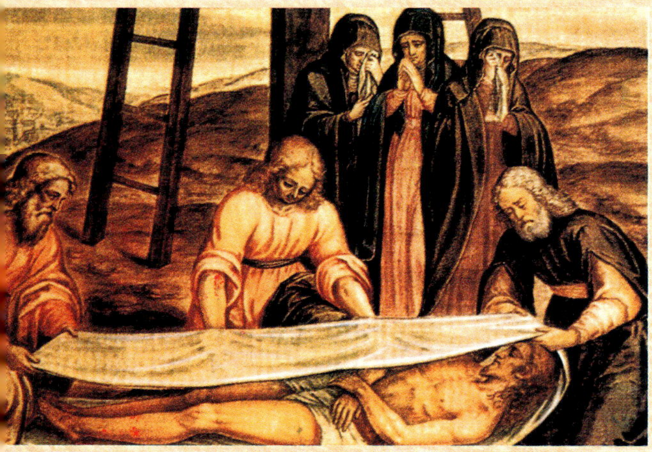

Oben: Die Darstellung der Grablegung aus dem 16. Jahrhundert zeigt, wie das Körperbild auf dem Turiner Grabtuch entstanden sein könnte.

Rechts: Pilgerplakette mit der ältesten überlieferten Darstellung der (waagrecht wiedergegebenen) Liegefigur, deren Abdruck das Turiner Grabtuch erkennen läßt, um 1350. Paris, Musée Cluny.

Das Antlitz auf dem Turiner Grabtuch, wie es auf dem Fotonegativ von Giuseppe Enrie aus dem Jahr 1931 erscheint.

Wie ein Künstler des 14. Jahrhunderts dies zustande gebracht haben sollte, läßt sich angesichts der realistischen Gesichts- und Körperzeichnung, die auf dem Turiner Tuch mit fotografischen Mitteln sichtbar gemacht wurde, unmöglich nachvollziehen. Vor allem aber hat die inzwischen nahezu lückenlos rekonstruierte Geschichte der Reliquie Argumente erbracht, die den Glauben an die Authentizität des Turiner Tuches als Grabtuch Jesu bestärken. Die Spur führt zurück nach Konstantinopel und nach Edessa (heute Urfa im Südosten der Türkei). Edessa war im Altertum die Hauptstadt eines kleinen Königtums zwischen dem Römischen Reich und dem Partherreich, dessen Herrscher den Namen Abgar trugen. Seit dem 6. Jahrhundert suchten Pilgerscharen Edessa auf, angezogen durch das hier aufbewahrte Bild Jesu »nicht von Menschenhand«, das König Abgar V. auf wundersame Weise geheilt haben soll. Handelte es sich bei diesem »Abgar-Bild« um das aus Jerusalem nach Edessa gelangte Grabtuch? Erwiesen ist zumindest, daß der Turiner Gesichtsabdruck verblüffende Gemeinsamkeiten mit dem Typus aufweist, der ab dem 6./7. Jahrhundert das Jesusbild kennzeichnet.

Neue Erkenntnisse über den Ort der Entstehung des Gewebes meldeten im Juni 1999 Forscher der Hebräischen Universität. Sie entdeckten Pollenstaub und andere Substanzen von Pflanzen, die nur in der Umgebung von Jerusalem vorkommen.

Oben: Die Forscher Dr. Jackson und Dr. Jumper aus den USA entdeckten mit Hilfe des für die Weltraumforschung entwickelten VP 8-Bildanalysators verblüffende 3D-Eigenschaften des Tuchbildes.

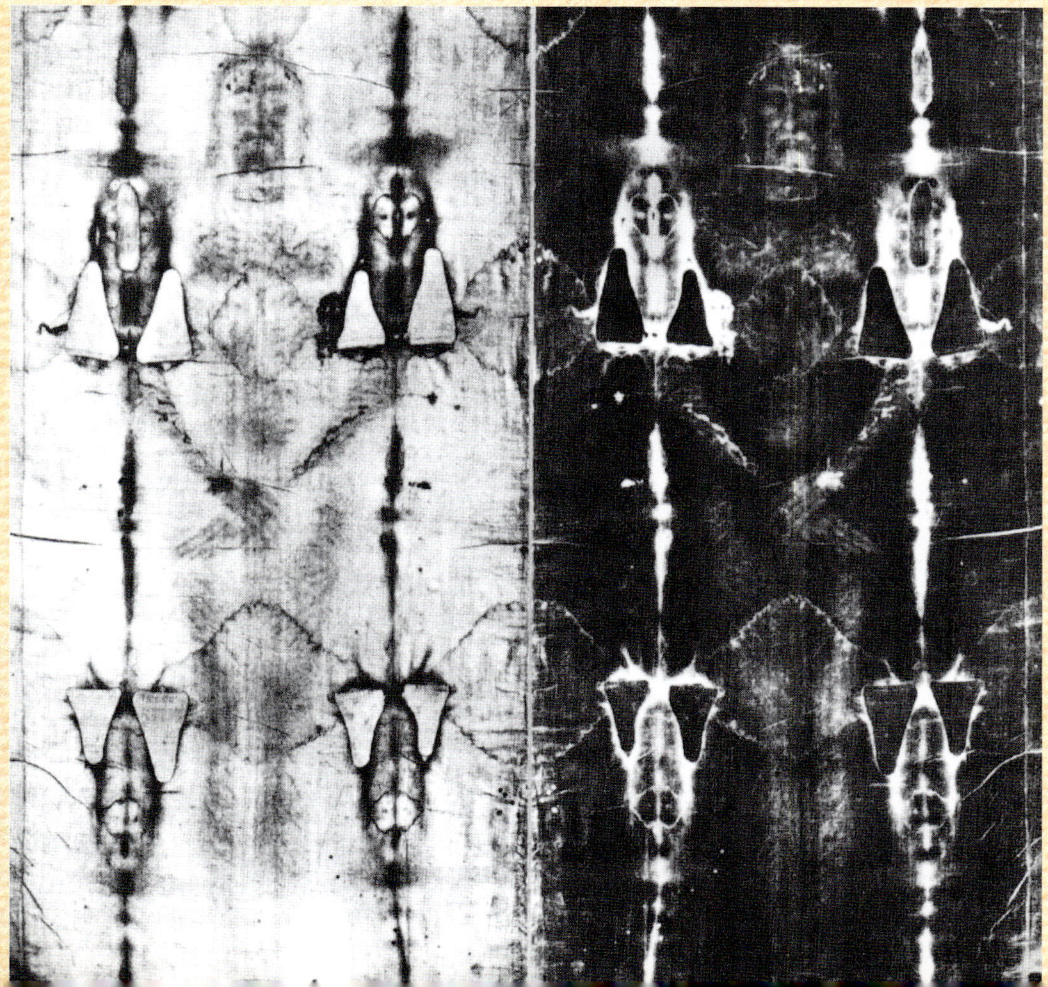

Links: Detail aus G. Enries Gesamtaufnahme im Positiv und im Negativ.

Bei einem islamischen Kunsthistoriker habe ich gelesen, es gebe für den Islam im Grunde überhaupt keine materielle, innerweltliche Repräsentation Gottes – da Gott der Eine, Unvergleichliche sei. Die christlichen Kirchen seien erfüllt von menschengestaltigen Bildern; der islamische Gebetsort sei ausschließlich ein Ort des (offenbarten) Wortes. Die einzige Metapher für Gott sei in der Moschee der Mehrab, die Leuchte, die die Gebetsrichtung angibt. Keine Gestalt, sondern das gestaltlose Licht repräsentiert Gott. Die Kunst des Islam ist daher streng bildlos, ornamental und metaphorisch.

Die biblisch-christliche Überzeugung, daß Gott von sich selber ein Bild gegeben hat, umrißhaft im Menschen, genau ausgeführt im menschgewordenen Gottessohn, bedingt eine grundlegend positive Einstellung zur bildlichen Darstellung des Glaubens. Als im 8. Jahrhundert im byzantinischen Bilderstreit die Berechtigung der bildlichen Darstellungen Christi und der Heiligen in Frage gestellt wurde, reagierten viele Christen, besonders Mönche, entschieden gegen den Bildersturm, in dem sie letztlich einen Angriff auf die ganze christliche Heilsökonomie sahen. In einem berühmten Text des hl. Johannes Damascenus kommt dies besonders klar zum Ausdruck: »In alter Zeit wurde Gott, der keinen Körper und keine Gestalt besitzt, bildlich überhaupt nicht dargestellt. Jetzt aber, da Gott im Fleische sichtbar wurde und mit den Menschen umging, kann ich das an Gott sichtbare Bild darstellen. Ich bete nicht die Materie an, sondern ich bete den Schöpfer der Materie an, der um meinetwillen selbst Materie wurde und es auf sich nahm, in der Materie zu leben, der mittels der Materie meine Rettung ins Werk setzte. Und ich werde nicht aufhören, die Materie zu verehren, durch die meine Rettung erwirkt ist. Ich verehre sie aber nicht als Gott: keine Spur! [...] Das Kreuzesholz, das überglückliche und überselige, ist es vielleicht nicht Materie? Und ist nicht vor allem anderen der Leib und das Blut unseres Herrn Materie? Schaffe also die Verehrung und Anbetung all dieser Dinge ab oder überlasse der kirchlichen Überlieferung auch die Verehrung der Bilder, die durch Gottes und seiner Freunde Namen geweiht und auf diese Art durch die Gnade des göttlichen Pneumas beschattet sind. – Mach' die Materie nicht schlecht! Sie ist nämlich nicht ehrlos. Denn nichts ist ehrlos, was von Gott kommt« (»1. Rede vom Bilde«).

Die Beweinung Jesu. Ausschnitt aus einem von Griechen ausgeführten Wandgemälde in der Kirche des hl. Panteleimon in Nerezi bei Skopje (Mazedonien), 1164. Die Ausstattung mit Malereien war eine Stiftung des Kaisers Manuel I. Komnenos (reg. 1143–80). Ein charakteristisches Motiv der byzantinischen Kunst ist die innige Berührung Wange an Wange zwischen Maria und ihrem toten Sohn, dessen Göttlichkeit der Kreuznimbus zu erkennen gibt.

Der Glaube an die Menschwerdung und die Erlösungstat Christi, an sein Wirken in den heiligen Zeichen der Sakramente, an seine Gegenwart in jedem Menschen, besonders dem Notleidenden, war jahrhundertelang der Mutterboden lebendiger, vielgestaltiger christlicher und selbst profaner Kunst. Eine Erneuerung christlicher Kunst wird von einer neuen Hinwendung zu Christus, dem Gott-Menschen abhängen, in dem Gott uns das vollkommenste Bild seiner selbst geschenkt hat.

KUNST UND REALE GEGENWART

»Von realer Gegenwart« heißt ein vielbeachtetes Buch des Literaturwissenschaftlers George Steiner. Es ist ein leidenschaftliches Plädoyer gegen die Flut von sekundären Eindrücken und für das ursprüngliche Erleben von Sinn, gegen das Reden über Kunst und für das Betroffensein von Kunst. Botho Strauß, der zu Steiners Buch ein kostbares Nachwort geschrieben hat, faßt dessen These so zusammen: »Überall, wo in den schönen Künsten die Erfahrung von Sinn gemacht wird, handelt es sich zuletzt um einen zweifellosen und rational nicht erschließbaren Sinn, der von realer Gegenwart des Logos-Gottes zeugt.«

Steiner geht es um die Befreiung des Kunstwerkes von der Diktatur der sekundären Diskurse, das heißt der Rezensionen, des Tagesjournalismus, des »Redens über«; es geht um die Wiederentdeckung des Kunstwerkes als realer Präsenz Gottes. Steiner spürt dem nach in Musik, Literatur, bildender Kunst. Kunst beruhte seit eh und je auf einem – meist nicht eigens bedachten, sondern vorausgesetzten – Vertrauen, auf dem Vertrauen, daß zwischen der Wirklichkeit der Welt und dem Wort des Menschen eine tragfähige Brücke besteht, daß das Wort (das gesprochene oder in Bild und Ton ausgedrückte) die Wirklichkeit widerspiegelt, bezeugt, nahebringt, daß die Wirklichkeit im Wort gegenwärtig ist. Weil dem so ist, bedeutet das Wort (im umfassenden Sinn aller menschlichen Ausdrucksformen) immer schon Antwort: Im Wort, besonders im künstlerischen, antworten wir auf das, was sich uns zeigt, und diese Antwort hat immer auch etwas von Verantwortung. Wir dürfen nicht beliebig antworten auf das, was sich uns zeigt. Vertrauen und Verantwortung gehören zusammen. Das »Ur-Vertrauen« in die Gutheit und die Zuverlässigkeit der Wirklichkeit ist die Voraussetzung dafür, daß wir ihr gegenüber auch Verantwortung tragen. Diese Sicht gründet in der metaphysischen Überzeugung, die auf der ersten Seite der Heiligen Schrift zum Ausdruck kommt: daß Gott der Schöpfer der Welt und der Menschen ist, und daß diese Welt und der Mensch als geschaffene »gut«, ja »sehr gut« sind, daß der Mensch den Auftrag hat, alle Dinge zu benennen und dazu fähig ist, weil sie sich ihm darbieten als das, was sie sind.

George Steiner nennt dies den »Vertrag« zwischen Wort und Wirklichkeit, und er zeigt, wie auf diesem Vertrauens- und Verantwortungsverhältnis alle großen Werke der Kunst basieren, die somit letztlich einen metaphysischen Grund haben. Erst in neuester Zeit sei dieser Vertrag gebrochen worden, als Künstler und Philosophen darangingen, der Sprache und dem Kunstwerk jeden Wirklichkeitsbezug abzusprechen: Die Sprache spricht nur mehr von sich selbst, das Kunstwerk verweist auf nichts anderes mehr als es selber, Text verweist wieder nur auf Text, Wort auf Wort, Bild auf Bild, keine Gegenwart Gottes, der Wirklichkeit und des Menschen zeigt sich mehr an. Kunst wird zum Spiel der Beliebigkeit, Sprache zerfällt in Sprachspiele, alles wird möglich und damit auch gleichgültig. Die Freiheit der Kunst wird zwar gefordert, doch was ist Freiheit ohne Verantwortung?

Peter Paul Rubens, »Kreuzabnahme«; lavierte Feder- und Pinselzeichnung. Das barocke Gestaltungsmittel starker Helldunkel-Kontraste dient hier dem Eindruck einer diagonalen Lichtbahn, die das Herabgleiten des Körpers Jesu vom Kreuz begleitet. Obwohl Rubens und Rembrandt insgesamt zwei gegensätzliche Künstlerpersönlichkeiten sind, verbindet sie das Streben nach spiritueller Deutung. Unverkennbar ist jedoch bei dieser Zeichnung das an Michelangelo geschulte Interesse an der körperlich-physischen Aktion. Amsterdam, Rijksmuseum, Rijksprentenkabinet.

REMBRANDT UND DAS JESUSBILD DES BAROCK

Wir können die beiden großen kunstgeschichtlichen Epochen der frühen Neuzeit, die Renaissance und den Barock, zugespitzt anhand von zwei Gestaltungsformen charakterisieren: Der illusionistischen, auf einen bestimmten, *subjektiven* Standort des Betrachters bezogenen *objektiven* Wiedergabe des dreidimensionalen Raumes folgte die *emotionale* Gestaltung des Gegensatzes zwischen Licht und Finsternis.

Dieser Widerstreit zwischen Helligkeit und Dunkelheit symbolisiert den tiefen Zwiespalt des Barock: Konfessionell in zumindest zwei Parteien getrennt, politisch durch die »Absolutheit« der Staatsmacht gekennzeichnet, erlebte das 17. Jahrhundert durch die Verwüstungen des Dreißigjährigen Krieges (1618–48) wie keine andere Epoche zuvor die Allgegenwart von Zerstörung und Tod. Vor diesem Hintergrund entwickelte die Kunst des Barock das Helldunkel zum symbolischen Ausdruck der Heilserwartung.

Unter diesem Gesichtspunkt erweist sich der Maler und Graphiker Rembrandt als Künstler des Barock. Wobei einzuräumen ist, das sein Schaffen weit weniger dem Verständnis von »barock« (pathetisch, prall) entspricht als etwa die Gemälde des in den katholischen Südlichen Niederlanden, in Antwerpen, tätigen Peter Paul Rubens (1577–1640). Rembrandt Harmensz. van Rijn wurde 1606 in Leiden in den protestantischen Nördlichen Niederlanden geboren. In der Universitätsstadt Leiden erhielt er auch seine künstlerische Ausbildung und erwarb seinen Ruf als Historienmaler. 1631 übersiedelte Rembrandt (der seine Werke nach dem Vorbild italienischer Meister wie Raffael, Leonardo, Michelangelo und Tizian mit dem Vornamen signierte) nach Amsterdam. Nach einem Jahrzehnt hoher Anerkennung leitete der Mißerfolg mit dem als »Nachtwache« bezeichneten Gruppenbildnis (1642) eine dritte fruchtbare Lebens- und Schaffensphase ein, die aber in die Verarmung und Vereinsamung Rembrandts mündete; er starb 1669 in Amsterdam.

Der bereits angedeutete Gegensatz zwischen Rubens und Rembrandt betrifft auch die Funktion ihrer Werke mit religiösem Inhalt. Während der Flame mit seiner Werkstatt monumentale Altaraufträge ausführte, arbeitete Rembrandt nie als »Kirchenmaler«. Gemälde wie »Der auferstandene Christus in Emmaus« entstanden für den Kunstmarkt und stehen als biblische

Unten: Rembrandt, »Die drei Kreuze«, Radierung, 3. Zustand, signiert und datiert 1653. Es folgte ein 4. Zustand mit verstärktem Helldunkel-Kontrast.

Unten: Rembrandt, »Jesus heilt die Kranken«, sog. »Hundertguldenblatt«, Radierung, vollendet 1649. Einzelmotive sind die Heilung eines Lahmen, die Segnung der Kinder, die Auseinandersetzung mit den Pharisäern und Jüngern.

Rembrandt, »Der auferstandene Christus in Emmaus (Das Mahl in Emmaus)«, 1649. Paris, Louvre. Zum Frühwerk in Leiden gehört eine Emmaus-Darstellung mit der dunklen Profilgestalt Christi vor strahlender Lichtfolie, um 1623. Paris, Musée Jacquemart-André.

Unten: Rembrandt, »Christus in Emmaus«, Radierung, 1634.

»Historiengemälde« zugleich in der Tradition des privaten Andachtsbildes. Ein Beispiel ist der fünfteilige »Passionszyklus« (1636–39) aus dem Besitz des Statthalters Frederik Hendrik von Oranien in Den Haag (heute München, Alte Pinakothek). Die Gestalt Jesu Christi löst sich gleichsam aus dem liturgischen Zusammenhang und offenbart sich auf unmittelbare Weise den Menschen, hier stellvertretend den beiden Emmausjüngern und einem zugesellten Diener (Abb. oben).

Dieses zentrale Thema der Beziehung zwischen Jesus und dem in Wut, Verwirrung, Zweifel, Hochmut befangenen Menschen veranschaulicht in unvergleichlicher Weise das sog. »Hundertguldenblatt«: Aus dem Dunkel nähern sich rechts die »Mühseligen und Beladenen« der Lichtgestalt des Heilands. Links gruppiert sich die Menge der scheinbar »erleuchteten« Pharisäer und Jünger, die Jesu Hinwendung zu den Frauen mit ihren Kindern tadeln und vom Herrn zurechtgewiesen werden. Auffällig sind in der Gruppe links der »Sokrateskopf« des Petrus und die physiognomische Ähnlichkeit eines Pharisäers mit Erasmus von Rotterdam: Jesu geisterfüllte Menschlichkeit übertrifft die Weisheit des Altertums (verkörpert durch den Philosophen Sokrates) und den Humanismus der Renaissance (Erasmus).

Eine eigene Werkgruppe aus den Jahren 1645–55 bilden porträtartige Brustbilder Jesu, für die möglicherweise jüdische Mitbürger als Modelle dienten. Vor allem aber kannte Rembrandt eine apokryphe Schilderung der Erscheinung Jesu, die sein Schüler Samuel van Hoogstraten überliefert hat: Hier ist von Jesu gescheiteltem Haar die Rede, das sich breit über die Schultern legt, »sein Bart ist groß und voll, doch nicht sehr lang, und in der Mitte geteilt. Sein Blick zeigt Schlichtheit, geschmückt mit Reife, seine Augen sind klar und gebietend, nie zum Lachen geneigt« (»Einführung in die hohe Schule der Malerei«, 1678).

Rembrandt, »Die kleine Auferweckung des Lazarus« (Joh 11, 39–44), Radierung, 1642.

Demgegenüber erinnert Steiner daran, daß eine Begegnung mit wirklicher Kunst immer etwas zu tun hat mit Erschütterung, ja Überwältigung, mit Staunen und Ehrfurcht. Das Kunstwerk, um ihm neu zu begegnen, sei zu behandeln wie ein Gast, ein Fremder, der plötzlich erscheint in unserem gewöhnlichen Alltag, dessen Ankunft Freude und leise Furcht begleiten. Ob man einem Kunstwerk begegnet sei, meinte Paul Valéry, erkenne man daran, ob es einen im Zustand der Inspiriertheit zurückläßt.

Botho Strauß geht noch einen Schritt weiter. Für ihn – und wie sollte es für uns nicht ebenso sein? – ist der tiefste Zugang zum Verstehen von Kunst das Geheimnis der Eucharistie, der Realpräsenz von Leib und Blut Christi in den Zeichen von Brot und Wein. Was hier in einzigartiger, unübertroffener Weise geschieht, ereignet sich in jedem Kunstwerk, besonders in der sakralen Kunst. Geschieht nicht das im Kultbild, in der Kirchenmusik: daß ein Ereignis der Vergangenheit wirklich »repräsentiert«, vergegenwärtigt wird, zu »realer Gegenwart« wird? Ich denke etwa an das Credo in Bruckners f-Moll-Messe: Wird hier nicht in erschütternder Weise gegenwärtig, was die Worte des Glaubensbekenntnisses sagen? Nicht Worte werden wiederholt, sondern Wirklichkeiten werden in der Gestalt der vertonten Worte Gegenwart. Wo demütig und in einer Haltung armer Offenheit auf dieses Kunstwerk eingegangen wird, kann sich solche Gegenwart als beglückendes Geschenk ereignen.

Ein anderes Beispiel sind die Kultbilder, besonders die Ikonen. Nach alter Auffassung ist es legitim, ein Mutter-Gottes-Bild nicht nur als Bild, sondern als die Mutter Gottes selbst anzusprechen. Die Mutter, die ihrem Kind eine Marienstatue zeigt und sagt: »Das ist Maria«, hat recht: Das ist Maria, unter der Gestalt von Holz, Farbe und Leinwand, so wie Bruckners Credo wirklich das Credo ist unter der Gestalt von Klang und Ton. Die Ikone ist, nach ostkirchlicher Auffassung, nicht so sehr ein Bildwerk als vielmehr ein Fenster, durch das wir Maria selbst erblicken. »Der Maler wendet seine ganze Kunst an, um einen Vorhang zu öffnen, die Vision zu ermöglichen.« George Steiners Buch und die weiterführenden Gedanken von Botho Strauß sind eine große Ermutigung für alle, die sich darum bemühen, durch das Schaffen oder den Nachvollzug sakraler Kunst »einen Vorhang zu öffnen«, durch den etwas verkostet wird vom Trost, von der Kraft und der Herrlichkeit von Gottes realer Gegenwart.

Oben: Georges Rouault, »Ecce Homo«, 1938–42. Durch seine schwarzen Konturen erinnert das Bild des Schmerzensmannes an die Tradition der Glasmalerei des Mittelalters. Stuttgart, Württembergische Staatsgalerie.

Rechte Seite: Lovis Corinth, »Ecce Homo«, 1925. Im Gegensatz zu Rouaults Gestaltung des Ecce-Homo-Themas wahrt Corinth den szenischen Zusammenhang (Joh 15, 5) und nähert das Erscheinungsbild des Pilatus und des Kriegsknechts der Gegenwart an. Dem Nazi-Regime galt dieses erschütternde Spätwerk Corinths als »entartet«: Es gehörte zu den Schaustücken der 1937 in München eröffneten »Schandausstellung«. Basel, Kunstmuseum.

DIE IKONE
AUSBLICK AUF DIE KOMMENDE WELT

Unser vierter und letzter Betrachtungspunkt zum Thema Ikone und heilige Bilder ist einem selten bedachten Aspekt gewidmet. Die Ikonen (und im weiteren Sinn jede echte sakrale Kunst) sind nicht nur Erinnerung an das, was »in jener Zeit« einmal, »ein für allemal« in der Menschwerdung, dem Leben, Leiden, Sterben und Auferstehen Jesu Christi geschehen ist. Sie sind nicht nur die Vergegenwärtigung Christi und seiner Heilsgeheimnisse. Sie sind auch so etwas wie ein Ausblick auf den Herrn, der in

Ecce Homo
Louis Corinth
1925

Das Jesusbild der Romanik und der Gotik: Als Relief gestaltete Thronfigur des Weltenrichters in der Mandorla mit den Evangelistensymbolen (Maiestas Domini) im Tympanon des Königsportals der Kathedrale von Chartres, um 1140–50, und der segnende Jesus als »Schöner Gott« (Beau-Dieu) am Hauptportal der Kathedrale von Amiens, um 1230.

Christus Pantokrator; Mosaik im Kloster Hosios Lukas in Daphni bei Athen, 12. Jahrhundert. Auf dem Goldgrund befinden sich zu beiden Seiten des Kreuznimbus, der das Antlitz rahmt, die Monogramme IC (Jesus) XP (Christus). Über dem Bogenfeld befindet sich ein Kreuzrippengewölbe, dessen vier Felder mit Bildmedaillons geschmückt sind. Direkt über Christus ist Maria als Orantin dargestellt, d. h. mit zum Gebet erhobenen Armen.

Herrlichkeit wiederkommen wird. Durch die Ikone Christi blicken wir in die kommende Welt.

In seiner Ikone begegnet uns Christus gewissermaßen als der schon Wiederkommende. Betrachten wir zuerst diesen Aspekt, um ihn dann auszuweiten auf die ganze Liturgie, denn die heilige Liturgie besitzt als Ganze diese drei Dimensionen: Gedächtnis des einmal Geschehenen, das in der liturgischen Feier gegenwärtig wird und in dem die kommende Herrlichkeit schon entgegenkommt.

Auf dem Ölberg sprechen die himmlischen Boten, die Engel, die Jünger an, die dem Herrn nachblicken in seiner Himmelfahrt: »Dieser Jesus, der von euch ging und in den Himmel aufgenommen wurde, wird ebenso wiederkommen, wie ihr ihn habt zum Himmel hingehen sehen« (Apg 1, 11). Ihre Blicke folgen dem, der aus ihrer Mitte hinweggenommen wurde. Die Verheißung, daß Er ebenso wiederkommen werde, wie sie ihn jetzt haben auffahren sehen, bedeutet den Auftrag an die zurückgebliebenen Jünger, an die Kirche, Sein Gedächtnis wachzuhalten, die Erinnerung an Sein Antlitz: Wie ihr Ihn habt hingehen sehen, so wird Er wiederkommen!

Die Ikone ist Ausdruck dieser lebendigen Erinnerung: Sie gedenkt nicht nur eines Menschen aus ferner Vergangenheit, sondern dessen, der als Mensch durch Leid und Kreuz verherrlicht wurde, der jetzt lebt und »für uns beim Vater eintritt« und dessen Wiederkunft uns verheißen ist. Die Ikone ist ein Bindeglied zwischen Menschwerdung und Wiederkunft, zwischen erster und letzter Ankunft des Herrn. Von daher verstehen wir, warum das Bekenntnis zur Berechtigung der heiligen Bilder in der alten Kirche als Bekenntnis zu Christus selbst und zu seinem Geheimnis verstanden wurde. Ihn darstellen in seiner Menschheit, sein menschliches Antlitz zeichnen und anbetend betrachten, das bedeutet ein Bekenntnis zur wahren Menschwerdung des Sohnes Gottes, aber

Links: Christus Pantokrator; Mosaik der Apsis-Halbkuppel des Normannendoms in Cefalù (Sizilien), 1148. Sowohl stilistisch als auch durch die griechische Inschrift des aufgeschlagenen Buches erweist sich die Darstellung als Werk der byzantinischen Kunst. Seine Rechte erhebt Christus zum Segensgruß in der griechischen Form als »Zweifingergestus« (Berührung von Daumen und Mittelfinger). Zur Gesamtansicht der Apsis vgl. S. 129.

auch zu seinem Tod und seiner Auferstehung. Es bedeutet schließlich das Bekenntnis, daß Er wiederkommen wird in Herrlichkeit.

So verstehen wir die etwas überraschende Formulierung des 8. ökumenischen Konzils von Konstantinopel (869–870): »Wer also das Bild des Erlösers Christus nicht verehrt, soll seine Gestalt nicht sehen, wenn er in der Herrlichkeit des Vaters kommen wird« (Denzinger-Hünermann, Nr. 655). Die Verehrung der Christus-Ikone ist sozusagen Einübung in das Schauen der kommenden Welt, denn der, den die Ikone darstellt, ist ja der, der wiederkommen soll in Herrlichkeit.

Die Ikonenmalerei stellt Christus und die Heiligen in einer ganz eigenen Art dar. Leib, Hände, Gesicht, die ganze Gestalt ist nicht naturalistisch abgebildet, auch nicht in heroischer Haltung dargeboten, sondern in einer ganz eigenen »verklärten« Ausdrucksweise. Tatsächlich will die Ikone etwas vom Glanz der verklärten Menschheit Christi einfangen. Nach einer alten Tradition malt der Ikonenmaler als erste Ikone die der Verklärung Christi.

In der verklärten Gestalt Christi hat die Ikone ihr »Urbild«. Sie will Christus nicht mehr »dem Fleische nach« kennen, nicht ein menschliches Porträt Jesu bieten, sondern den Gottmenschen darstellen, der wahrer Gott und wahrer Mensch ist, unvermischt und ungetrennt. Daher ist der Leib Christi von innen her leuchtend, nicht mehr erdenschwer, sondern durchgeistigt.

Im Christusbild, in den Ikonen Mariens und der Heiligen begegnet uns die kommende Welt, die befreite Menschheit, der im Glanz Gottes stehende neue Mensch. Pavel Florenskij hat in seinem Buch über die »Ikonostase« gezeigt, daß die Bilderwand, die in den ostkirchlichen Gotteshäusern den Altarraum vom Kirchenschiff trennt, nicht eigentlich eine Trennwand bedeutet, sondern eher so etwas wie eine Glaswand, die

Unten: Prozessionsikone mit der Darstellung des Erlösers aus der Kirche Sveta Kliment (St. Klemens) in Ohrid (Mazedonien). Über das rote Untergewand (Chiton) ist ein blauer Mantel (Himation) gelegt. Beide Kleidungsstücke sind altgriechischen Ursprungs. Der Bildgrund besteht aus getriebenem Silber. Die Rückseite der Ikone zeigt die Kreuzigung Jesu. Ohrid, Ikonengalerie.

Unten: Mittelteil einer Elfenbeintafel mit der jugendlichen Gestalt Jesu Christi, der »auf Löwen und Drachen« tritt (Ps 91, 13; vgl. S. 234). Die in der Aachener Hofschule Karls des Großen geschaffene Tafel bildete den vorderen Buchdeckel des »Lorscher Evangeliars«. Museo Sacro Vaticano.

Rechte Seite: Beginn der Vorrede (»Incipit argumentum«) zum Evangelium des Matthäus im »Lorscher Evangeliar«. Aachen, Hofschule Karls des Großen, um 810–815. Vier Säulen flankieren die beiden Textkolumnen und tragen ein Bildfeld, das sich auf die Vorfahren Jesu bezieht (Mt 1, 1–17). Die Seite gehört zu dem Teil des Kodex, der sich im Besitz der Bibliotheca Dokumentara Batthyaneum in Alba Julia (Rumänien) befindet. Den anderen Teil besitzt die Biblioteca Apostolica Vaticana. Beide Teile vereinte 1999 ein Faksimile des »Lorscher Evangeliars« (Faksimile Verlag Luzern).

den Blick in die kommende, himmlische Welt freigibt, freilich noch unter der Hülle der Bilder, die erst fallen wird, wenn wir Ihn selber von Angesicht zu Angesicht schauen. Dieser Aspekt ist nicht den Ikonen und heiligen Bildern eigen, er gilt für die Liturgie als Ganze.

Das hat das II. Vatikanum in seiner Liturgiekonstitution sehr schön ausgedrückt. Dort heißt es im 8. Artikel: »In der irdischen Liturgie nehmen wir vorauskostend an jener himmlischen Liturgie teil, die in der heiligen Stadt Jerusalem gefeiert wird, zu der wir pilgernd unterwegs sind, wo Christus sitzt zur Rechten Gottes. [...] In der irdischen Liturgie singen wir mit der ganzen Schar des himmlischen Heeres den Lobgesang der Herrlichkeit, in ihr verehren wir das Gedächtnis der Heiligen und erhoffen Anteil und Gemeinschaft mit ihnen. In ihr erwarten wir den Erlöser, unseren Herrn Jesus Christus, bis er erscheint als unser Leben und wir mit ihm erscheinen in Herrlichkeit.«

Viel wäre zu sagen über diese »endzeitliche« Ausrichtung unserer Liturgie. Jede Feier der Liturgie ist schon ein wenig, ja wirklich, wenn auch verborgen, Wiederkunft Christi. Im Sanctus singen wir: »Hochgelobt sei der da kommt im Namen des Herrn.« Und tatsächlich kommt Er im Geschehen der Eucharistie, in der Wandlung der Gaben von Brot und Wein, in seinem wahren Leib und seinem Blut und somit Er selber mitten unter uns. Sein Kommen in der Eucharistie ist schon jetzt seine Wiederkunft, freilich noch verhüllt in der demütigen Gestalt seines Sakramentes.

Was so im Herzen der Eucharistie geschieht, wird in vielerlei Ausdrucksformen der Liturgie noch bestärkt und in Erinnerung gerufen. So ist auch die Verkündigung des Evangeliums *Parusie*, Ankunft des Herrn, was durch das feierliche Hereintragen des Evangeliars noch unterstrichen wird. Die Erwartung der Wiederkunft kam jahrhundertelang etwa auch in der Gebetsrichtung zum Ausdruck: Fast alle älteren Kirchen sind »orientiert«, mit dem Chor zum Orient, nach Osten hin gerichtet.

Die Christen beteten gegen Osten gewandt zum Ausdruck der Erwartung der Wiederkunft Christi, der im Osten von Jerusalem zum Himmel aufgefahren ist und der, der aufgehenden Sonne gleich, wiederkommen wird. Weitere Aspekte ließen sich anführen. Erwin Keller hat ihnen eine einfühlsame Studie gewidmet (»Eucharistie und Parusie«).

Eigens zu erwähnen ist hier sicherlich die Kirchenmusik, die immer auch ein Einstimmen in die himmlische Liturgie bedeutet, ja in der die unbeschreibliche Schönheit des Himmels schon ahnungsweise zur Gegenwart wird.

So ist die ganze Liturgie, von den heiligen Bildern und Zeichen angefangen bis hin zu ihrem Herzstück, dem Geheimnis der Eucharistie, ein sehnsüchtiges Ausschauen nach Christi heiligem Antlitz, nach Seiner Wiederkunft. Die beiden Bedeutungen des aramäischen liturgischen Rufes *Maranatha* haben dabei Geltung: *Marana tha*, das heißt »der Herr kommt!«; und *Maran atha*, das heißt »Komm, Herr!« Wenn der Glaube an Sein Kommen und die Sehnsucht danach unser liturgisches Feiern, aber auch unsere sakrale Kunst bestimmen, wird Er mit seiner Antwort nicht zögern: »Ja, ich komme bald!« (Offb 22, 20).

INCIPIT · ARGUMENT[UM]

secund mathéu

MATHEUS EX
IUDAEA QUI
ET LEUI SICUT IN
ORDINE PRIMUS
PONITUR ITA EUAN
GELIUM IN IUDAEA
PRIMUS SCRIPSIT
CUIUS UOCATIO A (AD)
DM EX PUBLICANIS
ACTIBUS FUIT
DUORUM IN GENE
RATIONE XPI PRIN
CIPIA PRAESUMEN(S)
UNIUS CUIUS PRI
MA CIRCUMCISIO
NE IN CARNE ALTERI
US CUIUS SECUNDU
COR ELECTIO FUIT

ET EX UTRISQUE
IN PATRI XPS · (bur)
SICQUE QUATERNA
RIO DENARIO NU
MERO TRIFORMI
TER POSITO · PRIN
CIPIUM A CREDEN
DI FIDE IN ELECTIO
NIS TEMPUS POR
RIGENS ET EX ELEC
TIONE USQUE IN
TRANSMIGRATIO
NIS DIEM DIRI
GENS ATQUE A
TRANSMIGRATIO
NIS DIE USQUE
IN XPM DEFI
NIENS ·

DATEN ZUM LEBEN JESU CHRISTI

Karolingische Elfenbeintafel mit der zentralen Gestalt Jesu Christi. Er trägt das Siegeszeichen des Kreuzes und tritt »auf Löwen und Drachen« (Ps 91, 13). Aachen, nach 800; Oxford, Bodleian Library.

Ein Prophet deutet auf die Szene der Verkündigung an Maria (Lk 1, 26–38).

Die Geburt Jesu im Stall von Betlehem (Lk 2, 6f.).

Die Heilung der an Blutungen leidenden Frau, indem sie Jesu Gewand berührt (Mt 9, 20–22).

Die Huldigung der Heiligen Könige bzw. drei Sterndeuter (Mt 2, 11).

Die Heilung des Gelähmten: »Steh auf, nimm deine Tragbahre und geh nach Hause!« (Mt 9, 6).

Der zwölfjährige Jesus im Tempel (Lk 2, 47) in einer irrealen Darstellung.

Jesus treibt böse Geister aus.

Die Taufe Jesu in Gestalt eines Kindes, darüber die Taube des Heiligen Geistes.

Heilungswunder Jesu. Das Mittelfeld schildert den Sturm auf dem See (Mt 8, 23–27).

Jesu »erstes Zeichen« bei der Hochzeit zu Kana (Joh 2, 1–12).

Ganz unten: Petrus und Paulus bringen Jesus Christus ihre Märtyrerkronen dar. Relief am Rinaldo-Sarkophag, um 430; Ravenna, Kathedrale.

Unten links und rechts: Vier Elfenbeintafeln mit Passionsszenen von einem Kästchen, um 420; London, British Museum. Links: Handwaschung des Pilatus (Mt 27, 24), Kreuztragung auf der »Via dolorosa« und Verleugnung durch Petrus (über ihm der Hahn). Rechts: Die Frauen am leeren Grab, zu ihren Füßen die schlafenden Wächter.

Unten: Das Ende des Judas (Mt 27, 5) und Jesu Tod in der »neunten Stunde« (nach Sonnenaufgang = 15 Uhr; Mt 27, 45–56).

Unten: Der Auferstandene erscheint den Jüngern und Thomas dem Zweifler, der Jesu Wunden befühlt (Joh 20, 24–29).

Die christliche Zeitrechnung unterscheidet zwischen der Zeit »vor Christi Geburt« und der Zeit »nach Christi Geburt«, die demzufolge mit dem Jahr 1 n. Chr. beginnt. Es besteht heute jedoch Einigkeit darüber, daß dieses Jahr 1 n. Chr. nicht das Geburtsjahr Jesu ist. Umstritten ist dagegen der tatsächliche Zeitpunkt. Folgen wir der Angabe in den Evangelien nach Matthäus und Lukas, daß Jesus zur Zeit des Königs Herodes des Großen zur Welt gekommen ist, so wurde Jesus vor dem Jahr 4 v. Chr. geboren. Auch eine Geburt im Jahr 2 v. Chr. wurde angenommen. (Die Schreibweise der biblischen Eigennamen folgt den ökumenischen Loccumer Richtlinien, 1980).

37 v. Chr. Herodes I., der Große (der Ältere), wird als römischer Vasall König. Sein Reich umfaßt Judäa, Galiläa, Samarien, Idumäa und Peräa und somit den Großteil Palästinas.
27 v. Chr. Gajus Octavius, der Großneffe und Adoptivsohn Cäsars, erhält den Ehrentitel »Augustus« (der Erhabene) und ist de facto der erste römische Kaiser.
19 v. Chr. Herodes beginnt mit dem Neubau des Tempels in Jerusalem. Er wird erst wenige Jahre vor seiner Zerstörung (70 n. Chr.) vollendet.
7/6 v. Chr. (?) Geburt Jesu in Betlehem. Als seine Eltern bezeugen die beiden im Neuen Testament enthaltenen Stammbäume: »Jakob war der Vater von Josef, dem Mann Marias; von ihr wurde Jesus geboren, der der Christus (der Messias) genannt wird« (Mt 1, 16); »Man hielt ihn (Jesus) für den Sohn Josefs« (Lk 3, 23).
4 v. Chr. Nach dem Tod des Herodes teilt Augustus das jüdische Königreich unter dessen drei Söhnen auf: Archelaus erhält Judäa mit Jerusalem, Idumäa und Samarien, Herodes Antipas erhält Galiläa und Peräa, Philippus erhält Nordtransjordanien.
5/6 n. Chr. (?) Jesus, der in Nazaret in Galiläa aufwächst, feiert mit seinen Eltern das Paschafest in Jerusalem (»Der zwölfjährige Jesus im Tempel«, Lk 2, 41–52).
6 n. Chr. Archelaus wird entthront und sein Herrschaftsgebiet (Judäa, Idumäa und Samarien) römische Provinz. Unruhen unter Führung des Judas mit dem Beinamen »der Galiläer«.
14 n. Chr. In Rom stirbt Augustus. Sein Nachfolger wird Kaiser Tiberius (bis 37 n. Chr.).
26 n. Chr. Pontius Pilatus tritt sein Amt als Statthalter der Provinz Judäa an (bis 36 n. Chr.). Hauptsitz der römischen Verwaltung ist das am Meer gelegene Cäsarea.
27/28 n. Chr. Johannes der Täufer tritt öffentlich auf, nach Lukas »im fünfzehnten Jahr der Regierung des Kaisers Tiberius« (Lk 3, 1). Taufe Jesu und Beginn seines öffentlichen Wirkens. Allein Lukas gibt einen Hinweis auf das Alter: »Jesus war etwa dreißig Jahre alt, als er zum erstenmal öffentlich auftrat« (Lk 3, 23). Jesus zieht als Wanderprediger durch Galiläa und Judäa. Männer und Frauen schließen sich ihm als Jünger und Jüngerinnen an.
29 n. Chr. Herodes Antipas läßt Johannes den Täufer hinrichten.
30 n. Chr. (?) Jesus zieht mit seinen Jüngern und Jüngerinnen nach Jerusalem, um das Paschafest zu feiern. Er wird verhaftet und vom Hohen Rat verhört. König Herodes Antipas von Galiläa läßt Jesus als seinen Untergebenen zu sich bringen (Lk 23, 6–12); Verhör und Verurteilung durch Pilatus. Wenn das Jahr 30 n. Chr. zutrifft, so wurde Jesus am 14. Tag des Monats Nisan (= 7. April) am Kreuz hingerichtet, zusammen mit zwei Verbrechern.

Nach christlicher Überlieferung folgte dem Tod und der Grablegung Jesu am Karfreitag die Auferstehung am dritten Tag (Ostersonntag). Die Himmelfahrt wird am 40. Tag nach Ostern gefeiert, das Pfingstfest am 50. Tag nach Ostern.

PERSONENREGISTER

Die Schreibweise biblischer Eigennamen folgt, wie die Einheitsübersetzung, den Loccumer Richtlinien (1980).

DIE AUTOREN

SERGUEI AVERINTSEV, geb. 1937 in Moskau, studierte 1956–64 Klassische Philologie an der Moskauer Universität und hielt hier bis zum Verbot wegen der Berufung auf christliche Autoren (1971) Vorlesungen über byzantinische Ästhetik. Im Zusammenhang der Perestroika erhielt er 1991 den Moskauer Lehrstuhl für Theorie und Geschichte der Kultur; seit 1994 lehrt er Russische Literatur an der Universität Wien. S. Averintsev lebt in Moskau und Wien.
Zu seinen Publikationen gehört in deutscher Sprache *Die Solidarität in dem verfemten Gott: Die Erfahrung der Sowjetjahre als Mahnung für die Gegenwart und Zukunft* (1996).
S. 110–137: »Jesus in der orthodoxen Christenheit«, Erstveröffentlichung. Lit.: P. Hendrix, »›Garten‹ und ›Morgen‹ als Ort und Zeit für das Mysterium Paschale«, in: *Eranos-Jahrbuch 1963* (1964); V. Lossky, *Essai sur la théologie mystique de l'eglise d'orient* (1944).

DAVID FLUSSER, geb. 1917 in Wien, wuchs in Böhmen auf, wo seine jüdische Familie seit 1618 ansässig war. 1936 begann er ein Studium der Klassischen Philologie in Prag, emigrierte 1938 nach Palästina, promovierte nach einem Studium der Philologie und jüdischen Geschichte 1955 und lehrte als Professor an der Hebräischen Universität Jerusalem. D. Flusser lebt in Jerusalem.
Zu seinen bekanntesten Publikationen gehört die Monographie *Jesus* (1968).
S. 32–49: »Der Jude Jesus«, Erstveröffentlichung und Wiederveröffentlichung (»Die jüdische Christologie des ›historischen‹ Jesus«) eines Beitrags von David Flusser in: *Christliche Theologie des Judentums*, hg. v. Clemens Thomas (1978), S. 23–30.

BRUNO FORTE, geb. 1949 in Neapel, wurde 1973 zum Priester geweiht, promovierte 1974 zum Dr. theol., 1977 zum Dr. phil. Er lehrt heute als Professor für Dogmatische Theologie an der Päpstlichen Theologischen Fakultät in Neapel. Er ist Mitglied der Internationalen Theologischen Kommission des Heiligen Stuhls. B. Forte lebt in Neapel.
Als Hauptwerk erschien 1981–96 die achtbändige Ausgabe *Simbolica ecclesiale*.
S. 74–109: »Das Bild Jesu in der Geschichte des Glaubens«, Erstveröffentlichung (Übersetzung aus dem Italienischen: Peter Wild).

IDA FRIEDERIKE GÖRRES, geb. 1901 in Ronsperg (Böhmen) als Tochter des Diplomaten und Schriftstellers Heinrich Graf Coudenhove-Kalergi und der aus hohem japanischem Adel stammenden Maria Thekla Mitsu Aoyama. Sie studierte 1927–1932 Geschichte, Volkswirtschaft und Sozialwissenschaft in Wien und Freiburg, war dann Diözesansekretärin für die weibliche Jugend in Dresden und lebte ab 1935, verheiratet mit dem Ingenieur Carl Josef Görres, als freie Schriftstellerin. Sie lebte zuletzt in Freiburg i. Br. und starb 1971 in Frankfurt a. M.
Neben ihren zahlreichen Publikationen, u. a. zur Hagiographie, erregte sie 1949 Aufsehen durch ihren »Brief über die Kirche« in den *Frankfurter Heften.*
S. 8–11: »Zu unserem Christusbild. Fragen des Glaubens«. Auszüge aus dem Beitrag »Zu unserem Christusbild. Ein Brief«, in: Ida Friederike Görres, *Im Winter wächst das Brot. Sechs Versuche über die Kirche,* (7. Aufl. 1973), S. 9–30. © by Johannes Verlag, Einsiedeln.

GUSTAVO GUTIÉRREZ, geb. 1928 in Lima (Peru), studierte Medizin, Philosophie, Psychologie, Theologie und lehrte als Professor für Theologie und Sozialwissenschaften an der Katholischen Universität Lima. Der Begründer und bedeutendste Vertreter der lateinamerikanischen »Theologie der Befreiung« ist als Priester in einem Elendsviertel von Lima tätig. G. Gutiérrez ist Ehrendoktor der Universitäten St. Louis und Nimwegen sowie der Katholischen Fakultät der Universitäten Tübingen und Fribourg (Schweiz, 1998).
S. 196–211: »Herr, wo wohnst du?«, Erstveröffentlichung (Übersetzung aus dem Spanischen: Mariano Delgado).

MARIA JEPSEN, geb. 1945 in Bad Segeberg, studierte Theologie in Tübingen, Marburg und Kiel. Sie war 18 Jahre an der schleswig-holsteinischen Westküste als Gemeindepastorin tätig und ist seit 1992 Bischöfin für Hamburg in der Nordelbischen Evangelisch-Lutherischen Kirche.
Schwerpunkte ihrer Tätigkeit als Theologin sind feministische und sozialethische Fragen sowie die interreligiöse Gemeinschaft.
S. 174–195: »Jesus und die Frauen«, Erstveröffentlichung. Lit.: Elizabeth A. Johnson, *Ich bin, die ich bin. Wenn Frauen Gott sagen* (1994); Elisabeth Moltmann-Wendel, *Das Land, wo Milch und Honig fließt. Perspektiven einer feministischen Theologie* (1985); Luise Schottroff, *Lydias ungeduldige Schwestern* (1994); Elisabeth Schüssler Fiorenza, *Brot statt Steine. Die Herausforderung einer feministischen Interpretation* (1988); dies., *Zu ihrem Gedächtnis ... Eine feministisch-theologische Rekonstruktion der christlichen Ursprünge* (1988); Doris Strahm, Artikel »Jesus Christus«, in: *Wörterbuch der Feministischen Theologie*, hg. v. Elisabeth Gössmann u. a. (1991).

ADEL THEODOR KHOURY, geb. 1930 im Libanon als Sohn einer katholischen Familie, wurde 1959 Lizentiat der Philosophie, 1960 Lizentiat der Orientalistik und lehrte von 1970 bis zur Emeritierung 1993 als Professor für Vergleichende Religionswissenschaft an der Katholisch-Theologischen Fakultät der Universität Münster. Er ist u. a. Direktor der Forschungsstelle für den christlich-islamischen Dialog in Harissa (Libanon). A. Th. Khoury lebt in Altenberge bei Münster.
S. 156–173: »Jesus im Islam«, Erstveröffentlichung, Lit.: *Der Koran.* Übersetzung von A. Th. Khoury, 2. Aufl. (1992).

HANS KÜNG, geb. 1928 in Sursee (Kanton Luzern), studierte 1948–55 Philosophie und Theologie an der Gregoriana in Rom sowie in Paris und lehrte ab 1960 als Professor für Fundamentaltheologie, ab 1963 als Professor für Dogmatik und ökumenische Theologie an der Universität Tübingen. 1962 berief ihn Papst Johannes XXIII. zum Berater des II. Vatikanischen Konzils. Nachdem ihm 1979 die kirchliche Lehrbefugnis entzogen worden war, lehrte er von 1980 bis zur Emeritierung 1996 an dem für ihn geschaffenen fakultätsunabhängigen Tübinger Lehrstuhl für ökumenische Theologie. Seit 1996 widmet er sich der Stiftung »Weltethos für interkulturelle und interreligiöse Forschung, Bildung, Begegnung«. H. Küng lebt in Tübingen.
S. 138–155: »Christus und die Weltreligionen«, Wiederveröffentlichung von Auszügen aus: Hans Küng u. a., *Christentum und Weltreligionen. Hinführung zum Dialog mit Islam, Hinduismus und Buddhismus* (1984); Hans Küng, *Theologie im Aufbruch. Eine ökumenische Grundlegung* (1987), © by Piper Verlag, München-Zürich.

CARLO MARIA MARTINI, geb. 1927 in Turin, trat 1944 in den Jesuitenorden ein und studierte Philosophie und Theologie an der Gregoriana in Rom. 1969 wurde er Dekan des Päpstlichen Bibelinstituts in Rom, 1978 Rektor der Gregoriana. 1980 trat er sein Amt als Erzbischof von Mailand an, 1983 wurde er zum Kardinal kreiert. Ab 1986 war er Präsident des Rates der Europäischen Bischofskonferenzen.
Ein Briefwechsel, den Martini auf Anregung der Zeitung »Liberal« mit dem Semiotik-Professor und Schriftsteller Umberto Eco (geb. 1932) führte, erschien in deutscher Ausgabe 1999 unter dem Titel *Woran glaubt, wer nicht glaubt?*

S. 50–73: »Die Gestalt Jesu«, deutsche Erstveröffentlichung (Übersetzung aus dem Italienischen: Peter Wild) aus: Carlo Maria Martini, *L'amica importuno* (1997).

CHRISTOPH SCHÖNBORN, geb. 1945 in Skalken (Böhmen), wuchs in Vorarlberg auf, trat 1963 in den Dominikanerorden ein und studierte Theologie, Philosophie und Psychologie an der Ordenshochschule in Walberberg bei Bonn, an der Universität Wien und in Paris. Er war Seelsorger der Hochschulgemeinde in Graz und lehrte 1976–91 an der Universität Fribourg (Schweiz). 1991 wurde er zum Bischof geweiht, 1996 zum Erzbischof von Wien ernannt und 1998 zum Kardinal kreiert.
Zu seinen Veröffentlichungen gehört *Die Christus-Ikone. Eine theologische Hinführung* (1984). Er hat maßgeblich am Katechismus der Katholischen Kirche mitgewirkt.
S. 212–233: »Bild und Inkarnation«, Erstveröffentlichung eines Vortrags in Wien 1997.

CHRISTOPH WETZEL, geb. 1944 in Bautzen, studierte 1963–71 Kunst und Kunstgeschichte, Geschichte und Literatur in Stuttgart, München, Wien und Konstanz. Nach Tätigkeiten als Lehrer und Verlagslektor lebt er freischaffend in Göppingen.
Er ist Herausgeber und Mitautor der sechsbändigen *Neuen Belser Stilgeschichte* (1985–89, Studienausgabe 1999), erarbeitete die zweibändige Ausgabe *Die Bibel und das Christentum* (1977/78) und gestaltete die Bildprogramme der *Stuttgarter Bibel der Buchmalerei* (1995) und der *Großen Bibel der Moderne* (1999).
Seine Beiträge als Autor bilden die zwanzig Themen-Doppelseiten zu Fragen der Kirchen-, Kultur- und Kunstgeschichte, der Anhang und sämtliche Bilderläuterungen.

WILHELM ZIEHR, geb. 1938 in Berlin, studierte Geschichte, Kunstgeschichte und Romanistik in Tübingen und Paris (Sorbonne), 1969 promovierte er zum Dr. phil. Er war 1970–75 Chefredakteur der 15bändigen Landeskunde *Weltreise*, Mitbegründer und Chefredakteur des Schweizer Lexikon Verlages (6 Bde., 1991–93) und lebt freischaffend in Es Castell, Menorca.
Zu seinen kultur- und religionsgeschichtlichen Veröffentlichungen gehören *Morgenröte des Abendlandes* (1981), *Maria, Muttergottes* (1983) und *Das Kreuz – Symbolik, Gestalt, Bedeutung* (1995).
S. 12–31: »Jesus – Sein und Vision«, Erstveröffentlichung. Lit.: Eduard Schweizer und Otto von Simson: Artikel »Jesus Christus«, in: *Theologische Realenzyklopädie*, Bd. 17 (1988).

IKONOGRAPHISCHES BILDREGISTER

Christologische Szenen

Einzelthemen

Christus-Ikonen, Münzbilder u. ä.

Maiestas Domini und Pantokrator

BILDNACHWEIS

Der Verlag dankt allen Archiven, Bibliotheken, Fotografen, Museen und Sammlern für Ihre Unterstützung bei der Erarbeitung des Bildprogramms durch die entgegenkommende Bereitstellung von Bildvorlagen.

Besonderer Dank gilt dem Präfekten der Biblioteca Apostolica Vaticana, Don Raffaele Farina, und dem Vaticana-Archiv des Belser Verlages in Stuttgart für Abbildungen u. a. aus den Faksimile-Editionen der *Marienhomilien des Jakobos von Kokkinobaphos*, des *Silbernen Stundenbuchs aus Gent* und des *Stundenbuchs von Jean Bourdichon*
sowie Herrn Urs Düggelin und dem Faksimile Verlag Luzern für die Erlaubnis für Abbildungen aus den Faksimile-Editionen des *Book of Kells*, der *Très Riches Heures de Duc de Berry* und des *Lorscher Evangeliars.*

Trotz intensiver Recherchearbeiten konnte für einige Abbildungen der Verbleib der Urheberrechte nicht eindeutig geklärt werden, wofür wir um Verständnis bitten.

Agentur Frank Dukas, Zürich 204/205, 208/209
Archiv EMB, Luzern 71, 119, 124, 144
Archiv für Kunst und Geschichte, Berlin 26, 37 ul., 41 m. , 53, 56 o., 57 o., 58/59, 62 m., 63 o., 68 o., 98 r., 115 o., 121 o., 149 (2), 181, 198, 199, 216 l., 225 l., 231 l.
Archiv Xavier Schnieper, Kriens 100 m., 100 u., 190
Archiv Ian Wilson, Queensland 221 (3)
Artothek, Peissenberg 6, 21, 49, 91 r., 105, 186, 187, 188 m., 193 o.
Aschettino, Antonio, Neapel 182 r.
Atlantis Verlag (Foto: Henri Stierlin) 156
Bollen, Markus, Bensberg 170/171
Baumann, Erk, Bamberg 183 ur. (2)
Baumli, Othmar, Meggen 129 r., 169 u.
Bayerische Staatsbibliothek, München 18 (2), 145 l., 175
Biblioteca Apostolica Vaticana, Vatikanstadt (Fotos: Belser-Studio im Vatikan, Federigo Sardella) 12, 13, 19 u., 34 r., 36 u., 36/37, 42, 57 ml., 63 u., 69 o., 96, 97, 99 r., 101 l., 114 o., 115 u.,120 o., 120 m., 121 ul., 145 r., 172, 188 o.,194, 195
Biblioteca Nacional, Madrid 143
Bibliothèque Nationale, Paris 5, 77
Bildagentur Baumann (Mauritius-Wendler), Zürich 106/107
Bildarchiv Preußischer Kulturbesitz (Fotos: Jörg Anders), Berlin 159 u., 160, 161, 162 l., 197
Birmingham Museums and Art Gallery 39
Bridgeman Art Library, London 8, 219 l.
British Museum, Mansell Collection, London 168 r.
Canadian Conference of Catholic Bishops, Ottawa (Kreuz: Foto: Thomas E. Moore) 201 r.
Carbonel, Marcel, Marseille 183 ul.
Collezione d' Arte Religiosa Moderna, Vatikanstadt 104, 192 u.
Coventry Cathedral 128 r.
Dagli Orti, Giovanni, Paris 157
Diözesanbibliothek, Köln 86 l.
Dombibliothek, Hildesheim 75
Faksimile Verlag Luzern 16 o., 95, 128 o., 232, 233
Filmbildfundus Robert Fischer, München 204 (3)
Foto Palffy, Wien 205 ur.
Gemeindeverwaltung Oberammegau 205 ul.
Germanisches Nationalmuseum, Nürnberg 84
Giraudon, Paris 87 o.
Glasgow Museums, The Burrell Collection 109
Gruber, R., Wil (St. Gallen) 193 ur.
Hausner, Anne, Mödling 153
Historisches Museum Luzern (Foto Bütler) 182 l.
Hood Museum of Art, Hanover (NH) 196
Hucek, Miroslav, Prag 23, 52 r., 55
Ikonenmuseum, Recklinghausen 123
Israel Antiquities Authority, Jerusalem 32 (2)
Ishimoto, Yasuhiro 166
Kirchgemeinde Zillis (Foto Geiger) 142
Klijn, Gérard, Königswinter 200 m.
Koninklijk Museum, Antwerpen 9
Kossuth, Tivadar, Szatymaz 82 u., 152 u.
Lateranmuseum, Rom 40 r.
Manchester City Art Galleries 102
Massada Press (David Harris), Jerusalem 122, 151
Mercatorfonds, Antwerpen 154
Metropolitan Museum of Art, New York (Bequest of Sam A. Lewisohn, 1951) 200 o.
Ministero per i Beni e le Attività Culturali, Mailand 50, 146/147 (2)
Monastery St. Katherine (Foto: George Foskelos, Athen) 2
Motovun Book, Luzern 1, 22, 27, 38 (2), 40 l., 44 u., 47, 48, 54, 56 u., 57 mr., 57 u., 68 l., 70, 73 u., 85, 92, 94 (2), 100 o., 108, 114 r., 126, 127, 128 l., 138, 140, 141, 159 m., 168 l., 169 o., 182 o., 183 o., 200 u., 216 o.
Musée Condé, Chantilly 46, 127, 174
Musée National d'Art Moderne am Centre Georges Pompidou, Paris 33, 220 o.
Museo del Prado, Madrid 11, 219 r.
Museum Folkwang, Essen 29
Museum moderner Kunst, Stiftung Ludwig, Wien 65 r.
Museum Rietberg (Foto: Wettstein & Kauf), Zürich 159 o.
Muzeum Narodowe, Danzig 24/25
National Gallery, London 76, 214 r.
Nationalhistorisches Museum, Frederiksborg 64 l.
Nationalmuseum, Dublin 16 u.
Nationalmuseum, Tokyo 139
National Museum of American Art, Washington (D. C.)/Art Resource, New York 201 m.
Öffentliche Kunstsammlung Basel, Kunstmuseum (Fotos: Martin Bühler) 191, 227
Opitz, Hannes, Meggen 60, 184
Pfarramt St. Wolfgang (Foto: Kunstverlag Hofstetter, Ried im Innkreis) 185
Privatsammlung (Photograph Courtesy by Sotheby's, London) 72
Pucciarelli, Mauro, Venedig 173
Réunion des Musées Nationaux, Paris 19 (2), 214 l., 220 u.
Sakuma, Yasuo, Tokyo 15, 110, 118 u., 150, 178/179, 212, 230 (2)
Salesian Publication 220 l.
Sammlung Günter Rombold, Linz (Foto: Schepe, Linz) 83 o., 215
Scala, Florenz 67
Schnell & Steiner, Regensburg (Foto: Kurt Gramer, Bietigheim-Bissingen) 189 ur.
Seedamm-Kulturzentrum Pfäffikon 193 ul.
Siwik, Hans, Rabenau 129 l., 132/133
Staatliche Münzsammlung, München 114 ml. (2)
Städtische Galerie im Lenbachhaus, München 213
Ste. de la Cripte, Chartres 87 u.
Stiftung Leonard von Matt, Stans 4, 30 (2), 35 l., 41 o., 44/45, 89, 98 l., 114 u., 176, 177, 180, 188 u., 202, 203, 218, 228/229
Stiftung Ada u. Emil Nolde, Seebüll 152 o.
St. Matthew's Church, Northampton 65 r.
Süße-Krause, Uta, Knittlingen 86 o., 86 m.
Tabernakul Publishers, Skopje 116, 118 o., 130/131 (3), 222, 231 r.
Tanaka, Tadao, Tokyo 82 o.
Tate Gallery, London 103
Tomašević, Bato, Exeter 210, 211 u.
Topkapi-Museum, Istanbul 162 r. 163, 164 (2), 165
Tretjakow-Galerie, Moskau 117, 135, 137
Vivant Univers, Namur 201 o.
Watanabe, Sadao, Tokyo 201 u.
Weiss, Peter, Münster/Westfalen 78, 79, 80, 81, 111
Weltbild Verlag, Augsburg
Wetzel, Christoph, Göppingen 14, 17, 20, 28 (2), 35, 37 r., 50, 52 l., 61, 62 o., 64 r., 68 u., 69 o., 70, 74, 86 u. (2), 93, 98 l., 98 m., 101 r., 115 r., 120 u., 121 ur., 126, 148, 189 o., 206, 207, 211 o., 217 o., 217 m., 217 u., 223, 224 (2), 225 r., 225 u., 234, 235 (5)
Württembergische Landesbibliothek, Stuttgart 43
Württembergische Staatsgalerie, Stuttgart 62 u., 226